안보적 관점에서 본 한국 현대사

국립중앙도서관 출판시도서목록(CIP)

안보적 관점에서 본 한국 현대사 /
국방대안보문제연구소 엮음 ;
홍태영 · 박균열 · 이완범 · 김일영 · 차상철 · 노영구 지음.
-- 서울 : 오름, 2009 p. ; cm. -- (국방대안보문제연구소 총서 ; 2)

색인수록
ISBN 978-89-7778-326-3 93340 : ₩13000

한국 현대사[韓國現代史]

911.07-KDC4
951.904-DDC21   CIP2009003446

국방대안보문제연구소 총서 ②

안보적 관점에서 본 한국 현대사

국방대안보문제연구소 엮음

홍태영·박균열·이완범 지음
김일영·차상철·노영구

5

머리말

　최근의 변화하는 국제안보환경하에서 안보에 대해 올바르게 이해하여야 할 필요성은 점차 높아지고 있습니다. 특히 1990년대 이후 들어 안전보장의 개념이 외국으로부터의 군사적 위협에서 국가와 국민의 안전을 지키는 것이라는 기존의 좁은 의미에서 벗어나, 인간·환경·정보 등 다양한 분야의 안전보장 과제에 대해 다양한 논의가 활발하게 이루어지고 있습니다.

　새로운 안보 상황과 함께 북한의 핵실험과 미사일 발사 등 전통적 안보 위협도 한반도에 상주하고 있는 것이 작금의 현실입니다. 안보 환경의 변화와 안보 개념의 확대, 전통적 안보위협의 지속 등에도 불구하고 이러한 광의적인 안보의 의미와 개념에 대해서는 일반인에게 그다지 알려지지 못하고 있습니다.

　급변하는 현재의 안보 상황에 대한 올바른 이해를 위해서는 단순한 현상적 분석에 그쳐서는 곤란하며 새로운 이해의 방법을 모색할 필요가 있겠습니다. 여러 안보적 이슈에 대해 역사적인 맥락에서 그 시원(始原)

을 들여다보고 그와 관련한 해결책을 모색하는 것도 의미가 적지 않을
것입니다. 특히 안보 문제를 둘러싼 한국 사회의 여러 갈등은 각 주체
간의 현대사 경험과 이해의 차이에서 기인하는 경우가 많다는 점에서 이
러한 접근의 유효성은 크다고 생각합니다. 따라서 안보적 관점에서 한국
의 현대사를 이해하는 것은 안보의 측면에서도 매우 중요하다고 할 수
있습니다.

　1980년대 이후 한국 현대사 연구에서도 큰 변화가 나타나고 있습니다.
특히 전통주의적 역사해석 방법에 대해 수정주의라는 새로운 연구 시각
이 나타나 학계에 많은 영향을 미치기 시작하였습니다. 수정주의적 해석
은 한때 한국 현대사 서술의 주류를 형성하면서 현대사에 대한 관심을
고조시킨 점에서 의미가 적지 않습니다.

　그러나 일부 연구 경향에 대해 최근 비판이 적지 않고 탈냉전 이후
많은 자료가 발굴되면서 한국 현대사에 대한 이해의 폭을 넓힐 필요성이
더욱 커지고 있습니다. 특히 우리 국민 대다수가 고등학교 이상의 높은
교육을 받는 현재 상황을 고려한다면 균형잡힌 시각에서 안전보장의 개
념과 이를 바탕한 한국 현대사에 대한 이해를 넓히는 것도 상당히 중요
하다고 생각합니다.

　국방대학교 국가안전보장문제연구소(안보문제연구소)에서는 현재의 변
화하는 안보 환경에 대한 이해를 넓힐 수 있는 연구의 필요성을 절감하
여 안보적 관점에서 한국의 현대사를 바라보는 안보교재 편찬을 검토하

였습니다. 이와 관련하여 여섯 분의 교수님을 모시고 본서를 편찬하게 되었습니다.

　먼저 현재의 변화하는 안보환경에 대한 이해를 통해 안보의 개념적 접근을 시도하였고, 이어 안보적 관점에서 한국의 현대사를 볼 수 있는 다섯 가지 주제를 통해 통사적 이해와 분류사적 이해를 할 수 있도록 하였습니다. 필자간의 입장 차이 등으로 인해 다소 아쉬운 점도 있지만 안보적 관점에서 현대사를 바라보는 최초의 시도라는 점에서 이번 출판을 하게 되었습니다. 아울러 최초 원고에는 관련 연구의 세부 출처를 각주로 밝혔으나 교재라는 특성과 책의 가독성을 위해 이를 생략하고 주요 참고 문헌 중 일부를 밝히는 것으로 처리하였음을 밝힙니다. 이 점에 대해 독자분들의 깊은 양해를 구하고자 합니다.

　어려운 출판 환경에도 불구하고 출판의 기회를 주신 도서출판 오름의 부성옥 대표 및 편집진 여러분에게도 감사를 드리며 이 책이 관련한 독자 여러분들에게 있어 한국의 안보 인식을 높이는 데 조금이나마 도움이 되기를 기대해 봅니다.

2009년 9월
국방대학교 안보문제연구소
소장 최종철

|차 례|

제1장 **안보란 무엇인가?**

|홍태영

제2장 **광복, 건국, 그리고 6·25**

|박균열

20세기 후반기 사회주의 국가 소련의 붕괴와 동서 냉전체제의 해체는 21세기 장밋빛 미래를 밝혀주는 신호로 보였다. 그러나 이후 세계 각 지역의 민족, 종교, 역사 등에서 기인한 갈등과 분쟁이 격화되었고 이는 세계화의 흐름 속에서 전 세계에 파급되어 왔다. 21세기 초엽의 세계사적 사건은 이러한 격동의 한 귀결점이었다. 이러한 격동은 형태를 계속 달리하면서 2009년 현재까지도 계속되고 있다. 특히 21세기의 격동은 군사적인 차원에 국한되지 않고 경제, 사회, 자원, 환경 등 다양한 분야에서 인간의 안전에 위협을 가하기 시작하였다. 따라서 대외적인 군사적 위협에 대한 대처 이외에 인간의 생존을 위해 다양한 분야에 대한 안전보장의 필요성은 증가해갔다. 안전보장에 대한 새로운 이해의 필요성은 바로 여기에 있다.

오늘날 한국 사회는 급격한 세계화의 과정에서 여러 가지 위협에 노출되어 있다. 범세계적 경제위기의 도래에 따른 국내외적인 경제의 위기와 지구온난화로 대표되는 환경과 에너지 문제 등은 대내적인 노력만으로는 해결되기 어려운 것이 현실이다. 위기의 과정에서 파생되는 계층적·이념적 차이에 따른 사회적 갈등의 고조도 한국 사회가 궁극적으로 풀어야 하는 과제이다. 아울러 한국 사회는 포괄적 형태의 안보 위협의 급속한 증가뿐만 아니라 전통적인 안보 위협도 상존하고 있는 이중적인 어려움에 직면하고 있다. 최근 실시된 북한의 제2차 핵실험과 일련의 미사일 발사, 군사적 위협 등은 전통적인 안보 위협이 결코 적은 것이 아님을 여실히 반증한다.

급변하는 현재의 안보 상황에 대한 올바른 이해를 위해서는 이제 단순한 현상적 분석에 그쳐서는 곤란하며 새로운 이해의 방법을 모색할 필요가 있다. 여러 안보적 이슈에 대해서는 역사적인 맥락에서 그 시원을 들여다보고 해결책을 모색하는 것도 의미가 적지 않다. 특히 안보문제를 둘러싼 한국 사회의 여러 갈등은 각 주체 간의 현대사 경험과 이해의 차이에서 기인하는 경우가 많다는 점에서 이러한 접근의 유효성은 크다. 최근에 나타나는 한국의 사회적 갈등이 대부분 근·현대사 이해를 둘러싸고 표출되는 것을 보면 적절한 한국현대사 이해의 필요성은 역사 인식의 심화 차원에 그치는 것이 아니라 안전보장의 측면에서도 매우 중요하다고 할 수 있다.

한국의 현대사에 대해서는 최근 국내외에서 많은 자료가 공개되고 연구 인력도 확충되면서 다양한 시각의 연구가 나타났다. 따라서 기존의 이해와는 다른 보다 진전된 이해의 가능성이 높아졌다. 전통주의적 시각과 수정주의적 시각에서 벗어난 새로운 시각의 한국현대사 연구가 본격적으로 나타나고 있지만 안보적 관점에서 한국 현대사를 바라보는 연구는 아직까지는 없는 실정이다. 광복 이후 한국의 현대사가 한국전쟁과 일련의 대내외적인 군사적 위협을 극복하는 과정이었고 현재에도 군사적 위협이 상존한다는 점을 고려한다면, 안보적 관점에서 한국 현대사를 이해할 필요성은 매우 크다.

이러한 측면에서 이 책은 1장에서 안전보장의 개념을 정리하고 2~4장에서 안전보장의 측면에서 한국 현대사를 시기별로 구분하여 서술하였다. 아울러 마지막 5, 6장에서는 분류사적인 이해를 할 수 있도록 한미관계와 한국군의 사회적 역할 등을 정리하였다. 최근 일방에 치우친 현대사이해로 인한 논란이 적지 않은 상황에서, 일반인들이 안보적 측면에서한국 현대사를 이해할 수 있도록 하기 위해 평이한 서술을 시도하였다.

이 책은 서론을 제외하고 6개의 장으로 구성되어 있다. 제1장에서는안전보장의 개념과 새로운 안전보장의 개념 변화에 대해 서술하였다. 홍태영 교수는 근대국가 탄생 이후 중앙통제가 없는 무정부 상태의 국제정치의 상황에서 대외적 위협에 대응하기 위하여 안보 개념이 등장하였고제2차 세계대전 이후 군사안보에 집중된 안보 개념이 확립되었음을 언급하였다. 이어서 냉전의 종식과 세계화의 과정에서 주권국가를 넘어서는국제관계가 나타나면서 보다 새로운 안전보장의 개념과 변화가 나타났다. 즉 '국가중심에서 인간중심 안보로의 변화', '군사안보에서 포괄적안보로의 변화', 그리고 '힘에 의한 억지에서 협력안보로의 변화'가 그것이다. 홍 교수는 냉전 이후 안보 개념의 변화는 한국 사회에서도 그대로 확인되고 있지만, 동시에 냉전의 문제인 북한과의 대치상황이 주는안보의 문제도 함께 존재하고 있음을 밝히고 있다.

제2장은 1945년 해방 이후 대한민국 정부 수립과 6·25한국전쟁까지의 한국현대사를 다루었다. 이 장에서 박균열 교수는 해방 전후 대한민국임시정부의 움직임과 38선 획정, 신탁통치, 좌우합작, 그리고 정부 수립등의 내용을 개관하였다. 그리고 국군의 건군 과정과 시련을 살피고 의병, 독립군, 광복군을 계승한 국군의 정통성을 분명히 하였다. 박 교수는현대사 해석에서 논란이 되고 있는 일본 잔재 청산, 토지개혁, 제주4·3사건, 여수·순천10·19사건 등에 대해 차분히 균형감을 유지하고자 하

였다. 특히 한국전쟁과 관련하여 논란이 있는 한국대표의 정전협정 미서명이 교전 당사국의 지위를 부정하는 것이 아니라는 점을 분명히 하였다.

제3장은 1961년 이후 한국의 산업화 시대를 다루었다. 이 시대는 한국이 고도 산업 성장을 통해 한국경제가 비약적으로 발전을 이룩한 시기로서 그 발전의 주체를 놓고 오늘날 논란이 적지 않다. 이완범 교수는 1960~1970년대 한국 경제가 발전한 것은 모든 계층의 국민이 힘을 합쳐 열심히 땀흘려 일하여 국제사회의 협조를 얻은 결과라고 정리하였다. 즉 '박정희의 기적'이 아닌 '대한민국의 기적적 성과' 혹은 '대한민국이 세계와 함께 달성한 기적적이며 세계적인 성과'라고 평가하였다. 그러나 당시 시장과 정치가 상당히 얽혀 있는 상황임을 고려한다면 정치적 리더십의 비중도 매우 컸음을 분명히 인정하고 통합적-유기적으로 이 시대를 파악할 것을 이 교수는 주장하였다. 추가적으로 이 시대의 쟁점이 되는 안보문제, 즉 5·16군사정변, 베트남 파병, 1960년대 말 북한의 군사적 위협, 7·4공동성명, 핵개발과 자주국방 등의 문제를 정리하였다.

제4장은 민주화 시대 이후 현재까지 국가 안보와 관련하여 보수·진보 세력의 갈등 문제를 다루었다. 이 글을 담당한 김일영 교수는 민주화 이후 이른바 남남 갈등의 심화 현상을 '국민정체성'의 형성과 해체, 그리고 재구성의 관점에서 설명을 시도하였다. 김 교수에 의하면 한국전쟁과 반공정책을 통해 형성된 국민정체성은 냉전적·억압적 정체성이므로 냉전이 종식되거나 남북관계의 긴장 완화, 민주화 진척에 의해 위기에 봉착하게 되었다는 것이다. 그는 새로운 국민정체성이 필요한 상태에서 나타난 민주화 이후의 남남갈등은 그 정도가 심하여 국가 안보를 위협하는 경우도 있음을 지적하고 한국의 반미, 친북 감정, 그리고 한미동맹과 주한미군 등의 문제를 바라보고 있다. 특히 최근 논란이 되고 있는 북한 핵 문제를 바라보는 한국민 일부의 오해를 지적하고 이해의 방향과 문제 해결 방안을 제시하였다. 마지막으로 균형잡힌 안보에 대한 시각의 확보

와 함께 안보문제가 민주주의와 길항 관계를 갖는 것이 아님을 지적하였다.

제5장은 한국전쟁 이후 한미동맹의 변화 양상을 정리하였다. 차상철 교수는 한국전쟁 직후 한미상호방위조약 체결을 통해 형성된 한미군사 동맹체제는 한반도에 전쟁 재발을 억제하는 제도적 장치로서 매우 중요한 역할을 했음을 지적하고 베트남 파병, 닉슨 독트린, 레이건 독트린, 클린턴 독트린 등을 통해 한미동맹의 변화를 추적하였다. 특히 차 교수는 1990년대 후반 이후 대북 포용정책과 반미감정의 확산을 통해 한미안보 공조체제가 균열되고 있는 양상을 지적하고 냉혹한 국제정치 현실에서 강대국에 둘러싸인 한국의 안보를 위한 현실적인 방안으로서 한미동맹의 조속한 복원을 위한 노력이 절실함을 언급하였다.

제6장은 한국의 근대화 과정에서의 한국군의 기여와 역할, 그리고 역사적 공과를 정리하였다. 노영구 교수는 국민군으로서의 성격을 가진 근대적 군대는 단순한 안보문제만을 담당하는 것이 아니라 근대국가의 건설과 사회 개발을 촉진하는 중추적 역할을 담당하게 됨을 지적하였다. 이는 신흥 국가의 근대산업화 초기 단계에서 더욱 두드러진다. 한국군은 1950년대 이후 경제 재건과 1960~1970년대 경제발전에 적지않은 기여를 하였다. 특히 노 교수는 근대적 시민교육의 과정에서 한국군은 국가 의식, 민족의식 등을 함양하고 국민 일체감 형성 등에 기여하였음을 강조하였다. 21세기 들어서면서 변화되는 안보 상황에서 한국군의 위상과 역할도 변하고 있으며 이는 더욱 강화될 것임을 지적한다.

이 책은 안보의 측면에서 한국 현대사에 대한 이해를 돕고 더 나아가 최근 한국 사회에서 나타나는 안보 이슈들의 역사적 근원을 찾는 데 다소나마 도움을 줄 수 있을 것으로 생각된다. 또한 중등교육 이상의 교육을 받은 평균적인 일반 독자들에게 필요한 안보적 관점을 역사적으로 정리하였다는 점에서 그 나름의 의미를 찾을 수 있다고 본다. 다만 필자들

사이의 입장의 차이가 적지 않아 다소 논란이 있을 수 있다는 점에 대해
서는 조심스럽게 고백하지 않을 수 없다. 이는 이 책을 넘어서는 다양한
입장이 많이 나타남을 통해 자연스럽게 해결될 수 있으리라는 기대를 통
해 책임을 나눌 수 있으리라 생각한다.

제1장

안보란 무엇인가?

홍태영 | 국방대학교 국제관계학부 교수

I. 우리를 둘러싸고 있는 위험들

아침에 잠에서 깨면서 하루일과를 시작하여 밤에 잠자리에 들기까지 하루를 보내면서 우리는 얼마나 많은 위험에 노출되어 있는가를 살펴보자. 먹거리에 대한 공포와 위험들이 최근에 제기되고 있듯이 아침 식탁에서부터 위험이 도사리고 있다. 집을 나서면서 도로를 건너거나 자동차를 이용한다면 교통사고의 위험이 있다. 학교생활을 하는 학생은 물론 직장생활을 하는 직장인들의 경우 점심을 먹는 구내식당이나 바깥의 식당에서 주어지는 음식으로부터 오는 위험이 있다. 식재료가 오염되어 있을 가능성, 음식이 변질되어 있을 가능성 등이 그것이다. 식재료에 대한 원산지 표시 의무화는 그러한 위험에 대한 사회구성원들의 두려움을 반영한 결과 취해진 조치이다.

이상에서 나열한 것은 아주 즉각적인 것들이다. 하지만 예를 들어, 공기오염이나 식수오염 등 당장 그 효과가 나타나지 않는다 하더라도 오랫동안 몸 속에 쌓이면서 나타날 수 있는 위험요소들도 있다.

또한 갑작스런 날씨의 변동으로 국지성 호우가 내리면서 오는 위험들도 있다. 그리고 그에 덧붙여 심심치 않게 들리는 감전사고도 있다. 또한 지하철역 혹은 건물 심지어 화장품 등에 존재하면서 암을 유발하는 석면의 공포, 끊이지 않고 들려오는 건물이나 기타 건축물들의 붕괴사고 혹은 폭발사고들 역시 우리의 안전을 위협하고 있다.

우리나라에서는 아직 발생하지 않았지만, 외국에서는 심심치 않게 테러 소식들이 들려오고 아무 이유없이 죽어가는 사람들의 소식이 들린다. 지난 2009년 3월에는 한국인을 직접적으로 겨냥한 테러가 발생하여 수명의 한국인들이 사상을 당하기도 하였다. 또 세계 곳곳에서는 아직도 총성이 멈추지 않고 전쟁을 벌이고 있는 나라들도 많이 있다. 아마 전쟁이 없었던 시기는 없다고 할 정도로 국가들 간의 전쟁은 끊임없이 진행되고 있다. 이 모든 것들이 우리의 안전을 위협하는 요소들이다.

지금은 잠재되어 나타나고 있지 않지만, 언제든지 우리의 현실이 될 수 있는 것들이다. 이렇게 나열하다 보면 하루를 무사히 보내고 집에 들어와 잠자리에 편히 드는 것만으로도 감사해야 할지 모른다. 그만큼 너무나 많은 위험들이 우리의 주변에 있고, 그 숫자는 시간이 흐를수록 늘어나고 있는 듯하다.

과학이 발달하면서 인간은 자연을 정복하고 그러면서 자연이 주는 위협들로부터 벗어나 있다고 자신하기 시작했다. 하지만 어느 순간에 점점더 많은 위험요소들이 발견되고 있고, 또한 만들어지고 있다. '위험사회'라는 표현은 우리를 둘러싼 현대의 다양한 위험들이 과거와는 질적으로 다르게 급격하게 확대되고 우리의 통제범위를 벗어나며 정치적 의미를 획득하였음을 말하기 위해 제시된 것이다. 그렇다면 뭔가 깊은 수렁으로 빠져들고 있는 것은 아닌지 한 번쯤 의심을 해 봐야 하지 않을까?

아니면 우리 인간들은 이러한 새로운 다양한 위험들로부터 벗어나 우리의 안전을 보장받을 수 있을 것이라고 확신할 수 있을 것인가?

우리를 둘러싸고 있는 위험들을 보면서 우리를 보호해주고 있는 것이 무엇일까를 생각해보자. 우선은 쉽게 국가를 떠올리게 된다. 교통사고의 위험으로부터 보호해 주기 위해 교통경찰관을 배치하고, 신호등, 횡단보도를 설치해 주는 것은 국가이기 때문이다. 중국산 멜라민이 들어 있는 분유에서부터 여러 가지 유제품 그리고 물고기의 사료까지 이 모든 것들의 위험들을 개인적으로 제거하기에는 거의 불가능하다. 식생활에서 발견되는 다양한 위험들 역시 국가가 식품안전기준을 제시하고 식품의약품안전청이나 다양한 공공기관을 통해 안전기준을 마련하고 점검한다. 국내의 식품들은 물론이거니와 외국으로부터 들어오는 것들에 대해서는 마찬가지로 일정하게 통제하는 것 역시 국가이다. 범죄나 테러의 위협으로부터 보호해주는 것 역시 국가라고 믿는다.

하지만 요즘은 과거와 달리 위험들이 국내에 한정되지 않고 외국으로부터 오는 경우가 너무나 많다. 반면에 국가가 담당하는 국경의 통제 수위는 갈수록 낮아지고 있다. 이른바 세계화라는 이름으로 이루어지는 개방이 급속하게 일어나고 있고 국경을 넘나드는 것이 한 나라에서 지방을 가는 것만큼이나 잦고 쉬워졌다. 그만큼 인간의 안전을 위협하는 요소들이 다양화되고 많아졌다는 의미일 것이다. 그러다 보니 국가가 안전보장이라는 책무를 혼자만 담당하기엔 역부족인 경우도 많아졌다. 그럼에도 불구하고 국가는 우리 생활의 중심에 있고, 우리의 안전을 일차적으로 보장해주는 존재이다. 현재의 상황이 과거와 달라진 것 역시 존재하지만 과거의 과제 역시 아직까지 미해결인 상황에 있기 때문이다.

이 글에서는 이러한 변화의 흐름을 파악하면서 우리의 안전 문제가 근대 정치공동체인 국민국가(nation-state)의 형성과 전환 속에서 어떻게 이해되고 있으며, 최근의 다양한 변화 속에서 어떻게 전환되고 있는가를

살펴보고자 한다. 이것은 결국 인간이 보다 안전하고 편안하게 타인들과
관계를 맺으면서 또한 안전한 공동체를 이루면서 살아가기 위해서는 어떠
해야 하는가의 문제일 것이다.

II. 근대국가 체제 속에서 인간의 안전보장

지난 2008년 베이징 올림픽 개회식에 입장한 국가들의 숫자는 204개
국이었다. 아마 처음 들어본 나라의 이름도 상당히 많을 것이다. 지금도
새롭게 독립을 선언하고 국가로 성립된 나라도 있고, 전쟁이나 여러 가
지 이유로 사라지는 나라도 생겨난다.

만약 약 500년 전쯤으로 시간을 거슬러 올라간다면, 지구상에 존재하
는 나라는 얼마나 되었을까? 아니 그렇게 많이 거슬러 올라가지 않고
100년만 거슬러 올라가도 상황이 지금과 너무나 다를 것이다. 현재 우리
가 보고 있는 근대국가 체제가 가장 먼저 생겨난 서구를 보더라도 그것은
흔히들 유럽에서 '30년 전쟁'이 끝나고 맺어진 베스트팔렌 조약(1648년)
과 함께 유럽의 국가들이 모습을 드러내기 시작하였다고 한다. 그것은
시발점에 불과하고 이후 여러 가지 과정들을 거치면서 근대국가의 모습
이 갖추어진다.[1] 유럽 이외 지역의 경우 그보다 훨씬 뒤의 일이다. 서구

---

1) 사실 그 이전에는 우리가 알고 있듯이 유럽에는 로마나 합스부르크제국과 같은 제국
(empire) 혹은 그리스나 르네상스 시기 존재하였던 이탈리아의 베니스, 제노바 같은
도시공동체(city) 등 다양한 방식의 공동체들이 있었다. 유럽 이외 지역의 경우 중국
이 존재했던 방식은 제국과 유사할 수 있다. 그리고 무굴제국, 페르시아제국, 오스만
투르크제국 등이 있었고, 아메리카대륙에도 잉카제국 등을 비롯한 다양한 모습의 공
동체가 있었다. 아프리카 역시 마찬가지이다. 그러한 의미에서 본다면, 국가라는 공
동체의 존재양식이 영원할 것이라고 생각하는 것도 무리이다. 500년 쯤 뒤 지구상에
는 지금과도 전혀 다르고 역사적으로 존재한 적이 없는 새로운 방식의 공동체가 생겨

제국주의가 다른 대륙들로 침략적인 진출을 하면서 자기와 유사한 모습의 국가라는 공동체 양식을 이식시켰던 것이다. 근대 세계에는 이렇게 국가를 중심으로 인간들이 공동체를 이루고 살아가게 된 것이다.

1. 국가의 탄생과 전환들

'국가'는 자신의 공동체의 구성원 즉 국민을 보호할 의무를 가지고 있다. 근대 정치철학자로서 근대국가의 기원은 바로 개인들의 안전을 보호하는 것이 첫 번째 임무임을 논리적으로 증명하고자 했던 이가 홉스(T. Hobbes)이다. 홉스는 인간들이 끊임없는 명예와 권력에 대한 추구, 허영과 자만을 본성으로 갖고 있으며, 이것은 결국 전쟁상태 즉 "만인에 대한 만인의 투쟁"으로 만든다고 봤다. 이러한 상황에서 인간들은 죽음의 공포, 안락함에 대한 욕망 그리고 자신들의 근면을 통해 그것을 이루려는 희망 등에 의해 평화를 추구하게 되고, 이로부터 국가라는 정치공동체가 등장하는 것이다. 로크(J. Locke) 역시 유사한 견해를 제시한다: "사람들이 스스로를 정부에 귀속시키는 크고 주된 목표는 무정부상태에서 매우 불안한 자산(생명, 자유, 재산을 모두 포함)을 지키기 위한 것이다." 근대초기 국가의 탄생을 논리적으로 설명하고자 했던 홉스나 로크 등의 사회계약론자들의 공통된 설명은 자연상태가 주는 불안함과 공포로부터 벗어나 안전을 보장받기 위해 인간들은 공동체, 즉 국가를 구성한다는 것이다.

나아가 홉스는 공동체, 즉 국가가 빈민들의 생계를 보장할 책임이 있다고까지 말하였다: "그들(=빈민들)은 사적인 개인들의 자선에 맡겨질

날 수도 있는 것이다.

것이 아니라 공동체의 법에 의해 자연의 필수품들이 요구하는 만큼 물질이 제공되어야 한다." 물론 이러한 홉스의 제안이 곧바로 실현된 것은 아니다. 오히려 홉스의 17세기가 아니라, 2세기가 지난 뒤에야 그러한 이해들이 동의를 얻으면서 국가는 여러 가지 방식으로 구성원들의 구체적인 안전을 위해 적극적인 역할을 하기 시작하였다. 근대국가가 갓 탄생하기 시작했을 즈음의 국가는 구성원들인 개인의 자유가 실현되도록 외부의 침략으로부터 국가를 방어하고, 내부적으로 치안질서를 확립하는 역할에 한정하였다. 이른바 '야경국가' 혹은 '경찰국가'라는 이름을 가진 국가였으며, 그것은 19세기에 절정을 이루었다.

근대국가가 이러한 역할에 한정되었던 것은 근대 이전의 국가들이 절대주의 왕정의 형태로 개인의 자유를 침해하는 경향이 강했기 때문이다. 이로부터 근대국가의 정당성은 개인의 자유를 보호하는 것에서 찾기 시작한 것이다. 그러한 의미에서 본다면 국가와 개인의 자유 사이에는 일종의 영합게임(zero-sum game)이 있었던 것이다. 즉 국가의 권력이 확대되면 그만큼 개인의 자유의 영역은 제한되며, 국가권력이 축소되면 개인의 자유의 영역은 확대된다는 논리이다.

이와 같은 근대국가 탄생의 논리적 혹은 정치철학적 설명의 방식과 더불어 현실의 역사에서 구체적으로 근대국가는 어떠한 경로를 통해 탄생되었는가를 살펴 볼 필요가 있다. 중세의 봉건적 질서에서 왕은 상징적인 의미를 지니는 권력이었지, 기본적으로 중앙집권화된 권력이나 관료제 혹은 군사적 통합권력을 가지고 있지 못하였다. 왕은 여러 흩어져 있는 봉건영주 중에서 가장 권위있는 영주일 뿐, 다른 영주의 봉토에 어떠한 권력도 행사할 수 없었다. 그러나 수차례의 십자군전쟁, 종교전쟁 등을 치르면서 군사적·재정적 동원이 발생하였고 그 과정에서 군사적 힘과 권력의 집중 현상이 발생하였다. 이러한 과정을 거치면서 근대적 국가가 형성된 것이다. 이제 왕은 일정한 영토 내에 자신의 관리를 파견하여 세금을 거둬들일 수 있을 만큼 군사적·재정적으로 권력을 집중하였다. 또한 왕은 과거 교회권력으로부터 자신의 권력의 정당성을 부여받았다면, 이젠 자신의 영토 내의 신민들을 보호하는 대가로 그들로부터 동의를 얻는 방식의 교환 혹은 계약을 통한 정당성의 확보가 이루어졌다. 이렇게 본다면 앞서 이야기한 홉스나 로크의 사회계약론이라는 논리적 설명이 일정하게 역사적으로도 의미있는 것이라고 할 수 있다.

개인의 자유 그리고 그들의 사회경제적 활동 및 그것의 결과물에 대해서, 국가가 안전과 권리를 보장해 주는 것이 가장 기본적인 역할로서 인정되었다. 그것은 17~18세기에 서서히 발전하기 시작한 자본주의의 역사와 맥을 같이 한다. 상업자본주의 그리고 산업자본주의의 발전에서 가장 필수적인 요소 중의 하나는 자유로운 노동자이다. 즉 다양한 경제적 활동을 하기 위해서는 신분적 혹은 관습적 제약으로부터 벗어나 자유로운 경제활동을 할 수 있어야 한다. 그리고 그 경제활동의 결과물에 대해서도 역시 그 개인의 성과물로서 인정되고 법적으로 보장받아야 한다. 바로 이것이 국가에게 요구된 역할이었다. 그것이 앞서 말한 '경찰국가' 혹은 '야경국가'의 역할이었다.

하지만 자본주의가 발달하면서 다양한 사회적, 경제적 문제들이 발생하고 19세기 말에 이르러 국가에 더 많은 역할을 요구하기 시작하였다. 우선은 다양한 형태의 사회적 약자들이 발생하면서 그들에 대한 보호의 문제가 대두되었다. 또한 개인의 자유에 대한 시각에 있어서도 변화가 나타났다. 개인들의 자유를 실현하기 위해서는 다양한 사회적 조건들이 필요하고 그것은 일정하게 공동체 즉, 국가가 그 조건들을 충족시켜야 한다는 것이다. 자본주의가 발달하면서 사회적 문제로 등장한 산업재해, 실업 등의 문제가 그것이었다. 또한 제1차 세계대전을 거치고 난 후 많은 전쟁고아와 미망인들에 대해 국가가 부양의 의무가 있다는 사회적 동의가 발생하였다. 즉 그들은 조국을 위해 희생된 사람들의 가족이므로 공동체는 그들에 대해 책임을 져야 한다는 합의였다.

뿐만 아니라 20세기 전반기의 대공황에 따라 국가의 경제적 역할 역시 보다 적극적으로 요구되었다. 케인즈주의적 경제학의 시대가 열린 것이다. 그리고 복지국가라는 이름 역시 등장하였다. "요람에서 무덤까지"라는 비버리지(Beveridge) 보고서가 나온 것은 2차 세계대전이 끝나면서부터이다. 국가는 그 구성원인 개인들의 안전을 다섯 가지의 사회적 악 — 빈곤, 질병, 무지, 실업, 불결 — 으로부터 보호하고자 하였다.

하지만 역설적인 사실은 이렇게 구성원의 안전을 보장하기 위해 탄생한 국가가 그 힘이 증대함에 따라 개인에게 위협이 된다는 점이다. 논리적으로 개인의 안전을 보호하기 위해 탄생한 국가는 현실적으로 영토 내에서 배타적이면서 절대적으로 최고의 권위와 권력을 행사하는 존재가 된다. 사회가 국가를 중심으로 하여 발전하고 국가는 사회적, 경제적 구조의 핵심을 이루게 됨에 따라 국가는 점차 강화되었다. 국가는 자체의 존재이유를 가지게 되었고, 국가 자체의 안전을 위해 개인의 안전이 희생을 요구받는 경우도 생겨난다. 물론 국가의 부재나 국가가 다른 국가의 침략에 의해 패망한 경우를 극단적인 반례로 든다면 그로부터 올 수 있는 위협보다 국가에서 비롯되는 위협이 그 정도가 덜하다고 할 수 있을 것이다. 그럼에도 불구하고 명쾌하게 해결되는 문제는 아니다.

2. 국제관계: 국가들 간의 체계

오히려 많은 부분에서 안전에 대한 위협은 국가의 외부로부터 온다고 생각하였다. 가장 큰 위협은 국가라는 안전망이 영향을 미치지 못하는 국제사회 즉, 외부의 다른 국가로부터 온다는 것이다. 국제사회는 주권국가들의 결합체이다. 국가가 주권체로서 위상을 갖는다는 것은 국가 상위의 어떠한 권위체의 권위와 명령에도 복속되지 않는다는 의미이다. 국가는 스스로 최고의 권위와 존재이유를 갖는다. 국가들 간의 정치적 관계는 국내정치 속에서의 행위자들 간의 관계와는 달리 중앙통제가 없는 무정부상태 속에서 이루어지는 것이다. 이러한 국가들 간의 관계에 대해서는 시기와 상황에 따라 다양한 시각들이 존재해 왔다.

18~19세기에 지배적이었던 국제정치에 대한 시각은 자유무역주의이다. 국가가 야경국가라는 이름으로 개인의 자유를 최소한으로 간섭하고 보호하는 것을 목적으로 하였듯이, 국가들 간의 관계에서도 가능한 한 시장의 원리에 맡겨두어야 한다는 생각이었다. 시장은 국가 사이의 경계를 넘어서는 무역과 투자행위를 창출하며 이를 바탕으로 국가들 사이의 관계가 형성되고 유지된다. 무역과 투자 행위가 원활히 유지되기 위해서 국가 간의 평화가 필요하며, 역으로 자유로운 무역과 투자행위는 평화로운 국가들 간의 관계를 유지하는 기초가 된다는 논리이다. 이에 따라 1840년대 영국의 자유무역주의와 이후 1860년대 영국과 프랑스, 그리고 독일 간의 자유무역지대가 형성되기도 하였다. 하지만 19세기 말 서구 자본주의 국가들의 식민지 진출과 그에 따른 식민지 쟁탈 경쟁은 이익들의 충돌로 귀결되었다. 국가들이 자신의 권력, 특히 군사력과 경제력 그리고 식민지에 기반하여 이익을 추구하는 것이 근대적 국제관계의 본질이라는 생각이 서서히 자리잡게 된다.

사실 근대국가들에 의한 국제사회가 성립된 후 수많은 전쟁으로 인하여 공동체의 구성원들은 안전을 위협받았다. 실제 제1차 세계대전에 의해 근대 서양세계의 평화와 안정은 크게 동요하였다. 세계대전은 거대한 전쟁이었을 뿐만 아니라 근대사회가 가지고 있었던 전제 즉, 이성적 인간에 의한 합리적인 행동을 통한 안전의 추구라는 전제가 흔들렸다. 그 충격으로부터 각 국가들은 국가 자체의 안전 그리고 국가 구성원의 안전을 보장할 수 있는 국가체제와 국제관계의 모색을 시작하였다. 제1차 세계대전이 끝난 후인 1920년대부터 제2차 세계대전이 발발하는 1939년까지 집단안보방식을 통한 영구적 전쟁의 방지를 꿈꾸는 시각들이 존재하였다. 여기서 집단안보는 집단 내 각국이 일국의 안보는 모든 국가들의 관심사란 점을 수용하고 침략에 공동으로 대응하는 상황을 말한다.

당시 미국 대통령 우드로우 윌슨(W. Wilson)을 중심으로 하는 사람들은 국제연맹(League of Nations)을 통해 국가의 침략 행위를 제한하고 이를 제도화하려 하였다. 뿐만 아니라 국제사법재판소(Permanent Court of International Justice)를 설치하여 국가 간 갈등을 조정하려는 시도를 하였다. 또한 전쟁을 하지 않겠다는 내용을 담은 켈로그-브리앙 조약(Kellogg-Briand Pact of 1928)도 맺었다. 그리고 전쟁의 핵심수단으로 쓰이는 무기를 규제하려는 의도로 군축회의(Washington Conference, London Conference)도 열었다. 하지만 이러한 일련의 노력들은 실패로 끝나고 제2차 세계대전이 발발하였다. 집단안보나 국제기구를 통해 전쟁을 방지하려던 사람들은 이상주의 혹은 공상주의라는 이름으로 비판받았다. 사실 모든 국가들은 자신들의 국가이익이란 틀에 갇혀 있었고, 그에 따라 움직였다.

또한 국제관계에 대한 이러한 이상주의적 시각에 대해 비판하고, 오히려 인간의 본성에 뿌리박고 있는 이기심과 권력욕, 그리고 정치의 권력정치적 성격을 강조하면서 국제관계를 파악하려는 현실주의적 시각이 등장하였다. 현실주의적 시각에 의하면 정치집단의 의도는 완전히 파악하기 어렵고 가변적이라는 문제가 있다. 즉 상대방의 의도를 알 수 없으며, 또한 상대방이 배신할 경우 그것을 제재할 수단도 없는 것이 국제정치의 현실이며, 그에 따라 국제정치의 행위자들 즉 국가는 상대방의 공격이나 배신에 대비해야 한다는 것이다. 이것은 전형적인 무정부상태로서 홉스가 말했던 국가 성립 이전의 자연 상태와 유사한 것이다. 국제정치는 자연 상태와 같은 '만인의 만인에 대한 투쟁'이라는 것이 언제든지 가능한 것이다. 따라서 상대방의 공격에 대비할 수 있는 충분한 힘을 갖춤으로써만 안전과 평화가 보장될 수 있는 것이다.

무정부 상태의 국제정치에서 각각의 국가들이 생존하는 방법은 스스로 책임을 지는 자력구제의 원칙을 추구할 수밖에 없다. 그리고 상대방의 전쟁의도를 막을 수 있는 유일한 방법은 상대방의 힘에 대한 균형이며, 세력균형이 전쟁의 부재(不在)를 확보할 수 있는 가장 신중한 방법이라는 것이 현실주의적 인식이다. 이러한 시각에서는 국가 간의 협력이 가능할 수는 있겠지만, 그 협력이 지속되고 제도화될 수 있을지에 대해서는 대단히 회의적인 시각을 표시한다. 무엇보다 국가 간 제도는 세력균형상태를 반영하며, 협력이 가능하게 했던 세력균형의 구도가 변화하면 협력도 불가능해지기 때문이다. 더구나 안보와 같은 공동체의 사활적 이익이 걸린 문제에서 협력은 거의 불가능하다고 본다.

3. 국가안전보장

'안전보장'이라는 용어를 외교상의 전문용어로 정착시킨 것은 프랑스였다. 거기에는 프랑스가 처해 있는 지위가 여실히 반영되어 있었다. 제1차 세계대전의 결과 독일은 패배했지만, 실제 전투는 독일 영토 밖에서 이루어졌기 때문에 전쟁피해는 적었으며, 인구·공업 등 경제력에서 프랑스를 능가하고 있다는 사실은 변하지 않았다. 따라서 프랑스는 독일에 대한 자신의 안전을 확보하기 위해 강화(講和)를 바랐던 것이다. 이 과정에서 국제연맹이라는 국제기구가 탄생하였고, 집단적 안전보장의 시도가 이루어졌다.

국제연맹은 국내사회에서의 '법치주의'나 '법의 지배'의 이미지를 본떠서 국제사회에 법적 정의에 근거하는 공고한 안전보장체제를 만들어내는 것을 기대한 결과로 탄생한 것이다. 그리고 국가 간의 '집단적 안전보장'으로부터 국제사회에서 법적 권위하에 평화가 유지되는 상태와 같은 안전한 상태로 이행하는 것을 궁극적인 목표로 하였다. 즉 개인들 간의 사회계약을 통해 국가권력을 확립하듯이, 국가들 간의 협약을 통해 국가들의 안전을 보장할 수 있는 높은 권위체를 형성하고자 하였다.

하지만 이러한 이상주의적인 국제질서는 형성되지 않았다. 국제정치의 현실은 집단적, 사회적 관점에서가 아니라 현실주의적 관점에서 국가의 이익 추구라는 현실적 목표에 의해 움직였다. 안전보장 역시 국가의 정책적 목표로서 설정되었다. 그러한 경향을 전형적으로 보여준 것이 당시의 미국이었다.

미국의 안전보장은 전통적으로 대서양이라는 지리적인 장벽에 의해 지켜져 왔다. 연방주의자나 워싱턴 대통령 같은 건국의 아버지들은 그것을 정확히 인식하고 있었으며, 19세기 초 먼로(J. Monroe) 선언 역시 그 연장선상에 있었다. 그러나 1930년대 말에 이르러 미국의 국민 혹은 군사적 안전을 위해 적극적으로 국제문제에 관여해야 한다는 주장이 등장하였다. 미국의 안전보장은 그 해안선에서의 방위가 아니라 해양에 달려 있다는 것이다. 미국의 해양에 있어서 안전보장은 적극적인 외교정책에 의해 보장되어야 한다고 주장하였다. 이들 '국가안전보장론자'들은 국제연맹과 같은 집단적 안전보장체제에 공감해온 전통적 국제주의자들과는 달리 자국의 중요한 이익을 '국가안전보장'이라는 말로 표현하고 그것을 지키기 위해 미국의 세계정치에의 적극적인 관여를 주장하였다.

2차 세계대전 이후 미국의 외교정책에 기본적인 지침을 부여하게 된 것은 국가안전보장의 관점이었다. 힘의 관점으로부터 국제관계를 조정하여 자국의 안전보장을 지키는 것이 외교정책의 기본적 요청이라고 여겼다. 이 시기에 국가안전보장의 관심대상이 좁은 의미에서의 군사문제에 한정된 것이 아니었다. 국가안전보장론에서 국력은 안전보장에 있어서 결정적 요소라고 이해되었으며, 그 경우 국력은 생산력, 기술력, 동원의 가능성과 같은 폭넓은 요소들을 포함하였다. 그것은 두 번의 세계대전의 경험이 '총력전'이었다는 것을 반영한 것이었다.

제2차 세계대전 이후 냉전의 출현과 핵무기의 발전이라는 상황 속에서 미국의 외교정책과 군사기술에 기반한 전통적인 안보개념이 확립되었다. 그것은 국가안보적 차원에서 경제적, 사회적 영역보다는 군사안보의 영역에 집중한다는 것이다. 이러한 전통적 안보개념에 기반한 세계안보질서는 다음과 같은 특징을 갖는 것으로 인식된다. 첫째로, 불안전한 세계에서 국가들은 자신의 생존에 필수적인 국가이익의 유지·확대를 끊임없이 추구하며, 국가이익의 추구에 있어서 군사력과 경제력이 가장 중요한 수단이라고 인식한다. 둘째, 국가들은 자신의 안전을 보다 확고히 하고 다른 국가들의 국가이익을 견제 또는 봉쇄하기 위하여 필요에 따라 동맹을 형성한다. 따라서 전통적 안보개념에 따른 안보질서에서는 국가들의 화해, 협력적 성격보다는 개별 국가들의 이기적인 국가이익의 추구가 강하게 부각되는 양상을 보인다.

III. 새로운 시대와 새로운 안전보장

1. 냉전의 종식과 세계화

냉전 시대에는 미국과 소련 혹은 동·서 양 진영 사이의 핵무기의 응수를 포함한 정면충돌의 위험을 어떻게 막을까 하는 것이 국제정치에 있어서 안전보장의 주요한 과제였다. 그러나 냉전의 종언과 함께 인류의 파멸을 부르는 핵 전면전쟁의 위험은 멀어지고 지역분쟁과 내전, 민족분쟁 등으로 안전보장의 관심사가 옮겨졌다. 냉전기에 지역분쟁이나 내전, 민족분쟁이 없었던 것은 아니다. 냉전기에 그러한 문제들은 냉전의 프리즘을 통해 이해되고 처리되었다. 하지만 냉전의 종결 이후 그러한 문제들은 독자적인 원인과 메커니즘을 갖는 것으로 새롭게 이해되었다.

냉전의 종식과 함께 두드러진 또 하나의 현상은 세계화이다. 물론 세계화는 냉전이 종식되는 시점보다 앞서 이른바 포드주의적 축적의 위기와 오일쇼크, 브레튼우즈체제의 붕괴 이후 1970년대부터 서서히 등장한 신자유주의와 그 맥을 같이 한다. 현재 진행되고 있는 세계화는 이전의 국민국가를 중심으로 정치, 경제, 문화 등의 다양한 분야에서 교류가 발생하던 것과는 명확히 구분된다. 세계화는 국민국가를 포함하여 다양한 초국가적 행위자 즉 초국적기업, 국가 간 정부조직, 국제적인 비정부조직은 물론 국내의 행위자들 역시 국경을 넘어 정치, 경제, 문화 분야에서 거래와 교환, 교류가 발생하고 있는 현상이다. 세계화의 진행 속에서 WTO, IMF 등과 국제기구의 위상과 역할이 강화되고 우루과이라운드(경제), 그린라운드(환경), 블루라운드(노동) 등과 같이 영역별로 세계규범을 설정하려는 제도적 연합체들이 등장하고 있다. 심지어 기업은 국제관계의 행위자로 등장하기까지 한다. 기업은 더 이상 영토국가의 경계에 소속되지 않는다. 또한 국제적 생산과 관련되어 있는 기업들은 이윤 동기에 의해 움직일 뿐만 아니라 안보의 추구라는 국가적 목표까지도 가지고 행동하고 있다.

세계화는 개별 국가들의 상호의존과 달리 국가들 간의 상호연관성이 개별국가들의 정책을 효율적으로 달성하기 위한 차원의 범주를 넘어서 시간과 공간적 차원에서의 새로운 질서창조를 수반하고 있다. 이러한 변화는 초국가적인 수준에서 새로운 사회의 건설이라는 측면을 가진다. 그것은 국제관계가 주권국가를 중심으로 하는 관계에서 벗어나 새로운 세계사회(global society)를 건설하는 문제로 파악한다는 것이다.

냉전의 종언과 함께 국제시스템의 구조가 크게 변화하기 시작하였고, '새로운 안전보장' 개념이 등장하였다. 또한 세계화의 진전 속에서 국내사회와 국제사회 간의 국경을 넘나드는 활동들이 급격히 늘어나면서 그러한 개념이 등장한 것이다. 사실 냉전의 종언 이전부터 테러리즘, 인구폭발, 이민, 난민, 물, 식량, 에너지, 지구환경, 에이즈, 마약, 국제조직범죄, 핵·화학·생물무기 등의 대량살상무기의 확산, 국제금융시스템의 동요, 정보·통신 시스템의 안전 등 여러 가지 문제들이 글로벌 이슈로서 국제사회의 주목을 받고 있다. 이러한 문제들이 냉전 후의 '새로운' 문제인 것은 아니다. 그러나 냉전이 끝남으로써 이러한 문제들은 국제사회의 관심이 상대적으로 증대하여 국제정치에 있어서 '새로운 안전보장의 과제(New Security Agenda)'로 설정된 것이다.

냉전종식과 세계화의 가속이라는 상황 속에서 안보와 관련한 사고방식과 담론의 변화를 살펴보면 크게 세 가지를 들 수 있다. 첫째는 안보의 내용, 즉 위협발생 영역의 다양화와 복잡화로서 구체적으로는 "군사안보에서 포괄적 안보로의 변화"이다. 둘째는 안보의 대상, 즉 누구의 안전을 보장해야 하는가에 대한 인식의 변화로서 "국가중심에서 인간중심 안보로의 변화"이다. 셋째는 안보의 추구방법, 즉 위협을 방지, 제거, 퇴치하기 위해 대비하고 대응하는 방법과 수단의 변화로서 "힘에 의한 억지에서 협력안보로의 변화"이다.

2. 포괄적 안보

냉전 종식 이후 안보와 관련하여 새로운 문제들을 인식하거나 기존의 문제들이라도 새로운 시각에서 안보문제를 접근해 가면서 '포괄적 안보(comprehensive security)'라는 개념이 등장하였다. 그것은 앞서 말한 '새로운 안전보장의 과제' 들로서, 전통적 안보개념을 넘어서서 경제적·환경적 문제뿐만 아니라 인권이나 이민, 자원고갈 그리고 인구문제 등의 잠재적 위협으로부터 국가의 안전을 확보하는 차원으로 안보개념의 확장을 가져왔다. '포괄적 안보' 개념은 전통적인 국가중심적 접근방법에서 탈피하여 미시적으로는 개인적 혹은 인간안보를 포함하고, 거시적으로는 국제적 혹은 지구적 안보수준을 포함하게 되었다. 특히 인간안보 개념과도 연관되는 이 개념은 개별인간들의 복지와 사회의 측면에서 안보를 사고하는 것과 관련이 있다. 기존의 국가중심적 안보개념의 경우 인간안보에 필요한 기본적인 정치질서와 경제적 복지를 제공하는 데 효율적으로 기능하지 못하며, 심지어 국가는 심각한 인권유린과 소수민족에 대한 탄압 등의 예를 통해서 개인들의 안전에 대한 주된 위협인자로 등장한다고 그 한계를 지적받았다.

포괄적 안보의 영역으로는 기존의 군사적 안보 외에 경제, 사회, 자원, 환경 등의 문제들과 관련한 안보이다. 우선 경제안보는 경제성장, 복지, 배분, 고용, 경제적 안정, 해외수출시장의 확보 그리고 기술혁신 등 다양한 문제를 포괄한다. 특히 냉전 종식 이후 신자유주의적 세계화가 가속되는 현 시점에서 경제적 이익을 둘러싼 국가 및 기업들의 무한경쟁은 전쟁을 방불케 한다. 경제적 이해관계로 인한 갈등이 군사적 무력충돌로 비화될 가능성도 다분히 존재하며, 많은 군사적 활동들이 경제적 활동의 자유를 보장받기 위한 경우도 허다하다. 이에 따라 국가들은 자국의 경제적 이익을 보호하기 위해 일정 수준 이상의 군사력 증강을 필요로 한다.

문제는 군사력 증강이 국가의 경제성장에 악영향을 미칠 수 있기 때문에 국가로서는 군사안보와 경제안보 사이에서 적절한 조정을 해야 한다. 분명히 군사비 지출이 적정수준을 넘어설 경우 경제는 물론 국민 전체의 복지에 부정적인 결과를 초래한다. 하지만 근대화 이론을 주장하는 연구들은 적정수준의 군사비 지출이 경제성장에 긍정적인 영향을 미친다고 주장하며, 그것을 경험적으로 증명해 보인다. 경제안보와 군사안보의 관계는 대립적 관계와 상호보완적 성격을 동시에 갖는다고 볼 수 있다. 튼튼한 경제력을 바탕으로 한 군사력 증강은 국가안보의 기반이 될 수 있지만, 지나친 군사비 지출은 경제에 악영향을 미칠 수도 있다.

다음으로 자원안보를 생각할 수 있다. 자원문제가 안보문제로 대두된 것은 아마 1970년대 오일쇼크부터일 것이다. 에너지 자원의 원활한 수급은 경제발전에 있어서는 물론 국민들의 생활과도 밀접한 관련을 맺는다. 에너지 자원 이외에도 식량자원 역시 안보와 중요한 관련을 맺는다. 2008년 원유가격 급등은 물론 식량가격의 폭등은 에너지 및 식량자원을 수입하는 한국과 같은 나라들에게 치명적인 경제적 손실과 위기를 가져왔다. 이러한 현상은 에너지와 식량자원이 언제든지 안보를 위협하는 무기로 작동될 수 있음을 보여준 예라고 할 것이다. 그러한 의미에서 '에너지주권', '식량주권' 등의 개념이 등장하는 것은 그만큼 에너지, 식량 등의 자원이 공동체 성원의 안전에 핵심적 역할을 하기 때문이라고 할 수 있다. 현재 유럽과 러시아 사이에서도 가스와 원유 공급을 둘러싼 갈등이 존재하며, 중동의 끊임없는 위기의 배후에도 에너지 자원 확보를 둘러싼 국제적 역학이 작동하고 있음은 물론이다. 최근 한국과 일본 간의 독도영유권을 둘러싼 갈등, 동남아 국가들과 중국의 남사군도(南沙群島, Spratlys)를 둘러싼 갈등, 조어도 영유권을 두고 일본과 중국 간의 대립 등은 모두 자원을 둘러싼 영토분쟁이라고 할 수 있다.

최근 또 다른 중요한 안보 쟁점으로 떠오른 것은 환경이다. 환경안보 혹은 생태안보는 대기오염으로 인한 오존층 파괴, 대형 해양 오염사고로 인한 해양의 오염, 지구온난화로 인한 각종 자연재해 등으로 인하여 인간의 생존권이 위협을 받는 상황이다. 1980년대 후반부터 국제사회는 환경파괴로 인한 결과가 인류의 생존에 심각한 위협이 된다는 인식을 하기 시작하였다.[2] 1987년 유엔총회는 "생태계의 상호작용은 국제안보의 불가분의 일부를 형성"하고 있음을 선언하였다. 1985년 오존층 보호를 위한 '비엔나 협약'에 바탕을 두고, 1987년 몬트리올 의정서, 1990년 런던 의정서, 1992년 코펜하겐 의정서, 1992년 유엔환경개발회의에서 채택한 '리우 선언' 등을 통해 각종 환경보호협약을 만들어 왔다. 그리고 1997년 지구온난화의 규제 및 방지를 위한 국제협약인 교토의정서가 2005년 발효됨으로써 구체적으로 2008년부터 2012년까지의 기간 중에 선진국 전체의 온실가스 배출량을 1990년 수준보다 적어도 5.2% 이하로 감축할 것을 목표로 하고 있다. 이러한 환경협약은 구체적으로 환경보호를 이유로 각종 무역규제조치를 행할 것으로 보이며, 그것은 국가 간의 갈등의 소지를 만들어 낼 것이다.

이외에도 사회문화적 가치에 대한 위협 또는 국가의 종교, 언어, 전통에 대한 위협을 의미하는 사회안보 개념이 존재한다. 이스라엘의 아랍 국가들에 대한 위협, 이슬람 근본주의자들이 말하는 서구문명으로부터의 위협, 나치 독일의 슬라브 민족 또는 문화에 대한 위협, 서유럽에서 이슬람교도들과 기독교 세력 간의 갈등 등이 그러한 예일 것이다. 2008년에 독립선언을 한 '코소보' 문제 역시 아직까지 해결되지 않은 채 남아 있는 민족문제이자 동시에 종교 및 인종 등 다양한 사회적 갈등이 포함되어 있는 문제이다. 유럽 지역에서 끊이지 않고 발생하는 테러는 이러한 사회적 갈등 즉 인종 및 종교 문제를 쟁점으로 형성된 갈등이며, 곧 이것은 사회의 안전을 위협하는 요소로 작동하고 있다. 이러한 위협들에 대해 2001년 유네스코의 「세계문화다양성선언」과 2005년 「문화표현의 다

---

2) 1980년대 후반부터 시작된 '지구환경 붐'에 동반하여 '환경안전보장 붐'도 일어났다. 1987년 국제연합의 '세계환경개발위원회'가 낸 보고서에 환경안전보장 개념이 등장하였고, 같은 해 국제연합 총회에서 '국제생태학적 안전보장' 개념이 등장했다. 백악관이 내고 있는 '미국의 안전보장 전략'에는 1991년판부터 환경문제가 포함되고 있으며, 국방성도 1993년 환경안전보장담당차관보라는 직책을 신설했다.

양성보호와 증진을 위한 협약」등은 기본적인 수준에서나마 문화적 다양성 및 정체성, 가치의 다양성 등에 대한 존중을 언급하고 있다.

이상과 같은 '포괄적 안보'의 다양한 요소들은 사실상 현대세계 특히 세계화와 급속한 과학기술의 발달 등을 통해 세계 각국이 연결되어 있는 상황에서 개별적으로 작동하거나 일국에 한정되어 작용하지 않는다. 이러한 문제들은 다양한 방식으로 결합되어 인간의 안보를 위협하는 요소로 작용하고 있다. 그러한 의미에서 안보의 문제가 과거와 같이 일국적 혹은 단일한 문제로 작용하지 않고 '포괄적'으로 작용하고 있는 것이다.

3. 인간안보

인간의 안전보장이라는 말은 냉전 이후 국제연합을 필두로 하는 다양한 국제기구 등을 중심으로 사용되고 있다. 1994년 국제연합개발계획(UNDP)이 낸 「인간개발보고서」에서 '인간의 안전보장'이라는 개념을 설명하고 있다. 우선 인간개발이란 빈곤이나 억압 아래 놓인 사람들의 잠재능력이나 가능성을 신장시켜 사람들의 선택의 폭을 확대하는 과정인데, '인간의 안전보장'이란 이 선택의 권리를 방해받지 않고 행사할 수 있으며, 장래에도 잃지 않을 것이라고 안심할 수 있도록 고용, 소득, 건강, 환경, 치안을 확보하여 사람들의 안전을 지키는 것이라고 정의된다. 인간안보는 단순히 군사적 위협의 부재만을 의미하지 않는다. 이는 경제적 고통으로부터의 자유, 적절한 수준의 삶의 질 그리고 인권에 대한 근본적인 보장을 뜻한다. 인간안보는 최소한 인간의 기본적 필요가 충족되는 것을 요구하지만, 동시에 견고한 평화와 안정을 성취하기 위해서는 지속가능한 발전, 인권, 자유, 법치주의, 사회적 형평성 등이 이루어져야 한다고 본다.

냉전기의 외교는 주로 전통적 의미의 군사안보외교에 치중되었다. 그러나 탈냉전기 다자외교의 장에서 인간안보 이슈들이 활발히 논의되기 시작함에 따라 여러 이슈에 대한 각국의 입장 정립 및 적극적인 의견 개진의 필요성이 대두되고 있다. 특히 아시아 금융위기 발생 이후 역내 안보문제가 단순히 군사적 안보차원을 넘어 소득격차의 확대, 국내 정정 불안, 난민 발생, 인간 밀매, 테러, 환경파괴 등 인간 개개인의 안위에 위협을 가할 수 있는 문제들을 인간안보의 차원에서 다루어야 한다는 인식이 증대되고 있으며, 동시에 이러한 인간안보문제들이 국가주권을 초월하는 문제로 다뤄짐에 따라 오히려 국가 간의 갈등을 야기할 수 있다는 주장도 제기되고 있다.

인간안보와 관련된 다양한 문제들은 그것들의 특성상 한 나라의 영토에 한정되지 않고 초국가적 성격을 지닌다. 따라서 다양한 수준의 행위자 즉 국가만이 아니라 비국가적 행위자들인 비정부단체나 국제기구 등의 관심과 참여가 필요하다.

전통적인 군사중심, 국가중심의 안전보장의 틀만으로는 냉전 후의 세계에 있어서 더 한층 긴박성이 높아가고 있는 민족분쟁 등으로부터 사람들이 안전을 충분히 지킬 수 없으며, 이에 따라 별도의 수단이나 원칙이 필요하다는 인식이 공유되어 온 것이다. 국내무력분쟁이나 국가에 의한 인권침해 등에서 보이는 것처럼 '국가의 안전'과 '인간의 안전'이 유리되어 있는 경우, 환경파괴나 국제테러 등 한 국가만으로는 대응할 수 없으며, 국가 이외의 주체를 포함해 국제적 대응을 필요로 하는 경우에 인간의 안전보장이라고 하는 개념이 사용된다.

호주, 캐나다 등과 같은 국가들은 유엔에서뿐만 아니라 여러 가지 형태의 국제회의를 통해 인간안보문제에 대한 심층적 분석을 토대로 대처방안을 모색하는 데 선도적인 역할을 시도하고 있다. 인간안보외교를 이들 국가들이 주도하고 있다. 특히 인간안보와 전통적 정치군사외교와의

관계, 인간안보를 위한 쌍무적/다자적 협력방향, 인간안보를 다루는 데
서 발생하는 다양한 문제들을 제기하면서 인간안보의 중요성을 강조하
고 있다.

　사실 가만히 들여다 본다면, 이러한 인간 안전보장에 대한 정의와 국
제연합이 자임하는 역할이라는 것은 근대 초기 국가가 등장하면서 자신
의 정당성을 확보하기 위한 논의 속에서 등장하였던 말들이다. 당시 국
가는 자신의 정당성을 공동체의 구성원의 안전을 보장하면서 획득하였
다. 하지만, 21세기 현재의 상황에서 국가가 아닌 국제기구들이 그러한
역할을 하겠다고 나서는 것은 국가가 그러한 역할을 다하지 못하고 있다
는 의미일 것이다. 실제 인간의 안전을 위협하는 요소들이 국가가 주권
을 행사하는 영토 내에서만 존재하는 것도 아니며, 설사 그렇다 하더라
도 하나의 국가가 그 역할을 수행할 수 없기 때문에 이러한 주장들이
등장하고 있는 것이다.

　인간안보와 관련하여 쟁점이 되고 있는 문제 중의 하나가 '인도적 개
입'의 문제이다. 일단 내전이 발생하거나 난민이 유출되는 사태의 경우
에 UN을 중심으로 한 국제사회가 인도적 관점에서 긴급원조나 무력개입
을 행하는 것이 요구되었다. 이 경우 국가주권을 초월하는 원리로서 제
시되는 것이 인간의 안전보장이다. 하지만 인도적 개입을 둘러싸고 그것
의 가치나 목표, 그것을 위해 취할 수 있는 수단과의 정합성 등의 문제가
아직까지는 논쟁이 대상이 되고 있다.

　1999년 3월 북대서양조약기구(NATO)는 유고슬라비아를 폭격하였다.
폭격의 이유는 유고슬라비아 연방공화국 내의 코소보 자치주에서 정부
군이 관여하여 행한 알바니아계 주민들에 대한 억압, 자치권 부정 및 인
종청소(학살)를 중지시킨다는 목적이었다. 그것은 '인도적 개입'이라고
주장되었다. 하지만 코소보 자치주의 주민을 해방한다는 인도적 목적을
내세우면서도 폭격의 과정에서 민간인을 포함한 다수의 희생자를 내고

주민의 생활이나 생명이 위협을 받았다. 즉 인간의 안전보장이라는 목표와 그것을 실현하기 위하여 필요한 행동기준이나 수단이 국제사회에서는 아직 명확하게 확립되지 못했다는 사실이다.

인도적 개입은 민주주의와 인권이라는 보편적 국제규범을 실현해 간다는 취지에서 21세기 국제관계에 중요한 영향을 미치게 될 것으로 보인다. 하지만, 동시에 많은 국가들은 미국 중심의 세계질서를 구축해 나가기 위한 이념적 틀로 악용될 소지가 많다고 인식하고 있는 것도 사실이다. 우선은 '민주주의'와 '인권'의 '보편성'에 대한 합의의 문제부터 제기될 수 있다. 많은 경우 민주주의와 인권의 내용, 그것들에 대한 판단기준 등에 있어서 서구적 심지어 미국적 보편성을 강요할 수 있다고 말한다. 서구적 기준의 민주주의와 인권이 그것을 원하지 않는 지역이나 국가 혹은 상이한 방식의 삶의 기준을 가지고 있는 국가들에게까지 평가의 잣대로서 작용할 수 있느냐의 문제가 제기된다.

또한 이는 어떠한 군사적 개입이 정당화될 수 있느냐는 '정당성의 문제'가 제기된다. 미국은 이라크 침공을 인도주의적 개입으로 보고 있는데, 국제사회는 이를 임박한 위협이 없었음에도 불구하고 성급하게 단행된 '예방전쟁'으로 보는 경향이 있다. 앞서 제시한 코소보지역에의 공습이나 이라크 침공 모두 미국은 유엔 안보리의 승인없이 개입하였다. 이러한 경우 만약 코소보 문제나 이라크 문제가 유엔안보리에 상정되었다면, 승인을 얻을 수 있었을까? 그렇다고 UN이 만능열쇠처럼 모든 것의 판단기준이 되는 것도 아니다.

4. 협력안보

앞서 보았듯이 제1차 세계대전을 치르면서 유럽인들은 엄청난 희생

속에서 전쟁의 무모함과 잔인함을 깨달았고, 그 결과 전쟁방지와 평화구
축을 위한 국제적인 협력 방안들을 모색하기 시작하였다. 즉 국가가 자
신의 공동체의 구성원의 안전을 보장하고 그러기 위해 국가 자체의 안전
보장이라는 목적을 달성하기 위해 국가들 간의 협력이라는 국제협력이
필요하게 되었다. 국제협력이란 말 그대로 국가들이 힘을 합쳐 공동으로
어떤 일을 추진하는 것을 말한다. 즉 공통된 목표의 달성을 위해 2개
이상의 국가들이 서로 역할을 분담하거나 정책을 조율하기로 하고 그 약
속을 실행에 옮기는 것이다. 여기에서 정책을 조율한다는 의미는 상대
국가에 피해를 입히지 않기 위해 혹은 이익을 증대시키기 위해 서로의
정책을 변화시키고 조절하는 것을 의미한다. 협력은 설령 처음에는 다른
입장이나 생각을 가질 수도 있지만 협의나 협상을 통해 상호 정책조정이
나 양보과정을 거쳐 합의점을 찾게 된다는 것을 의미한다. 그리고 중요
한 것은 원래부터 이견없는 자연스런 합치가 아니라 행동의 조율이나 조
정이 이루어진다는 점이다.

　이러한 국제협력은 공통의 위협에 대응하기 위해 일시적으로 협력을
한다거나 분쟁을 방지하고 평화를 증진시킨다는 목적을 갖기도 한다. 국
제협력이 이러한 일차적인 목적에서 시작되었지만, 국제사회가 발달하고
다양한 이해관계들이 발생하면서 국제협력의 내용이나 형식에 있어서도
다양한 방식으로 이루어졌다. 예를 들어, 유럽연합(European Union)의
경우를 보자. 2차 대전 이후 독일이라는 위협을 견제하기 위해 석탄·철
강공동체로 시작하여 1960년대 유럽경제공동체(EEC)로 발전되면서 이후
적극적으로 경제적 협력을 진행하고 나아가 1990년대 이후는 정치적, 사
회적 통합을 진행하고 있다. 이미 유럽연합(EU)은 다양한 수준에서 국가
간의 협력을 진행시키고 있으며, 더 나아가 국가적 틀을 넘어서는 문제
들까지 주도적으로 문제해결의 주체로 등장하고 있다. 유럽연합의 예는
물론 가장 발전된 형태의 국제협력의 형태라고 할 수 있다. 하지만, 특히

냉전의 종식과 함께 등장한 안보에 대한 다양한 위협요소들 그리고 복합적 거버넌스의 필요성에 의해 국제협력 역시 다양하고 다층적으로 이루어지고 있다.

이러한 국제협력의 유형에는 동맹(alliance), 집단안보(collective security), 통합(integration), 국제레짐(international regimes) 등이 있다. 우선 동맹은 국제협력의 가장 오래된 형태이다. 국가들 간의 공식협약에 의해 맺어지는 동맹은 동서양의 고대 시기부터 존재해 왔다. 한반도에서도 삼국시대 때부터 존재했었고, 중국은 물론 고대 그리스 시대에도 그러한 동맹은 존재했었다. 여러 가지 예들을 본다면, 동맹은 공동의 가치나 유대감의 형성을 위해서라기보다는 공통된 위협에 대처하려는 목적에서 형성되는 경우가 많다. 동맹을 맺는 동기는 안보·안정 등이 있을 수 있으며, 동맹 체결의 구제적인 결정은 이들 가치를 실현하는 데 들어가는 비용과 동맹을 통해 얻게 되는 이득과의 손익계산에 따라 이루어진다. 동맹은 안보를 강화시켜 주지만 대신에 자율성을 제약하는 경우가 있다. 즉 동맹국에 안보를 의존함으로써 다른 국가정책의 결정시 동맹국의 눈치를 보게 되는 경우가 발생할 수 있다.

현재 한국은 미국과 동맹관계이다. 한국과 미국은 여러 가지 차원에서 서로 이해관계가 맞물려 있다. 그러한 이유에서 동맹관계를 유지하고 있다. 한국은 미국의 군사적 보호막이 필요하고, 미국은 세계전략의 차원에서 한국이라는 거점이 필요하다. 하지만 동맹관계란 이러한 차원에 한정되지 않는다. 지난 노무현 대통령시절부터 최근까지 이라크 파병을 둘러싼 국내의 논의는 쉬지 않고 계속되고 있다. 한미동맹의 차원에서 미국의 군사작전에 한국이 참여하는 문제는 동맹의 차원 그리고 한국의 국가이익의 차원 등 고려해야 할 사항들이 많다.

동맹은 현재적 그리고 잠재적인 위협에 대처하기 위해 체결하는 것이 일반적이며, 동맹을 통한 국제협력은 결국 안보, 경제력, 자율성 등의 요소들 간의 상대적 균형 속에서 결정된다고 할 수 있다. 안보위협 대처 및 억제에 대한 동맹의 기여 정도, 동맹 대체 시 필요한 군비증강에 가용한 자원량, 동맹으로 인한 자율성의 제약 정도 등을 종합적으로 판단하여 동맹의 체결과 유지가 결정된다.

다음으로 집단안보는 누가 위협세력이 될지 모르는 상황에서 장차 도발 발생 시 공동 대응하기로 사전에 약속하는 것이다. 동맹이 현재적 위협에 대한 집단방어의 일종으로서 동맹 외부의 적에 대한 대응책이라고 한다면, 집단안보는 공동대응을 하기로 한 집단 내부의 잠재적 적에 대한 대비책이다. 집단안보체제는 '전체를 위한 하나, 하나를 위한 전체'라는 표현에서 알 수 있듯이, 유사시 도발사태가 발생하게 되면 도발자에 대해 집단의 구성원 모두가 나서서 응징한다. 그리고 바로 이 집단 전체의 단합된 응징가능성 때문에 잠재적 도발자가 도발을 실행에 옮기지 못하게 만드는 원리로 평화를 유지하는 체제이다.

집단안보체제가 역사적으로 보여진 것은 제1차 세계대전 후 시도된 국제연맹에서 처음으로 등장하였다. 그리고 제2차 세계대전 이후 국제연합 역시 그러한 시도라고 볼 수 있다. 집단안보체제의 안정적인 바람직한 형태로서 제시되고 있는 것은 냉전 이후 유럽의 새로운 안보질서로서 등장한 유럽안보협력회의(CSCE: Commission on Security and Cooperation in Europe)이다.

물론 국제정치를 현실주의적 입장에서 바라보는 학자들은 국가가 현상유지를 위해 사용하는 군사력을 과연 금지할 수 있는지, 국가들 사이에 이익의 갈등이 발생할 경우 협의의 국익을 극복하고 신뢰를 바탕으로 공동의 이익을 고려하는 것이 과연 가능할지에 대해 의문을 제기한다.

위의 두 가지 국제협력 형태 즉, 세력균형이나 집단안보가 무력에 의거한 전쟁방지와 평화모색이라면, 통합은 무력의 사용없이 빈번한 의사소통, 상호협의, 공조 등을 통해 평화를 구축해보려는 접근방안이다. 그리고 1980년대 들어서 활발하게 이루어지고 있는 것으로 국제레짐(inter-national regimes)이 있다. 국제레짐은 특정 이슈에서 행위자들의 일치된 기대를 반영하는 원칙, 규범, 규정, 의사결정절차라고 정의된다. 국제레짐은 하나의 이슈영역만을 관장하는 경우도 있지만, 몇 개의 영역을 통합하여 관장할 수도 있다. 또한 원칙은 사실, 인과관계, 판단 등에 대한 신념을 의미하고 규범이란 행동의 표준이 되는 권리와 의무를 지칭하며, 규정은 구체적인 행동방식을 일컫고, 의사결정절차는 집단적 정책결정과 집행방식을 의미한다. 국제레짐은 다양한 형태의 국제기구들은 물론 비공식적으로 관례화된 규정들까지도 포함하는 광범위한 개념이다.

　이처럼 전쟁방지나 평화구축을 위한 다양한 방식의 안보협력이 이루어지고 있다. 사실 국제사회의 경우 국내정치사회와 달리 형식적으로는 어떠한 위계질서 없이 주권국가들의 독자적인 행위들이 존재한다. 그러하기 때문에 집단행동의 어려움이 존재할 수도 있다. 하지만 최근 들어서 국제적인 협력의 필요성은 갈수록 증대되고 있다. 이러한 이유에서 글로벌 거버넌스의 문제가 제기된다고 할 수 있다.

5. 글로벌 거버넌스(Global Governance)

　환경이나 생태계의 파괴, 거기에 부수되는 감염증에 의한 사망자의 증가, 마약의 유입, 국제테러 등은 종종 국경을 초월한 원인에 근거하고 있으며, 글로벌 이슈라고 불릴 만큼 심각성을 가지고 있다. 또한 경제의 세계화가 급속하고 또한 밀도있게 진행되면서 지난 2008년 미국발 금융위기는 급속하게 세계 전체 경제의 위기로 이어지고 있다.

　세계 각국에서 실업자가 대량으로 발생하고 기업들이 파산하는 일들이 빈번하게 발생하고 있으며, 경제 전반에 걸쳐 위기가 발생하고 있다.

하지만, 하나의 국가가 그러한 위험들을 제거하고 위기를 극복하기에는 역부족이다. 세계화의 진전 그리고 국경을 초월한 다양한 위협들이 증가함에 따라 인간들의 안전을 확보하기 위해 일국가만의 대응이 아니라 다국 간의 협력이 요구된다.[3] 또한 다른 한편으로 국가는 국익의 우선적 고려라는 제약을 받아 반드시 정말로 필요한 수요에 신속하게 대응하지 못하는 경우가 발생하기 때문에 특정분야 초점을 맞추어 보다 유연하게 활동할 수 있는 NGO의 중요성 또한 커지고 있다.

그리고 이러한 다양한 사회적 위험들과 그에 따른 문제들이 발생할 경우 한 국가가 단독으로 문제를 해결할 수 없으므로 정부 이외의 주체들이 참여하는 글로벌 거버넌스가 요구된다. 여기에서 거버넌스란 인간의 안전보장에 관계되는 복수의 영역을 포괄하여 다루고 그 중에서 새로운 규범적인 기준을 창출하고 그 아래에서 활동을 재편성해 가는 계속적인 프로세스이다. 문제에 따라 정도의 차이는 있지만, 국제기구, 지역적 국가집단, 국가, 비정부주체, 기업이 중층적으로 통치에 관여하고 외부적 접근뿐만 아니라 내부적 접근을 통해 문제를 해결하려 노력한다는 의미에서 복합적 거버넌스이다.

또한 글로벌 거버넌스는 다양한 지역에서 다양한 형태의 상호의존 상태가 네트워크 형태로 존재하는 것을 의미한다. 네트워크 형태란 정치적 과정이 이루어지는 사슬모양의 연결망이 근대국가의 전통적인 위계질서가 아니라 복잡하게 얽혀 있는 네트워크 모양을 띠는 것을 말한다. 네트워크 국가는 세계화의 도전과 위기에 대응하기 위한 국민국가의 변환이

---

3) 2008년 여름 미국의 금융위기와 함께 시작된 세계경제의 위기에 대응하여 G7 나아가 G20 회의가 개최되면서 금융위기에 대처하기 위한 구체적인 조치들이 취해지고 있다. 경제의 세계화 속에서 각국 간의 경제적 연결망과 긴밀한 상호의존 관계는 일국의 경제위기가 세계적으로 급속하게 확산될 수 있음을 이번 위기는 잘 보여 주고 있다. 그리고 그러한 위기에 대처하기 위한 노력 역시 일국 수준이 아니라 세계적 수준에서 이루어져야 함을 보여 주고 있다.

라고 볼 수 있으며, 비정부조직·공공기관·국가의 다양한 수준을 동시에 지칭하는 것이며, 조직들 사이의 기능적 분화뿐만 아니라 공식적인 기관들의 사이의 경계를 넘어 통합을 지향하는 사회적 공동체라는 의미이다. 나아가 네트워크 국가는 정부 간 네트워크를 통해 복잡한 문제들을 해결하며, 배타적 주권관념으로부터도 벗어나 효율적인 거버넌스 메커니즘을 구축하기 위한 유연한 주권개념을 만들어낸다.

글로벌 거버넌스는 '상호의존'과는 구별된다. 상호의존은 글로벌 거버넌스라는 연결고리의 세계적인 네트워크화의 일부에 불과하다. 그리고 글로벌 거버넌스는 지리적 제약을 받지 않고 지구의 모든 지역과의 연결을 지향한다. 또한 글로벌 거버넌스는 행위주체가 국가에 한정되지 않고 다양한 행위자들을 인정한다. 글로벌 거버넌스의 필요성이 국가중심적인 전통적 안보가 아니라 새로운 안보 개념 즉, 포괄적 안보와 비전통적 안보라는 문제에 대처하기 위해 형성되었다는 점을 감안한다면 그 해결의 주체적 행위자들 역시 새롭게 구성될 수밖에 없다.

환경, 사회개발, 분쟁예방, 난민지원 등 여러 가지 분야에 있어서 지금까지 규범이나 규칙 아래에서 형성된 여러 체제나 여러 행위자가 각각 목표로 하는 가치나 행동원리를 인간의 안전을 공통항으로 하여 서로 맞춰가는 것이 포함된다면 복수의 영역에 걸친 포괄적인 복합적 거버넌스라고 부를 수 있을 것이다.

또한 정보화와 세계화 추세는 네트워크 국가와 같은 정치적 단위체뿐만 아니라 그들 사이의 연결망 자체도 네트워크 형태로 변모시키면서 국제관계의 거시적 패턴을 바꾸고 있다. 이러한 과정 속에서 정책결정의 수준을 변화하고 권력을 분산시키며, 소프트파워를 이용하여 협력적인 거버넌스의 구조를 확립하는 국가야말로 미래의 국제관계를 이끌어가게 될 것이다.

IV. 한국에서 안보 개념의 변화

한반도에서 안보의 문제는 이곳에 사람이 살아가기 시작하면서 동시에 존재했다. 하지만 앞서 그랬듯이 근대의 정치공동체인 국민국가 형성과 관련하여 안보문제를 이해하는 것에 한정하기로 하자. 물론 한반도에 살았던 우리의 조상들은 많은 어려움 속에서도 탁월한 지혜들을 발휘하여 우리의 공동체를 안전하게 지켜왔다.

내부적으로는 농업공동체로서 우리의 의식주를 해결하면서 살아왔고, 안정적인 왕조국가를 이루면서 내부적 결속을 유지하면서 살아왔다. 국제관계의 측면에서 본다면, 오랫동안 현실적으로 중국과의 관계를 어떻게 조절하면서 살아갈 것인가가 가장 중요하였다. 중화주의적 질서는 한반도가 중국과의 관계를 규정하는 전통적인 질서의 방식이었다. 하지만 서구에서 요구한 근대화의 과제는 내부적으로 우리의 생활양식의 측면에서 외부적으로 세계질서에 편입하는 방식에서도 기존과는 전혀 달랐다.

1876년의 개항과 함께 조선은 서구적 근대의 형성이라는 과제를 떠안기 시작하였다. 중국과의 조공관계를 통해 형성된 중화주의적 국제질서로부터 벗어나 이제는 만국공법에 따른 주권국가들의 국제체제에 편입되기 시작한 것이다. 이와 함께 조선은 내부적으로도 전통적 정치·사회질서로부터 벗어나 근대적 사회·정치질서를 확립해야 하는 과제를 수행하기 시작하였다. 이른바 근대적 국민국가의 건설이다. 이 과제는 바로 이제 동등한 주권국가들 간의 경쟁체제인 국제체제에 편입됨으로써 조선이라는 공동체의 구성원인 인민들의 안전은 이제 조선왕조가 홀로 보장해야 한다는 것을 의미하였다.

따라서 조선 인민의 안전을 보장할 수 있는 독립적인 주권국가 확립이라는 과제 속에서 다양한 시도들이 이루어졌다. 예를 들어, 갑신정변과 같은 사건은 급진개화파들에 의해 이루어진 일종의 실패한 국가건설 시

도의 사례였다. 1894년의 갑오개혁과 뒤이은 광무개혁은 조선을 대한제
국으로 탈바꿈하면서 근대적 국가로 변신하려는 시도였다. 결국 수차례
다양한 방식의 시도가 모두 실패로 끝나고 일본제국주의에 의한 식민지
화가 진행되었다. 이것은 조선이라는 전통적인 왕조국가가 서구의 근대
화 요구 속에서 적극적으로 대처하지 못하고 스스로 탈바꿈하지 못함으
로써, 일본과 서구열강에 맞서 조선인민의 안전보장은 물론 왕조국가 자
체의 안전을 지켜내지 못한 것을 의미한다.

1945년 해방과 함께 우리에게 주어진 과제는 새로운 근대적 국민국가
를 확립시키는 것이었다. 이것은 19세기 말, 20세기 초의 조선왕조가 근
대적 국가로 변신하는 데 실패한 과제를 다시 우리 인민의 손으로 이루
어내는 작업이었다. 하지만 이 역시 순탄치 못한 과정이었다. 소련에 의
한 북쪽의 점령과 미국에 의한 남쪽의 점령은 서로 다른 이념에 의한
분단의 시작이었다. 뒤이은 남북한 각각의 정부수립과 한국전쟁의 과정
은 지금까지 계속되는 분단의 고착화과정이었다.

이러한 일련의 과정에서 분명한 것은 한반도에 사는 인간들의 안전보
장이라는 문제는 부차적으로 취급되었다는 사실이다. 외세는 물론이거
니와 우리의 정치지도자들 역시 이념의 실현이라는 목적 속에서 공동체
구성원의 안전을 보장하는 가장 기본적인 공동체의 가치를 소홀히 하였
다는 것이다. 해방 직후부터 한국전쟁이 끝날 때까지 엄청나게 많은 인
간의 목숨이 경시되고 희생되어 갔다.

휴전이 이루어지고 남한과 북한은 각자 독자적인 발전의 길을 걸어갔
다. 남한과 북한은 이제 각각 독자적인 국민국가의 건설을 진행시켰다.
물론 통일이라는 과제가 궁극적으로 진정한 의미에서 한반도에서 근대
적 국민국가 건설을 완성하는 것임에 틀림없지만, 일단은 독자적인 발전
의 길을 걷기 시작하였다. 북한은 그들의 사회주의 건설의 작업을 진행
하였고, 남한은 자유민주주의의 확립과 자본주의 발전을 선택하여 진행

시켰다.

남한에서 자유민주주의의 확립과 자본주의의 발전이라는 과제는 분명 그 구성원인 국민들의 안전의 보장이라는 시각에서 볼 수 있다. 우선 자본주의의 발전이라는 과제는 일제와 한국전쟁을 거치면서 피폐해진 한국의 산업을 부흥시키는 것이었고, 그것은 곧 국민 개개인의 삶을 보장하는 것이었다. 아직까지 절대적 빈곤의 문제조차 해결하지 못했던 남한 경제의 입장에서 자본주의의 발전은 국민의 생명을 보장하는 급선무의 과제였다.

자유민주주의 체제는 국민개개인이 자신의 자유를 실현하고 또한 국가권력을 자신의 의지가 반영된 민주적인 권력으로 전환시키는 것을 의미하였다. 국가권력이 국민의 의지에 반하여 존재한다면 그것은 개인의 안전을 보장하지 못하는 폭압적 권력일 뿐이다. 민주적 국가를 만드는 과제는 국민들의 입장에서는 당연한 인간의 권리였다. 그리고 민주적인 권력이 확립되었을 때, 그 국가권력은 외부적으로도 외세에 대항하여 국민의 안전을 보장해 줄 수 있는 것이다. 1987년, 민주주의로의 이행의 과제가 성취될 때까지 민주주의 성취를 위한 다양한 노력들은 쉼없이 지속되었다. 민주주의의 성취는 개인의 안전을 보장받기 위한 출발점으로 간주되었기 때문이다.

하지만 다른 한편으로 민주주의는 경제발전이라는 이름으로 유보되었다. 박정희 정권시기가 그러한 예이다. 박정희 정권에 의한 경제발전의 노력은 잘살기 운동으로 간주되었고 그것은 빈곤으로부터의 탈피라는 명분 속에서 민주주의의 유보를 합리화하려 하였다. 빈곤으로부터 탈출이라는 명분은 인간의 안전이라는 관점에서 본다면 가장 기본적인 욕구 중의 하나이다. 박정희 정권 초기 이러한 방식의 경제발전에의 의지는 일정한 지지층을 얻었던 것은 사실이지만, 그러한 방식을 오랫동안 지속시킬 수는 없었다. 인간의 안전은 단순히 기본적인 물질적 욕구의 해결

만으로는 충족될 수 없으며, 보다 적극적인 방식을 통한 인간의 자유의
실현을 통해 보장받는 것이었다. 경제발전을 이유로 시행된 지나친 민주
주의의 유보 정책은 결국 박정희 정권의 종말을 가져왔다.

1980년 전두환 정권은 국민의 군대가 국민을 향해 총칼을 겨누게 하
면서 등장하였다. 그리고 이후 있었던 일련의 사건들은 국가가 국민의
안전을 제대로 지켜주지 못했다는 사례들을 보여주었고, 그것은 80년대
광범위한 민주화운동의 확산과 1987년 6월의 민주항쟁을 가져왔다.

근대국가의 출발에서부터 국민과 국가 사이의 기본적인 협약의 내용
은 국민의 안전을 보장하는 것이었다. 그러한 의미에서 해방 이후 한국
사회에서 비민주적 정권들은 그러한 협약을 제대로 이행하지 못하였고,
국민의 저항을 불러일으켜 온 것은 당연한 것이었다. 해방 이후 한국정
치사는 국민과 국가와의 협약 —물론 이것은 한 번도 실제적으로 발생한
적은 없다— 은 어떠한 경우에도 유보되거나 깨뜨려질 수 없다는 것을
보여준다. 그 협약의 내용은 국가가 국민의 안전을 보장하고 나아가 보
다 적극적으로 국민의 자유가 실현될 수 있어야 한다는 사실이다. 물론
이 협약에서 국가에 대한 국민의 의무 역시 정의되어야 한다. 헌법상에
나타난 시민의 의무가 그 내용일 수 있다. 하지만 더 나아가 자신의 공동
체를 시민 자신들의 자유 실현의 공간으로 만들고자 하는 의지적 노력
역시 요구된다.

1987년 민주주의로의 이행 이후 한국 민주주의의 주요한 과제는 자연
스럽게 민주주의의 심화였다. 특히 1997년 IMF 사태 이후 등장한 사회
적 빈곤층의 증가와 그에 대응한 국가의 사회안전망 확충이라는 과제가
한국사회의 주요 이슈로 등장하였다. 그것은 서구에서 복지국가가 형성
되면서 제기된 문제로서 국가에 의해 시민들을 빈곤, 결핍 등의 사회적
위험으로부터 보호해 주는 장치를 마련하는 것이다. 이러한 민주주의의
심화의 과제는 단순히 국가가 다양한 방식으로 재원을 마련하고 그것을

통해 시민에게 일정한 혜택을 주는 방식을 넘어서, 시민들의 적극적인 연대 형성의 노력이 필요하다는 점이다. 국민의 안전을 보장하는 국가의 의무는 그 반대급부로서 시민들의 의무가 요구된다. 또한 시민들 간의 상호협약 역시 필요하다. 즉 시민들의 연대의 협약이다.

민주주의로의 이행 이후의 시점은 곧 이은 1989년 베를린 장벽의 붕괴로 상징화되는 냉전의 종결과 맞물려 있었다. 세계의 시간이 냉전의 종식이라는 큰 전환점을 맞이했지만, 한반도의 경우 냉전은 곧 종결되지 못하였다. 그럼에도 불구하고 세계화가 가속화되면서 강력한 영향력을 발휘하였고 한국 역시 그 예외가 될 수는 없었다. 따라서 냉전 종식 이후 등장한 다양한 새로운 안보의 문제들 역시 한국의 안보상황과 맞물려 중첩적으로 작용하였다. 즉 냉전의 문제인 북한과의 대치상황이 주는 안보의 문제와, 동시에 탈냉전 이후 등장한 포괄적 안보의 문제가 우리가 맞서야 할 문제로 등장한 것이다.

냉전 시기 한국은 한미동맹을 통해 우리의 안보문제를 해결하여 왔다. 하지만 냉전의 종식과 함께 동맹의 성격과 의미가 점차 달라지고 있다. 과거 냉전기에는 미국과 소련을 중심으로 하는 양극체제하에서 각 진영 내 국가들끼리 공통된 위협인식과 공동대처에 대한 약속이 동맹의 기초를 형성하였다. 하지만 탈냉전의 상황은 과거 군사적 안보 중심에서 포괄적 안보에 기반한 동맹의 문제를 고려해야 했다.

신자유주의적 세계화가 진행되면서 경제분야에서 개방의 압력과 추세는 강해지고 있다. 한-칠레 FTA를 시작으로 한-미 간, 한-유럽 간 FTA 역시 곧 실행에 옮겨질 전망이다. 세계 곳곳에서 상품들이 들어오면서 우리 국민들의 안전의 문제 역시 갈수록 외부에 노출되어 있다. 교토의정서가 발휘되면서 한국 역시 2008년부터 이 의정서의 적용을 받게 되었다. 물론 지구온난화에 대해 지구인 전체가 공동대응해야 하지만, 그것이 가져오는 경제적 문제 역시 공동으로 대응해야 한다. 아랍지역이나, 아프

리카, 동남아 지역에서 한국 교민들이 겪었던 테러의 위협은 앞으로도
계속될 것이다.

독도영유권을 둘러싼 일본과의 갈등, 중국의 동북공정, 백두산 등을
둘러싼 영토 논의 그리고 중국어선의 지속적인 침범 등은 한반도 주변을
둘러싼 나라들이 어떠한 형태로든 우리의 안보와 관련하여 우호적인 존
재만이 아님을 보여준다. 그리고 그러한 강대국들 틈에서 국가와 우리
국민의 안전의 문제는 항상 고민해야 할 과제이다.

가장 중요하게는 북한과의 관계일 것이다. 이 문제는 분단 이후 지속
적으로 한반도의 근대국민국가 건설과 관련한 미완의 과제이자, 동시에
최근 상황 속에서 다른 방식으로 새롭게 제기되는 과제이기도 하다. 북
한과의 관계는 통일이라는 장기적인 전망 속에서 풀어야 할 한반도의 근
대적 과제이다. 북한 주민들의 인권문제는 북한 주민의 안전이라는 차원
에서도 다시 바라보아야 할 문제이다.

언뜻 나열해도 우리가 맞서야 할 과제들은 우리 주변을 둘러싸고 있
고, 그것들은 과거 국가적 수준에서 해결해야 할 수준을 넘어서 존재한
다. 즉 냉전 종식과 세계화라는 상황이 가져온 새로운 안보문제들이다.
그리고 그것들에 대한 대응은 과거의 방식만으로는 한계가 있다. 따라서
최근 들어 한미동맹에 대한 새로운 조정의 작업이 진행되고 있는 것도
이러한 변화들과 맞물려 있다. 또한 우리 국민의 안보에 대한 인식의 전
환 역시 필요할 것이다.

■
■
■

더 읽을 거리

• 김우상 · 조성권. 『세계화와 인간안보』. 서울: 집문당, 2005.

세계화란 무엇인가라는 질문에 답하기 위해 세계화의 개념 및 특징, 세계화 시대에 나타나는 새로운 관리체제 등에 관해서 소개한다. 또한 전통적인 국가안보와 국가안보 개념과 비교하여 설명하고, 인간안보 및 포괄적 안보란 무엇인가라는 질문에 답하고자 현재까지 발전되어 온 인간안보 개념을 소개하고 이를 보다 유용한 개념으로 새로이 정립한다.

• 박상섭. 『근대국가와 전쟁』. 서울: 나남, 1996.

이 책은 근대국가 발전에서 주요한 한 축을 형성하는 국가에 의한 군사적 독점의 형성과 발전과정을 다루고 있다. 15~16세기 다양하게 공존하고 있던 정치체의 형식들 가운데서 국가가 독보적으로 우위를 점하면서 전일적인 정치체의 형식으로 자리잡는 과정에서 군사적 독점은 주요한 역할을 하였다. 이러한 과정을 재정정책, 무기개발, 전쟁과 관련한 다양한 노력과 동원들을 분석하면서 근대국가 형성과정의 군사적 측면을 분석하고 있다.

• 배리 부잔. 김태현 역. 『세계화시대의 국가안보』. 서울: 나남, 1995.

세계화 시대의 국가안보라는 제목이 말해주듯이 국민국가의 특성들이 쇠퇴하고 다양한 국제협력이 발생하고 있는 세계화 시대에 국가안보와 국가안보전략에 대해 세밀하고 분석하고 또한 다양한 제안들을 담고 있다. 특히 다른 안보관련 서적과 달리 세계화라는 경제적 통합의 가속화에 따른 경제안보의 문제를 비중있게 다루고 있다는 점에서 이 책이 주는 시사점이 크다고 할 수 있다.

• 하영선·김상배 엮음. 『네트워크 지식국가』. 서울: 을유문화사, 2006.

　　이 책은 근대 국민부강국가의 형성과 변화에서부터 시작하여 21세기 군사
　　국가의 변화, 21세기 경제국가의 변화 그리고 네트워크 지식국가의 부상을
　　다루고 있다. 주요하게는 근대 국민부강국가가 21세기라는 새로운 시대,
　　즉 세계화, 정보혁명, 세계금융질서의 재편, 생명공학의 발달, 문화적 패권
　　의 형성 등의 조건 속에서 어떻게 전환되고 있는가를 다루고 있다.

• 한국정치학회 편. 『정치학이해의 길잡이: 국제정치와 안보』. 서울: 법문사, 2008.

　　이 책은 국제정치이론의 주류를 구성하는 현실주의, 자유주의, 구성주의 등
　　을 포함하여 국제정치의 전통적 연구 분야인 안보, 외교, 지정학, 국제법,
　　국제기구에 대한 논의들을 소개하고 있으며, 탈냉전기에 접어들어서도 여
　　전히 중요한 이슈가 되고 있는 핵확산문제를 다루고 있다. 또한 남북한관
　　계 및 통일과 관련한 사안들을 국제정치학적 시각으로 소개하고 있다.

• 현인택·김성한·이근 공편. 『동아시아 환경안보』. 서울: 오름, 2005.

　　이 책은 포괄적 안보 시각에서 환경문제를 바라본 연구의 결과물로서, 미국
　　포드재단의 '아시아에서의 비전통적 안보'에 관한 연구지원프로젝트의 일
　　환으로 출간되었다. 이 책에서의 안보개념은 점차 그 범위가 넓어지고, 군
　　사·정치·경제·사회·환경적 차원을 포괄하는 개념으로 확대되고 있는 상
　　황이라는 점. 또한 국가안보로부터 인간 개개인의 복지와 안위에 중점을
　　두는 '인간안보'로의 개념적 전환이 이루어지고 있음을 지적하며, 이와 관
　　련 다양한 분야·범주에서의 인간안보의 제문제를 다루고 있다.

제2장

광복, 건국, 그리고 6·25

박균열 | 경상대학교 윤리교육과 교수

"평화를 원하거든 전쟁을 준비하라(*Si vis pacem, para bellum*)"

_ Flavius Vegetius Renatus, 『군사학 총론』(*Epitoma Rei Militaris*) 중에서

I. 일본으로부터의 이탈: 해방, 광복, 독립

제2차 세계대전 이후 세계 여러 나라는 국제협조와 세계평화를 위하여 국제연합(UN)을 창설하였다(1945년). 한편 미국과 소련의 위상은 크게 높아져 두 나라를 중심으로 국제사회가 이분화되었다. 공산주의 국가인 소련은 아시아에서 세력을 확장하였을 뿐만 아니라 동유럽에 공산당 정권을 세워 위성국을 만들고, 동독과 동베를린을 점령하여 거대한 세력권을 구축하였다. 소련을 중심으로 한 공산주의 진영의 팽창에 대하여

자본주의 진영은 미국을 중심으로 뭉쳐 대항하였고, 그 결과 냉전(Cold War)이라는 국제적 긴장과 대립이 전개되었다.

그리스에서 공산주의자들의 반란이 일어나자, 미국 대통령 트루먼은 1947년에 트루먼 독트린을 발표하여 그리스를 지원하고 터키에도 원조를 제공하였다. 또한 공산세력이 유럽으로 팽창하는 것을 막고자 마샬 계획을 발표하여 서유럽에 대규모의 원조를 제공하였다. 이에 대항하여 소련은 코민포름(Communist Information Bureau의 약칭. 공산당 정보국)을 만들고 베를린을 봉쇄하였으며(1948년), 코메콘(the Council for Mutual Economic Assistance[Aid]의 약칭. 경제상호원조회의)을 결성하여 동유럽 공산국가의 단합을 도모하였다. 이러한 소련의 움직임에 대하여 미국과 서유럽 국가들은 북대서양조약기구(NATO: North Atlantic Treaty Organization)를 결성하였고, 이에 맞서 소련은 동유럽의 공사국가들과 함께 바르샤바 조약기구(WTO: Warsaw Treaty Organization)라는 집단방위체제를 만들었다.

중국대륙에서는 마오쩌둥이 이끄는 중국 공산당과 장제스(蔣介石)의 국민당 정부 사이에 내전이 벌어졌다. 1945년 제2차 국공합작(國共合作)의 결렬 후, 4년간 계속된 내전에서 결국 중국 공산당이 승리를 거두어 중국 본토의 지배권을 갖게 되었다. 중국 공산당은 마오쩌둥을 주석으로 하는 중화인민공화국을 수립하였고(1949년), 장제스의 국민당 정부는 타이완으로 이동하여 자본주의체제로 나라를 발전시켰다.

한반도에서는 8·15광복을 전후하여 대한민국임시정부, 화북조선독립동맹, 조선건국동맹 등은 일본의 패망을 예측하고 독립국가 수립을 위한 건국 준비에 들어갔다. 대한민국임시정부는 우익계열인 한국국민당, 조선혁명당, 한국독립당이 합당하여 발족한 한국 독립당을 기반으로 임시정부를 강화하고, 일본이 패망할 것에 대비하여 조소앙의 삼균주의를 받아들여 대한민국 건국 강령을 발표하였다(1941년). 이 강령은 보통선거를 통한 민주공화국의 수립을 주요 내용으로 하고 있다. 임시정부는 조선민족전선연맹의 군사조직인 조선의용대의 일부를 한국광복군에 편입시키고, 나아가 김원봉을 임시정부에 참여시켜 통일전선정부를 성립시킴으로써 항일전쟁에 더욱 박차를 가하였다.

한편 중국의 화북지방에서 사회주의 계열의 독립운동가들이 김두봉을

대한민국임시정부의 건국 강령

제1장 총강

임시정부는 13년(1931년) 4월에 대외 선언을 발표하고 삼균(三均)제도의 건국 원칙을 천명하였으니, 이른바 '보통선거제도를 실시하여 정권(政權)을 고르게 하고, 국유제도를 채용하여 이권(利權)을 고르게 하고, 국비교육으로써 학권(學權)을 고르게 하며, 국내외에 대하여 민족자결의 권리를 보장하여 민족과 민족, 국가와 국가의 불평등을 과감히 제거할지니, 이로써 국내에 실현하면 특권계급이 곧 없어지고, 소수민족의 침몰을 면하고, 정치와 경제와 교육 권리를 고르게 하여 높낮음이 없게 하고, 동족과 이족에 대하여 또한 이러하게 한다' 하였다. 이는 삼균제도의 제1차 선언이니 이 제도를 발양 확대할 것임.

제2장 복국

삼균제도로써 민족에서 혁명의식을 환기하며, 해외의 민족역량을 집중하여 광복운동의 총동원을 실시하여 장교와 무장대오를 통일훈련하여 상당한 병력의 광복군을 곳곳마다 편성하여 혈전을 강화할 것임.

제3장 건국

삼균제도를 골자로 한 헌법을 실시하여, 정치·경제·교육의 민주적 시설로 실제상 균형을 도모하며, 전국의 토지와 대생산 기관의 국유가 완성되고 전국의 학령 아동 전체가 고급교육의 무상교육이 완성되고 보통선거제도가 구속 없이 완전히 실시되어, 전국 각 이·동·촌과 면·읍과 도(島)·군(郡)·부(府)와 도(道)의 자치 조직과 행정조직과 민중 국체와 민중 조직이 완비되어 삼균 제도가 배합실시되고 경향 각층의 극빈계급의 물질과 정신상 생활제도와 문화 수준이 제고 보장되는 과정을 건국의 제2기라 함.

주석으로 하는 화북조선독립동맹을 결성하였다(1942년). 화북조선독립동맹은 일본의 지배를 무너뜨리고 독립·자유의 조선민주공화국을 건설하는 것을 목표로 하고, 조선의용군을 두어 중국공산당의 군대인 팔로군과 함께 일본군과 전투를 벌였다.

국내에서는 1944년 8월에 여운형, 조동호 등이 민족주의자와 사회주의자를 가리지 않고 반일적 입장의 모든 세력을 연합한 조선건국동맹을 조직하였다. 이 단체는 국외독립운동연합전선과의 연결을 시도하면서 일본의 타도와 민주주의 국가의 건설을 추구하였다.

이와 같이 광복 직전의 독립운동단체들은 좌익과 우익에 상관없이 민주공화국을 건설한다는 데 목표를 두었다.

1945년 8월 15일 정오 일본의 무조건 항복과 우리 민족의 독립이 이루어진다는 소식이 알려지자, 우리 민족은 광복의 기쁨을 나누며 환호하였다. 광복은 제2차 세계대전에서의 연합국의 승리와 함께 찾아왔다. 일본은 만주사변, 중·일전쟁에 이어 태평양전쟁을 일으켰으나 미국 등 연합국의 반격을 받았다. 결국 히로시마와 나가사키에 미국의 원자폭탄이 떨어지고 소련이 참전하자, 일본은 1945년 8월 15일 연합국에게 무조건 항복을 선언했다. 그에 따라 우리 민족의 광복이 앞당겨지게 되었다.

광복은 우리 민족이 국내외에서 줄기차게 일본과 싸워 온 항일투쟁의 보람이기도 했다. 국내에서는 온겨레가 참여한 3·1운동이 벌어진 것 외에 일본의 식민지 교육과 식민지 수탈에 저항하여 학생, 농민, 노동자 등이 민족운동을 벌였다. 또한 우리 민족은 경제와 교육분야에서 민족의 실력을 양성하기 위하여 노력했고, 민족문화수호운동을 전개하여 일본의 민족말살정책에 대항하였다. 국외에서는 독립군들이 만주, 연해주, 중국 대륙 등지에서 항일투쟁을 전개하였다. 특히 대한민국임시정부는 외교 활동과 더불어 한국광복군을 창설하여 제2차 세계대전에 연합군(미국, 영국, 중국 등) 측과 협력하여 항일전쟁을 했고, 국내 진입작전을 준비하였

카이로선언

······ Japan will also be expelled from all other territories which she has taken by violence and greed. The aforesaid three great powers, mindful of the enslavement of the people of Korea, are determined that in due course Korea shall become free and independent. ······

······ 일본국은 폭력과 탐욕으로 약탈한 다른 일체의 지역으로부터 구축(驅逐)될 것이다. 앞의 3대국은 한국 인민의 노예상태에 유의하여 적절한 시기에 한국을 자유 독립의 상태가 되도록 결의한다. ······

다. 이와 같은 우리 민족의 독립운동은 국제적으로도 주목받게 되었다. 그리하여 제2차 세계대전 중에 미국의 루스벨트, 영국의 처칠, 중국의 장제스 등은 이집트 카이로에서의 회담에서 "적절한 절차를 거쳐서(in due course)" 우리나라를 독립시킬 것을 결의하였다(1943년). 또한 연합국은 독일이 항복한 후 가진 포츠담회담에서 우리나라의 독립을 재확인하였다(1945년).

그렇다면 1948년 8월 15일에 한반도의 모든 백성들이 맞이하게 된 그 사건은 무엇이라고 말해야 할까? 해방, 독립, 광복 등 다양한 용어로 설명되고 있다. 현재 한국의 공식적인 용어는 '광복'이다. 말 그대로 선조들의 누대 전통의 빛(光)을 다시 회복(復)했다는 의미의 '光復'이다. 이와 유사한 용어로 '독립'도 사용되고 있다. 그런데 이 말은 이후의 여러 문건에서 한반도의 '독립(independence)' 문제가 거론되는 점 등을 고려해 볼 때, 전승 연합국이 공감하고 있지 않은 듯하다. 그리고 '해방'이라는 용어도 사용되고 있다. 이 용어는 한국민들에 의해 즐겨 사용되지 않는다. 왜냐하면 우리가 쟁취한 것이라기보다는 주어진 것으로 이해되기 때문이다. 하지만 당시의 정황을 다룬 여러 국제적 문헌에서는 '해방

(liberty)' 이라는 용어를 더 많이 사용하고 있다. 이는 임시정부를 비롯한 항일운동가들의 노력에 비해서 국제적으로 높은 평가를 받지 못했기 때문으로 보여진다.

II. 38도선은 어떻게 해서 생겼나

해방직전의 정세는 연합국으로부터 우리 민족의 독립을 약속받은 한편, 내부적으로는 대한민국임시정부의 한국광복군이 훈련을 마치고 국내 진입작전을 눈앞에 두고 있었다. 그런데 1945년 8월 15일 일본의 갑작스러운 항복으로 한국광복군의 국내 진입이 좌절되었다. 따라서 우리 민족은 항일전쟁의 대열에 있어서 전승국의 입장에 서지 못하고 연합국의 이해관계에 의해 운명을 기다리는 입장에 놓이게 되었다.

연합국은 이미 카이로회담에서 조선의 즉각적 독립을 보장하는 대신 "적절한 절차를 거쳐 한국을 자유 독립의 상태가 되도록 결의한다"고 밝힌 바 있다. 이후 얄타회담의 결정에 따라 1945년 8월 9일에 참전한 소련군이 일본군을 물리치고 북한지역을 재빨리 점령해 나가자, 미국 측은 소련의 한반도 단독 점령을 막고 한반도에 남아 있던 일본군의 무장 해제를 위해 38도선의 분할 점령을 제안하였다. 소련이 이에 동의하여 한반도는 광복과 동시에 미국과 소련의 영향력 아래 들어가게 되었다.

한반도의 독립을 보장하기로 약속한 카이로회담 이후 이를 구체화하기 위한 후속 회담이 개최되었는데, 얄타회담 직후 미국의 합동전쟁기획 위원회(Joint War Plan Committee)는 1945년 7월 19일 "소련이 1945년 8월 15일 대일전에 참전하게 될 것"이라는 가정하에 미군의 한국에 대한 최초의 점령지역으로 부산·진해지역과 서울·인천지역이 예정되었고,

포츠담회담이 끝나고 관계기관의 협의를 거쳐 1945년 8월 8일 일본과 한국에 대한 침공과 점령을 위한 전략계획을 확정하였다.

그러나 미국은 일본의 무조건 항복을 요구한 포츠담회담의 수락을 일본이 거부하자 1945년 8월 6일과 8일 두 차례에 걸쳐 히로시마와 나가사키에 원자폭탄을 투하했다. 소련도 1945년 8월 8일 선전포고를 단행하고 150만 명의 대병력으로 일본의 관동군을 공격했다. 이에 일본 내각은 1945년 8월 10일 어전회의를 개최, 포츠담선언의 수락을 결정하였고, 이러한 일본의 항복의사를 같은 날 통고받은 미국정부는 대일전략을 침공으로부터 점령으로 변경시키고 항복접수절차에 관한 연합군 최고사령관 명의로 발표하게 될 일반명령 제1호의 기안을 서두르게 되었다.

1945년 8월 10일 밤 일반명령 제1호의 초안임무를 맡은 전쟁성 작전국 정책과장 본스틸(Charles H. Bonestell III) 대령은 소련군이 이미 한국에 진입할 준비를 끝내고 있는데, 미군은 한국으로부터 600마일 떨어진 오키나와에 있는 상태에서 소련이 수락할 수 있는 선으로 한반도를 대략 양분하는 38선을 설정, 그 이북은 소련군에게, 그 이남은 미군에게 항복토록 하는 안을 만들었다. 3성조정위원회(State War Navy Coordinating Committee)에서 번즈(James F. Byrnes) 국무장관은 "가능한 일본의 항복선을 북쪽으로 멀리 하자"고 주장했으나, 해군부는 39도선 분할안을 제시한 반면, 국무부와 육군부는 "북쪽으로 멀리하면 소련이 수락할 가능성이 희박하고 진군속도가 문제의 본질이다"고 강조하여 38선 획정론이 우세해져 1945년 8월 14일 38선을 경계로 한 일반명령 제1호의 초안이 합동참모본부(JCS)와 3성조정위원회의 찬성을 받아 대통령에게 건의되었다. 트루먼 대통령은 주중대사 헐리(Patrick J. Hurley)와 주소대사 해리만(Averell Harriman)의 의견을 참작하여 8월 15일 이에 서명하고, 합동참모본부에서는 이를 맥아더(Douglas MacArthur) 장군에게 하달하였다. 이와 같이 미군과 소련군이 일본군의 항복을 받기 위한 군사적 기준으로서

일반명령 제1호(38도선 관련내용)

1) 만주, 북위 38도선 이북의 한반도 지역, 사할린 및 쿠릴열도에 있는 일본국의 선임지휘관과 모든 육·해·공군과 보조부대는 소련 극동군 총사령관에게 항복하라.
2) 일본국과 일본국 본토에 인접한 모든 작은 섬, 북위 38도선 이남의 한국, 류쿠열도와 필리핀제도에 있는 일본국의 선임지휘관과 육·해·공군 및 보조부대는 미국 태평양육군총사령관에게 항복하라.

38선이 획정되게 된 것이다.

38선 획정의 문제에 대해서는 지금도 많은 논란이 있다. 일각에서는 당시 미국의 대한반도 정책이 모호한 수준을 넘어 어떤 지배음모를 갖고 시작되었다는 점을 지적하기도 한다. 즉 미국이 한반도 분단(38선 획정)을 소련의 남진 저지를 위해 구상했다는 점에 동의하면서도, 그것이 군사적으로 갑작스럽게 결정된 사안이 아니고 고도의 정치적 고려와 사전 준비의 산물임을 지적하기도 한다.

한편 1948년 정부수립을 전후한 남북한의 국내외적 상황 속에서 미국이 한반도에 대해 어떤 태도를 취했는지에 대해 한반도 문제에 관한 몇 가지 대립구도 내지 설명의 틀을 제시하는 학자도 있다. 첫째, 남북대결, 둘째, 동아시아 공산주의와 동아시아 반공주의의 대립, 셋째, 국제적 수준에서의 대립이다. 여기서 미국의 대한반도 문제는 전후 일본 관리 문제에서 한반도 중심의 대결구도 조정·관리자로 갑자기 전환하게 된다. 결국 이러한 점은 일본의 내부결속과 이후 발전에 중요한 호기로 작용하게 된다. 바로 이 점은 초기 한반도 문제의 전적인 미국 책임론에서 약간 벗어나서 한반도 내부에서도 외부로부터의 개입 필요성(또는 미국을 유인하기 위한 책략)이 제기되었다는 것을 말해주고 있다. 즉 이승만 대통령과 대만과의 연대를 통한 중화인민공화국에 대한 대항을 의미하며, 이로 인해 일본주재 미군의 관심은 전후 일본관리에서 반공블록 관리로 넘어가게 되었다는 것이다. 이러한 지적이 일부 설득력을 갖기는 하지만 시기적으로 당시의 상황을 그대로 반영하고 있다고 보기는 힘들다.

III. 신탁통치와 미군정

38도선을 경계로 남과 북에 미군과 소련군의 군정이 실시되는 가운데, 1945년 12월에 미국, 영국, 소련의 외상은 모스크바에서 회의를 열어 한반도 문제를 협의하였다. 이 회의에서 미국 측은 신탁통치를 핵심 내용으로 한 한반도 문제의 해결방안을 제안하였다. 결국 모스크바 3국외상

모스크바 3국외상회의 결정서

1. 조선을 독립시키고 민주주의 국가로 발전시키는 동시에, 가혹한 일본의 조선통치 잔재를 빨리 청산하기 위해 조선에 임시 민주주의 정부를 수립한다.
2. 조선임시정부 구성을 위해 남조선 미합중국 관할구와 북조선 소련관할구의 대표자들로 공동위원회를 설치한다.
3. 공동위원회의 역할은 조선인의 정치적·경제적·사회적 진보와 민주주의 발전 및 조선독립국가 수립을 도와 줄 방안을 만드는 것이다. 또한 조선임시정부 및 조선민주주의 단체를 참여시키도록 한다. 공동위원회는 미·영·소·중 4국 정부가 최고 5년 기간의 4개국 통치협약을 작성하는 데 공동으로 참작할 수 있는 제안을 조선임시정부와 협의하여 제출해야 한다.
4. 남북 조선과 관련된 긴급한 문제들을 상의하기 위해, 또한 남조선 미합중국 관할구와 북조선 소련 관할구의 행정·경제면의 균형을 위하여 2주일 이내에 조선에 주둔하는 미·소 양국사령부 대표들의 회의를 소집한다.

회의에서는 소련 안을 약간 수정하여, 미·소 양국 사령부의 대표자들로 구성된 공동위원회와 한국의 민주적 정당·사회단체들이 협의하여 임시 민주정부를 수립한 후 최고 5년 동안 4개국에 의한 신탁통치를 실시할 것을 결정하였다.

그러나 이 결정은 즉각 독립을 바라고 있던 한국민들의 즉각적인 반탁운동을 불러일으켰다. 특히 김구 등 임시정부 계열에서는 반탁운동을 '제2의 독립운동'으로 규정하고 신탁통치반대 국민총동원위원회를 구성하여 전국민궐기대회를 개최하는 등 적극적인 반대 활동을 벌였다. 좌익도 처음에는 반탁운동에 참여하였으나 신탁통치를 한국에 대한 연합국의 후원이라고 해석하면서 곧 찬탁으로 급선회하였다. 신탁통치에 대한 의견 차이로 좌·우익의 대립은 더욱 심화되었다.

이 와중에 소련은 제25군(사령관 Ivan Chistiakov) 12만 5,000여 명을 중심으로 1945년 8월 13일 청진에 상륙한 후, 22일에는 평양에 진주하고, 23일에는 개성까지 전초부대가 남하하여 일본총독부의 개입을 배제하고 각 지역별로 8월 26일까지 통치권 접수를 완료하였다. 소련군은 북한 진주시에 효과적인 군정 실시를 위해 공산주의 교육을 받은 한국인으로 구성된 해방위원회와 한국인 2세의 소련군을 대동하였다. 임은(林隱)에 의하면 1945년 8월부터 1948년 12월까지 5차에 걸쳐 427명이 입북했다고 하며, 치안유지를 위해 민족세력이 조직한 자위대와 토착공산세력이 조직한 치안대를 포섭 이용하는 한편, 소련군 진주시 대동한 한국인 공산당원들로 하여금 각 도청소재지에서 적위대를 편성케 하고 소련군이 접수한 일본군 무기로 무장시켜 자위대와 치안대를 압도케 하고, 어느 정도 질서가 잡히자 모든 치안단체를 해체시키고 1945년 10월 21일 보안대로 통합 개편하였다.

그러나 미 제24군단(군단장 John R. Hodge)은 군정 조직계획을 늦게 착수했을 뿐만 아니라 병력이 원거리에 위치해 있었기 때문에 7만 7,000

여 명의 병력을 9월 8일부터 축차적으로 투입하여 10월 말에 가서야 전술부대의 군사적 점령 종결과 통치권 접수를 완료할 수 있었다.

미군정의 1945년 대한정책 기본목표는 한국민에 대한 신탁통치를 성공적으로 실시한 후에 자주적이고 민주적인 정부를 수립하는 것이었으며, 이는 1945년 10월 13일 3성조정위원회에서 승인한 대한초기기본지령에 분명히 명시되었다. 그러나 이 지령에 미점령군은 '적국(敵國) 영토에 대한 점령군의 일반적 권한'을 행사하여, 군정기관에 한국인을 이용하되 유자격자가 없을 경우 일시적으로 일본인이나 일본에 협력한 한국인을 이용할 것을 규정하였다.

하지 장군은 11월 20일 육군성에 신탁통치계획을 포기할 것을 건의하였고, 12월 16일 맥아더 장군에게도 같은 견해를 피력했지만 미국무성은 신탁통치가 한국의 독립과 통일을 위해 가능한 유일한 방법이라고 간주하여 모스크바 3상회의에서 이를 관철시켰다. 12월 27일 발표된 공동성명서에는 "한국에 민주적인 임시정부를 수립하는 역할을 담당할 미·소공동위원회가 한국임시정부와 상의한 후 미·소·영·중이 최고 5년 동안 한국을 신탁통치하기 위한 협정을 체결하는 데 필요한 자료로서 이용될 수 있는 보고서를 제출키로 한다"는 것이었다.

하지만 신탁통치계획이 발표되자 한반도에서는 대논쟁이 전개되어 미국과 소련, 점령군과 한국정치세력, 한국의 정치세력들 간의 관계에 커다란 변화를 초래하여 한국의 정치세력들은 찬탁세력과 반탁세력으로 양극화되었을 뿐만 아니라 이것이 좌·우이념 대립으로 격화되었다. 이러한 사태발전은 미·소공동위원회를 추진함에 있어 미국 측의 입장을 강화시켜 줄 정치세력을 상실케 했으며, 특히 소련 측이 "반탁인사들은 장차 세워질 임시정부 구성의 협의대상에서 배제해야 한다"고 주장함으로써 미국은 난처한 입장에 빠지게 되었다.

1946년 3월부터 5월까지 서울에서 개최된 미·소공동위원회 제1차 본회담이 협의대상자 선정문제로 교착상태에 빠지게 되었다. 이러한 가운데 미군이 수집한 정보에 의하면, 북한 주둔 소련군사령부가 서울주재 소련총영사 폴리얀스키(Andrei Polyanski)를 통해서 조선공산당을 배후 조종하였으며, 미·소공동위원회의 소련대표편에 조선공산당이 사용할 공작금이 유입되었고, 대표단원 중 새비신(A.I. Shabshin)과 마즈로프(A.S. Maslov) 등은 대전 중 서울주재 총영사관 근무를 한 덕으로 한국어에 능통하여 좌익지도자들과 수시로 비밀회담을 가졌다. 이에 하지 장군은 소련총영사관이 공산주의 전복활동을 사주할까 우려하여 1946년 3월 15일 소련총영사에게 "미국은 평양에 영사관 설치를 희망하며 북한에서 허가된 범위에 상응하게 서울에서도 소련영사의 활동을 제한하겠다"고 전하자 제1차 미·소공위가 결렬된 직후 소련총영사관은 곧바로 철수하게 된다.

이렇게 제1차 미·소공위가 결렬되자 미군정은 소련이 한국을 소비에트화하는 것을 반대한다고 주장하고, 온건세력의 지위를 강화시켜 민주정당의 연합세력을 형성하기 위해 군정의 한국화작업을 하게 되는데 그 일환이 좌우합작운동이다. 좌우합작을 위한 위원회가 1946년 10월 7일 결성된다. 1946년 5월 제1차 미·소공위가 결렬된 뒤 통일정부 수립의 전망이 암담해지자 김규식(金奎植)·여운형(呂運亨)을 대표로 이 협의기구를 결성하고 좌우합작 운동을 벌였다. 1946년 5월 한국의 대내적인 정치세력은 이승만(李承晚)·김구(金九)를 중심으로 하는 극우세력과 김규식·여운형을 중심으로 하는 중도세력, 박헌영(朴憲永)을 중심으로 하는 극좌세력으로 나뉘어져 있었다. 이들은 이승만계의 남한 단독정부수립운동, 김구계의 반탁통일운동, 김규식의 좌우합작운동, 좌익계의 미·소공동위원회 재개촉진운동 등 여러 방안으로 난립하고 있었다.

이러한 상황에서 미군정은 김규식·여운형이 이끄는 중도세력을 중심으로 한 좌우합작정책을 지원하기 시작하였고, 이어 김규식을 우측 대표, 여운형을 좌측 대표로 하는 합작운동이 진행되었다. 그 뒤 좌측의 합작

> ### 좌우합작위원회의 합작 7원칙
>
> ① 남북을 통한 좌우합작으로 민주주의 임시정부를 수립할 것
> ② 미·소공동위원회 속개를 요청하는 공동성명을 발할 것
> ③ 토지를 농민에게 무상으로 분배하여 지방자치제의 확립을 속히 실시할 것
> ④ 친일파·민족반역자를 처리할 조례를 심의, 결정하여 실시할 것
> ⑤ 현 정권 아래에 검거된 정치운동자들의 석방에 노력하며 남북 좌우의 테러
>   적 행동을 제지하도록 노력할 것
> ⑥ 입법기구의 기능·구성방법·운영을 합작위원회에서 작성하여 실행을 기도
>   할 것
> ⑦ 언론·집회·결사·출판·교통·투표의 자유가 보장되도록 노력할 것

5원칙과 우측의 합작 8원칙으로 대치를 계속하다 10월 4일 다음과 같은 합작 7원칙을 발표하였다.

합작 7원칙이 발표되자 공산당 측에서는 여운형을 납치하는 등 정면으로 반대하고 나섰으며 우익계의 한국민주당은 제3항을 구실로 대거 탈당하여 붕괴 상태에 이르렀다. 그 뒤 1947년 10월 김규식을 위원장으로 민주주의·민족통일을 지향하는 민족자주연맹결성준비위원회가 조직됨으로써 발전적으로 해체하게 되었다.

하지만 미군정의 좌우합작정책은 군정의 초기 점령정책의 실패로 인해 미군정과 한국민 간의 갈등과 불신의 심화, 한국정치의 양극화, 정책의 시의성 결여 등으로 인해 실패하고 말았다.

1947년 들어 소련군에 의해 점령된 동구제국이 급속히 소비에트화되자 미국의 대소정책도 우선회하여 트루먼 독트린(1947.3.12)과 마샬(George C. Marshall)플랜(1947.6.5)으로 대응하였고, 소련도 이에 맞서게 됨으로써 진정한 의미의 냉전시대가 개막되었다. 이처럼 본격적인 냉전이 시작된 시기인 1947년 5월에 열린 제2차 미·소공동위원회는 소련 측이 임시

트루먼 독트린(Truman Doctrine)

1947년 3월 12일 미국의 H.S. 트루먼 대통령이 선언한 대외정책에 관한 일반
원칙이다. 트루먼 대통령은 "미국외교정책의 주요 목적 가운데 하나는 우리들
자신 및 다른 여러 나라 국민이 압정에 위협받는 일 없이 생활을 영위할 수
있는 상태를 만드는 데 있다"고 말하고, 전체주의의 위험으로부터 방어하기
위하여 영국을 대신하여 그리스·터키에 대한 4억 달러의 경제·군사원조의 필
요성을 제창하였다. 이는 동지중해 지역의 공산주의화를 방지하기 위한 조치로
5월 22일 그리스·터키 원조법이 성립되었다. 이 자유주의 대 공산주의라는 세
계 정세의 이원적 파악은 연방직원충성심사행정명령(1947년 3월 21일 공포, 충성
심사제도)과 맞물려 국민들 사이에서 냉전적 분위기를 조장하게 되었다. 또한
이 정책은 유럽부흥계획·북대서양조약기구(NATO)의 창설로 발전하였다.

정부의 구성 대상에서 반탁인사를 배제하자고 주장함으로써 결렬될 수밖
에 없었고, 따라서 7월 이후 미·소공동위원회는 무기한 연기되었다.

이에 미국정부는 한반도를 분단된 상태 그대로 현상유지할 수밖에 없
다고 판단하고, 한국에서의 철군을 결정했음은 물론 1947년 9월 17일
한국문제를 제2차 유엔총회에 상정하였다. 이에 유엔은 1947년 11월 14
일 유엔총회 결의 제112(II)호에 따라 유엔 한국임시위원단의 감시하 총
선을 결의했다. 그리하여 과도입법의원이 제정한 선거법으로 1948년 5
월 10일 남한에서만의 단독 선거를 치르게 되었다.

당시 단정수립과 관련하여 독촉국민회와 한민당은 5·10선거에 적극
참여했으나, 김규식 중심의 중도우파, 여운형 중심의 중도좌파, 김구 중
심의 우파, 박헌영 중심의 공산당은 5·10선거를 거부하였다. 즉 좌우합
작 운동이 실패하고, 남한만의 총선거 실시가 결정되어 남북 분단이 점차
확실해지자 김구와 김규식은 통일 정부 수립을 위한 마지막 노력으로 남북
협상을 추진하였다. 이들은 단독 정부 수립을 반대하고, 북한의 김일성·

김두봉에게 남북 정치 지도자회의를 열자고 제의하였다. 북한은 이미 정권 수립을 위한 준비를 마쳤으나 이를 정치적으로 이용하기 위하여 남북 지도자회의 제의를 받아들였다. 1948년 4월에 평양에서 남북 제정당사회단체 대표자 연석회의가 개최되었다. 이 회의에서는 남한만의 단독 정부 수립을 반대하고, 미·소 양군의 철수를 요구하는 결의문을 채택하였다. 회의에서 돌아온 김구와 김규식은 통일정부 수립을 위한 노력을 계속하였으나, 미·소 냉전이 격화되는 가운데 아무런 결실을 맺지 못했다.

이러한 가운데 소군정은 유엔임시위원단(UNTCOK: UN Temporary Commission on Korea)의 북한 입국을 거부함으로써 남북한 총선거가 이루어지지 못하고, 1948년 5월 10일 남한만의 총선거가 실시되었다. 그러나 이 선거는 김구·김규식 등의 남북협상파가 불참하고 좌익의 반대 투쟁이 벌어지는 가운데 진행되었다.

이로써 미군정은 한국의 정치적 문제에 대해 자치적인 독자적 정부수립을 앞둔 시점부터 서서히 철군, 즉 군정의 철수를 고려하게 된다. 미국은 주한미군 철수를 결정했다고 해서 한국을 안보공백지대로 내버려둘 수는 없었다. 또한 철군문제도 한국정부와 상의없이 추진할 수는 없었다. 그래서 한미 양국은 사전협의 차원에서 이 문제를 논의하기 시작했다.

이승만 대통령과 주한 미군사령관 하지 중장 사이에 진행된 수차례의 회담결과 1948년 8월 24일 한미 양국은 다음과 같은 군사협정을 체결했다. 즉 한국정부는 자국방위군의 통수권을 점차적으로 장악하고, 미국은 철군이 완료될 때까지 주한미군 유지에 필요한 제반 군사시설과 군사기지를 계속 사용하도록 할 뿐만 아니라 조선경비대와 해안경비대를 계속 훈련시킨다는 것이었다. 한미 간의 군사협정이 조인된 후 미 군부의 철군건의가 미국의 최고지도자에게 받아들여짐에 따라 주한미군은 1949년 6월 29일 군사고문단만을 남긴 채 마지막 주한미군들이 인천항을 떠났다. 이로써 남한에서의 미군정은 끝이 나게 되었다.

IV. 건국과 이승만 초대 대통령

1947년 11월 14일 유엔총회 결의 제112(II)호에 따라 과도입법의원이 제정한 선거법에 의해 1948년 5월 10일 총선거가 실시되었다. 중앙선관위 자료에 의하면, 총유권자의 96.4%가 등록하여 등록자의 95.5%가 투표에 참가, 198명의 제헌의원을 선출하였다. 제헌국회는 국호를 대한민국으로 결정하고, 7월 17일에는 헌법을 공포하였다. 이 헌법에 따라 국회에서 정·부통령 선거를 실시하여 대통령에 이승만, 부통령에 이시영을 선출하였다. 1948년 8월 15일에 이승만 대통령은 대한민국 정부의 수립을 국내외에 선포하였다.

1948년 12월 12일 파리에서 개최된 유엔 제187차 총회에서는 대한민국이 민주적인 절차에 의하여 수립된 한반도 내의 유일한 합법정부임을 48대 6의 압도적인 표차로 승인받음으로써 대외적으로도 정통성을 확보하였다. 이 회의를 위해 정부는 최초로 정부대표단을 파견(수석대표: 장면 박사)하였다. 대표단은 조병옥, 정일형, 모윤숙, 김활란, 김준구, 김동성, 전규홍 등 당시 한국의 각계를 대표하는 인물들로 구성되었다.

이 유엔총회는 한국관련 주요 내용을 담은 결의 제195(III)호를 압도적 다수로 채택하였다. 첫째, 유엔 한국임시위원단(UNTCOK)의 보고를 승인한다. 둘째, 대한민국 정부는 한국민의 정당한 선거를 통하여 수립된 유일한 합법정부이다. 셋째, 유엔 한국위원단(UNCOK: UN Commission on Korea)을 구성하고 유엔 한국임시위원단의 활동을 계승한다.

이와 같이 대한민국은 자유민주주의 체제에 입각하여 민주공화국을 세우게 되었다. 건국 초기 여러 가지 이념적인 갈등과 국가적 비전의 혼재 속에서도 특히 이승만 대통령은 이전 시기까지 검증되지 않았던 민주주의라고 하는 이데올로기를 우리 국민들이 선택할 수 있도록 정치적 리더십을 발휘했다. 초기 국내의 혼란을 극복하고, 국제무대에서 국가의

이승만 제1대 대통령 취임사(1948년 7월 24일)

여러 번 죽었던 이 몸이 하느님 은혜와 동포 애호로 지금까지 살아 있다가 오늘에 이와 같이 영광스러운 추대를 받는 나로서는 일변 감격한 마음과 일변 감당키 어려운 책임을 지고 두려운 생각을 금하기 어렵습니다.

기쁨이 극하면 웃음이 변하여 눈물이 된다는 것을 글에서 보고 말로 들었던 것입니다. 요즈음 나에게 치하하러 오는 남녀동포가 모두 눈물을 씻으며 고개를 돌립니다. 각처에서 축전오는 것을 보면 모두 눈물을 금하기 어렵습니다. 나는 본래 나의 감상으로 남에게 촉감될 말을 하지 않기로 매양 힘쓰는 사람입니다. 그러나 목석간장이 아닌만치 나도 뼈에 사무치는 눈물을 금하기 어렵습니다. 이것은 다름 아니라 40년 전에 잃었던 나라를 다시 찾은 것이오. 죽었던 민족이 다시 사는 것이 오늘에야 표명되는 까닭입니다.

오늘 대통령 선서하는 이 자리에 하느님과 동포 앞에서 나의 직책을 다하기로 한층 더 결심하며 맹세합니다. 따라서 여러 동포들도 오늘 한층 더 분발해서 각각 자기의 몸을 잊어버리고 민족 전체의 행복을 위하여 대한민국의 시민 된 영광스럽고 신성한 직책을 다하도록 마음으로 맹서하기를 바랍니다. (중략)

이북동포 중 공산주의자들에게 권고하노니 우리 조국을 남의 나라에 부속하자는 불충한 이상을 가지고 공산당을 빙자하여 국권을 파괴하려는 자들은 우리 전 민족이 원수로 대우하지 않을 수 없나니 남의 선동을 받아 제 나라를 결단 내고 남의 도움을 받으려는 반역의 행동을 버리고 남북의 정신통일로 우리 강토를 회복해서 조상의 유업을 완전히 보호하여 가지고 우리끼리 합하여 공산이나 무엇이나 민의를 따라 행하는 것이 좋을 것입니다.

기왕에도 누누이 말한 바와 같이 우리는 공산당을 반대하는 것이 아니라 공산당의 매국주의를 반대하는 것이므로 이북의 공산주의자들은 이것을 공실히 깨닫고 일제히 회심해서 우리와 같이 같은 보조를 취하여 하루 바삐 평화적으로 남북을 통일해서 정치와 경제상 모든 권리를 다같이 누리게 하기를 바라며 부탁합니다. (하략)

위상을 정립(鼎立)하는 데 큰 공을 세웠다. 하지만 국내정세의 전개와 함께 이승만 대통령은 부정적인 모습도 보였다. 6·25한국전쟁 직전에 실시된 2대 국회의원 선거에서 정부에 비판적인 무소속 출마자들이 대거 당선되었다. 그 결과 이승만 대통령은 더 이상 국회의원들이 뽑는 간접

1948년 유엔총회의 한국관련 결의안(제195, Ⅲ호)
195(Ⅲ). The Problem of the Independence of Korea

The General Assembly,

Having regard to its resolution 112(II) of 14 November 1947 concerning the problem of the independence of Korea.

Having considered the report(유엔 3차 총회 공식기록물 부칙 9호 참조) of the United Nations Temporary Commission on Korea(herein-after referred to as the "Temporary Commission"), and the report(부칙 10호, pp.18-21 참조) of the Interim Committee of the General Assembly regarding its consultation with the Temporary Commission.

Mindful of the fact that, due to difficulties referred to in the report of the Temporary Commission, the objectives set forth in the resolution of 14 November 1947 have not been fully accomplished, and in particular that unification of Korea has not yet been achieved.

1. Approve the conclusions of the reports of the Temporary Commission;
2. Declares that there has been established **a lawful government (the Government of the Republic of Korea) having effective control and jurisdiction** over that part of Korea where the Temporary Commission was able to observe and consult and in which the great majority of the people of all Korea reside; that this Government is based on **elections which were a valid expression of the free will of the electorate** of that part of Korea and which were **observed by the Temporary Commission; and that this is the only such Government in Korea** (하략)

유엔 한국임시위원단이 총선거 감시와 협의를 할 수 있었던 남한지역에서 효과적인 통제력 및 사법권을 보유한 합법정부가 수립되었으며, (중략) 이 정부는 한반도 내에서 유일한 합법정부임을 승인한다. (1948.12.12. 유엔 제187차 총회)

선거 방식으로 대통령에 선출되기가 어렵게 되자 자신을 중심으로 새로운 정당인 자유당을 만들고, 전쟁 중이던 1952년 부산에서 경찰과 군대,

폭력단을 동원하여 대통령 직선제 개헌을 단행하기도 하였다.

V. 건군

우리 국군은 의병·독립군·광복군으로 이어진 역사적 전통을 계승한
것이다. 우선 일본에 의한 강제합병(1910) 이전에는 명성황후 시해(1895),
을사조약 체결(1905), 군대해산 및 고종황제 폐위(1907) 등으로 항일 의병
투쟁이 가속화되었으며, 강제합병 이후에는 일본군의 대대적인 토벌작전
으로 인하여 만주와 연해주로 이동해 본격적인 독립전쟁에 돌입하였다.
특히 한국의 근·현대사에서 국권회복을 위한 항일투쟁으로서 의병과 독
립군을 계승한 광복군의 투쟁은 오늘날 우리 정부의 전신인 대한민국임
시정부가 추진한 독립운동이었다는 점에서 그 의의가 크다. 임시정부는
여러 가지 제한이 있었음에도 불구하고 민족독립을 위한 주체적인 항일
투쟁의 중심체였다.

임시정부가 추진한 정규군의 창설은 임정수립 후 20여 년 만에 나타난
성과로, 1940년 8월 4일 광복군 총사령부의 조직이 완료되었으며, 이어
9월 15일 임시정부는 광복군창설위원회 위원장 김구 선생 명의로 광복
군을 창설한다는 내용의 '한국광복군선언문'을 발표하였다.

이 선언문에서 광복군은 종래 한인만의 단일 투쟁활동에서 탈피하여
항일이라는 공동의 목표하에 중국과 연합전을 전개한다고 천명하였다.
이 같은 광복군의 시각은 항일운동을 보다 거시적인 차원에서 접근한 것
이라 할 수 있다.

1940년 9월 17일 한국광복군 총사령부 성립 행사가 열리게 되었는데,
이날 발표된 '광복군성립보고서'에는 "한국광복군은 일찍이 1907년 8

한국광복군 선언문

대한민국 임시정부는 대한민국 원년에 정부가 공포한 군사조직법에 의거하여 중화민국 총통 장개석 원수의 특별 허락으로 중화민국 영토 내에서 광복군을 조직하고 대한민국 22년 9월 17일 한국광복군사령부를 창설함을 선언한다. (중략) 과거 삼십 년간 일본이 우리 조국을 병합 통치하는 동안 우리 민족의 확고한 독립정신은 불명예스러운 노예생활에서 벗어나기 위하여 무자비한 압박자에 대한 영웅적 항전을 계속하여 왔다. 영광스러운 중화민국의 항전이 4개년이 도달한 이때 우리는 큰 희망을 가지고 우리 조국의 독립을 위하여 우리의 전투력을 강화할 시기가 왔다고 확신한다. (중략) 우리들은 한·중연합전선에서 우리 스스로 계속 부단한 투쟁을 감행하여 극동 및 아시아 인민 중에서 자유·평등을 쟁취할 것을 약속한 바이다.

월 1일 군대해산시에 곧이어 성립한 것이다. 바꾸어 말하면 敵人(일본)이 우리 국군을 해산하던 날이 곧 우리 광복군 창설의 때인 것이다"고 하였는데, 이는 광복군 창설일의 연원을 군대해산일로 설정함으로써 그 정신적 연원을 의병정신과 결부시켰다.

광복군은 대한제국의 국군을 계승하고 의병정신에 뿌리를 둔 민족사의 정통 국군임을 분명히 했다. 광복군의 창설은 한말 의병전쟁과 독립군의 항일독립전쟁을 거쳐 임시정부의 정규군이자 항일투쟁사의 주역으로서 대한민국임시정부의 광복군이 민족군대의 맥을 잇는 역사적인 실체였다. 이러한 입장은 8·15광복을 맞이하여 조선경비대 창설로부터 대한민국 정부수립 이후 국군으로의 개편 과정에서 그 정신을 계승하고 광복군을 모체로 국군을 성장 발전시키려는 노력으로 이어졌다.

미군정기간 동안 미국은 한국의 건군의 중요성을 자각하여 적극 지원하게 된다. 군정장관 아놀드(Archibald V. Arnold) 소장이 1945년 10월 31일 치안 총책임자 쉬크(Lawrence E. Schick) 준장으로부터 "국방을 위한 준비작업이 정부가 수행해야 할 가장 우선적 임무 중 하나"라는 보고를 받고, 이에 공감하여 하지 장군에게 건의하자, 하지 장군은 11월 10일 미군장교들로 구성된 위원회를 설치하여 한국의 국방계획수립에 필요한 정치적·군사적 상황의 연구에 착수케 하는 한편 11월 13일 군정법령 제28호를 공포하여 국방사령부를 설치했는데, 국방사령부는 육군부와 해군부로 구성된 군무국과 경무국으로 편성되었다.

경비대 창설계획을 담고 있는 뱀부(Bamboo) 계획이 3성조정위원회(State War Navy Coordinating Committee)에서 결정되자 미합동참모본부는 1946년 1월 9일 맥아더 장군에게 2만 5,000명 규모의 남조선경찰예비대의 창설 권한을 위임했다. 이 계획에 따라 1946년 1월 15일 조선경찰예비대(Korean Constabulary Reserve)가 창설되었는데, 한국 측에서는 이를 조선국방경비대로 명명하였다. 1946년 3월 29일 군정법령 제64호에 의거 국방부로 개칭되었다.

그런데 1946년 5월 서울에서 개최된 제1차 미·소공위에서 소련 대표는 "지금 미·소 양국이 조선의 임시정부수립을 위하여 회담을 열고 있는데 '국방' 경비대는 무엇을 뜻하는 것이냐"고 항의하고 나섰다. 이는 조선경찰예비대를 한국 측에서 국방경비대로 호칭했기 때문이었다. 이에 하지 장군은 군정장관 러취(Archer L. Lerch) 소장과 협의하여 '국방'의 개념을 '국내치안(Internal Security)'의 개념으로 대체하기로 결정하였고, 1946년 6월 15일 군정법령 제86호를 공포하여 국방부를 국내경비부(Department of Internal Security)로 개칭하고, 군사국을 폐지하고 경비국(Bureaus of Constabulary and Coast Guard)을 설치하여 경비대를 관리하도록 하였다.

하지만 한국 측에서는 같은 달 국내경비부를 남산동 2가 전 서울병무청 건물로 이전하면서 '통위부'라는 간판을 달았는데, 통위부는 1883년 종래의 군제를 삼영(三營)으로 개편했을 때 중영(中營)이 통위영(統衛營)

이었던 데서 유래하였다. 이러한 경비대 관계자들의 주체의식은 군정의 한국화작업으로 인해 통위부장에 류동열(柳東說) 장군이 취임함으로써 더욱 고무되었을 뿐만 아니라 광복군 출신이 건군 단계에서 큰 역할을 하는 계기를 조성하였다.

1947년경부터 경비대 내에 공산당 조직이 확대·강화되자 광복군 출신 중진들 간에 광복군이 육성한 청년단을 경비대와 혼합편성하여 국방군으로 개편하자는 주장이 대두되었다. 이에 1947년 4월 귀국하여 대동청년단을 육성시키고 있던 이청천 장군은 1947년 9월 초 하지 장군에게 서한을 보내 경비대를 국방군으로 개편하자고 역설하였다. 미국 측에서도 제2차 미·소공위가 1947년 7월 초에 결렬되자 9월에 한국문제를 유엔총회에 상정시키고 동시에 주한미군 철수에 대비하여 경비대를 2만 5,000명에서 5만 명으로 증강시키는 계획을 입안하였다. 미군정은 일차적으로 기존 9개 연대로서 1947년 12월 1일 3개 여단을 창설하였고, 합동참모본부가 경비대의 5만 명 증강계획을 승인하자 1948년 4월 25일 2개 여단을 증설하였고, 1948년 5월 1일부터 4일 사이에 6개 연대를 창설함으로써 1948년 8월 15일 대한민국 정부가 수립될 때까지 5개 여단 15개 연대 병력 5만 490명으로 성장할 수 있었다.

1948년 7월 17일 대한민국헌법이 공포된 동일자에 정부조직법(법률 제1호)이 공포됨으로써 국방부가 설치되었고, 1948년 8월 15일 대한민국 정부수립 선포와 더불어 미군정이 종식되자 통위부의 행정은 국방부로 이양되었다. 그리고 '남조선과도정부의 행정이양절차'에 의거 1948년 9월 1일 조선경비대와 조선해안경비대의 국군편입이 이루어졌고, 그 명칭도 9월 5일 각각 육군과 해군으로 개칭되었다. 그러나 이 같은 잠정적인 명칭은 11월 30일 국군조직법(법률 제9호)이 공포되고 이어서 국방부직제령(대통령령 제37호)이 제정됨으로써 1948년 12월 15일부터 통위부가 국방부로, 조선경비대와 조선해안경비대가 각각 대한민국 육군과 해군으

국군의 날 제정

국군의 날이 제정되기 전에 육군은 남조선국방경비대 창설일인 1946년 1월 15일에, 해군은 해방병단(海防兵團) 창설일인 1945년 11월 11일에, 공군은 육군에서 분리독립한 1949년 10월 1일에, 그리고 해병대는 창설일인 1949년 4월 15일에 각각 자체적으로 기념행사를 거행하여 왔다. 이와 같이 각군이 별도로 기념행사를 거행함으로써 물적·시간적 낭비 등 폐단이 발견되고 또한 국군으로서 일체감 조성이 미흡하다는 점이 지적되어, 정부는 확고한 국방태세를 다지기 위해 6·25한국전쟁시 38도선을 돌파한 날인 10월 1일을 국군의 날로 단일화하여 공포하였다(1956.9.21, 대통령령 제1173호).

로 정식 편입·법제화되었다.

1948년 8월 15일 대한민국 정부가 수립됨으로써 미 군정의 종식과 함께 통위부의 행정은 국방부로 이양되었으며, 8월 16일 초대 국방부장관에 이범석(李範奭) 장군(국무총리 겸무)은 국방부 훈령 제1호를 통해 "금일부터 우리 육·해군 각급 장병은 대한민국 국방군으로 편성되는 영예를 획득하게 되었다"라고 선언하였다. 또한 1948년 11월 말 국방부에 정치국(후에 육본 정훈국)을 설치하여 초대 국장에 광복군출신 송면수(宋冕秀) 씨를 임명하여 국군의 정신교육을 강화시켰고, 1948년 12월 1일에는 국군 3대 선서문(1949년 1월 초에 국군맹세로 변경)을 반포하여 점호시에 장병들이 암송토록 하였다. 1948년 헌법 전문에 대한민국이 1919년의 임시정부의 법통을 계승한다고 천명한 바에 따라 임정의 광복군출신이 국방부의 수뇌부를 형성하여 광복군의 자주독립정신을 초창기의 국군에 계승시켰다. 또한 국군이 창설된지 2개월 만에 반란사건이 일어나자 국군의 반공이념교육 또한 절실히 요청되었다.

후방에서의 좌익반란과 같은 시기에 북한군은 1949년 4월 25일 292고지(38선 남방 100m)에서 진지를 구축 중이던 아군에게 갑자기 불법 공격을 감행하여 우리의 292고지를 점령하는 만행을 자행했다. 이에 우리 국군 제11연대는 총공격했으나 지형적인 불리로 좀처럼 돌파구를 찾지 못했다. 이런 난점을 타개하기 위해서는 북한군의 핵심 요새인 토치카를 파괴해야만 했다.

10명의 용사(서부덕 소위, 김종해, 윤승원, 이희복, 박평서, 황금재, 양용순, 윤옥춘, 오제룡, 박창근 상사) 등은 1949년 5월 4일 불법 점령당한 개성 송악산 고지(292고지)를 탈환하기 위해 수류탄 두 발과 육탄 공격용 81mm포탄 한 발씩을 분배받았다. 그리고 포탄을 안은 채 쏟아지는 적의 포탄을 뚫고 뛰어들어 진지를 분쇄하고 산화했다. 이들을 일명 육탄10용사라고 일컫는다.

육탄10용사의 이러한 군인정신은 우리의 국군 역사상 많은 의미를 시사한다. 첫째, 후방에서의 게릴라의 준동과 함께 이어지는 북한군의 도발을 억지했다는 점에서 우리나라 전체의 위기가 도래할 수도 있는 상황을 목숨을 바침으로써 극복했다는 점이다. 둘째, 장교에 비해 상대적으로 계급이 낮은 부사관들의 자발적인 희생정신의 표상이라는 점이다. 셋째, 6·25한국전쟁 후 이제는 우리의 관할지역이 아니라는 점에서 후대지속적으로 추모될 수 없다는 아쉬움에서 더욱 의미를 갖는다. 군인정신의 숭고함은 누군가의 추모가 반드시 같은 장소에서 이루어지지 않더라도 행하는 데서 비롯되는 것이라는 교훈을 던져준다.

VI. 건국 직후의 갈등

건국 이후 국내적으로 많은 갈등에 휩싸이게 된다. 광복 이후 우리 민족이 해결해야 했던 중요한 과제 중의 하나가 친일파를 심판하여 민족

의 정기를 바로 세우는 일과 개인의 소유권 중에서도 토지문제, 그리고
좌우익 이념갈등의 표출이었다.

이러한 문제점들은 훗날 큰 과제로 남게 되었다. 하지만 당시의 정황
으로서는 근본적인 문제점을 발본색원하는 것보다는 요동치는 국제질서
속에서 우리 민족만의 굳건한 질서를 우선 먼저 형성하는 것이 무엇보다
도 중요하다는 인식이 더 우세한 것으로 보인다.

1. 일본 잔재 청산

광복 이후 각 정치단체는 미군정 당국에 반민족행위자들에 대한 제재
를 요구하였으나 미군정 당국은 이들의 상당수를 군정청에서 일을 하고
있었기 때문에 처벌에 반대하였다. 그러나 1948년 3월 군정법령 제175
호 〈국회의원선거법〉에서 친일분자의 국회의원선거권 및 피선거권을 제
한하였으며, 이 법에 의하여 선출된 국회의원이 제정한 헌법조항을 근거
로 제정된 법률이다. 이 법은 친일행위를 한 사람을 그 가담 정도에 따라
최고 사형까지 처벌할 수 있도록 하고, 그 밖에 재산몰수, 공민권정지의
조처를 할 수 있게 하였다. 또한 반민족행위를 조사하기 위하여 국회의
원 10명으로 구성되는 반민족행위특별조사위원회를 두어 조사보고서를
특별검찰부에 제출하도록 하고, 대법원에 특별재판부를 두어 재판을 담
당하게 하며, 특별재판부에 특별검찰부를 설치하여 공소를 제기하도록
하였다. 그러나 이 법률의 실효는 큰 진전을 보지 못했다.

1948년 9월에 제헌의회에서 반민족행위처벌법이 제정되었으며, 반민
족행위특별조사위원회(약칭 반민특위)가 설치되어 친일파를 처벌하는 활
동이 이루어졌다. 이 반민특위는 7,000여 명의 친일파를 반민족 행위자
로 선정하고, 일본 강점기의 관료와 경제계·문화계·종교계의 인물 등을

반민족행위처벌법(1948년) 일부

제1조 일본 정부와 통모하여 한일합병에 적극 협력한 자, 한국의 주권을 침해하는 조약 또는 문서에 조인한 자와 모의한 자는 사형 또는 무기징역에 처하고 그 재산과 유산의 전부 혹은 2분의 1 이상을 몰수한다.

제4조 다음의 각 호 중 하나에 해당하는 자는 10년 이하의 징역에 처하거나 15년 이하로 공민권을 정지하고 그 재산의 전부 혹은 일부를 몰수할 수 있다.
  1. 일제에게 작위를 받은 자
  4. 밀정 행위로 독립 운동을 방해한 자
  6. 군, 경찰의 관리로서 악질적인 행위로 민족에게 해를 가한 자
  11. 종교, 사회, 문화, 경제 기타 각 부문에 있어서 민족적인 정신과 신념을 배반하고 일본 침략주의와 그 시책을 수행하는 데 협력하기 위하여 악질적인 반민족적 언론, 저작과 기타 방법으로써 지도한 자

체포하기 시작하였다. 하지만 여러 가지 정황으로 이 활동의 성과는 성공적이지 못했다.

이와 관련한 현재 유효한 법률로 우선 일제강점하 반민족행위 진상규명에 관한 특별법(2007.5.17, 법률 제8435호)이 있다. 이 법은 원래 일제강점하친일반민족행위진상규명에관한특별법(2004.3.22, 법률 제7203호)이라는 이름으로 제정되었으나, 2006년 4월 28일 법명 개정으로 현재에 이르고 있다. 여기서는 '친일반민족행위'가 어떤 것인지를 명확하게 정의하고 있다. 이 법률과 관련하여 친일반민족행위자의 재산 귀속 문제를 다룬 친일반민족행위자 재산의 국가귀속에 관한 특별법(2005.12.29, 법률 제7769호)이 제정되어 중간에 일부 법조항 개정 절차를 거쳐 오늘에 이르고 있다.

일제 잔재 청산이 성공적이지 못했던 이유는 무엇보다도 당시 해방공간의 첫 주도권을 잡은 미군정 당국의 정책우선순위에 이 문제가 상위에

**현행 법령: 일제강점하 반민족행위 진상규명에 관한 특별법(2007.5.17,
법률 제8435호)**
**＊일제강점하친일반민족행위진상규명에관한특별법(2004.3.22,
법률 제7203호 제정), 2006.4.28 법명 현행으로 변경**

제2조(정의) 이 법에서 "친일반민족행위"라 함은 일본제국주의의 국권침탈이
시작된 러·일전쟁 개전시부터 1945년 8월 15일까지 행한 다음 각
호의 어느 하나에 해당하는 행위를 말한다.

1. 국권을 지키기 위하여 일본제국주의와 싸우는 부대를 공격하거나
공격을 명령한 행위
2. 국권을 회복하기 위하여 투쟁하는 단체 또는 개인을 강제해산시키거
나 감금·폭행하는 등의 방법으로 그 단체 또는 개인의 활동을 방해한
행위
3. 독립운동 또는 항일운동에 참여한 자 및 그 가족을 살상·처형·학대
또는 체포하거나 이를 지시 또는 명령한 행위
4. 독립운동을 방해할 목적으로 조직된 단체의 장 또는 간부로서 그 단
체의 의사결정을 중심적으로 수행하거나 그 활동을 주도한 행위
5. 밀정행위로 독립운동이나 항일운동을 저해한 행위
6. 을사조약·한일합병조약 등 국권을 침해한 조약을 체결 또는 조인하
거나 이를 모의한 행위
7. 한일합병의 공으로 작위를 받거나 이를 계승한 행위
8. 일본제국의회의 귀족원의원 또는 중의원으로 활동한 행위
9. 조선총독부 중추원 부의장·고문 또는 참의로 활동한 행위
10. 일본제국주의 군대의 소위(少尉) 이상의 장교로서 침략전쟁에 적극
협력한 행위
11. 학병·지원병·징병 또는 징용을 전국적 차원에서 주도적으로 선전
(宣傳) 또는 선동하거나 강요한 행위
12. 일본군을 위안할 목적으로 주도적으로 부녀자를 강제동원한 행위
13. 사회·문화 기관이나 단체를 통하여 일본제국주의의 내선융화 또는
황민화운동을 적극 주도함으로써 일본제국주의의 식민통치 및 침략
전쟁에 적극 협력한 행위
14. 일본제국주의의 전쟁수행을 돕기 위하여 군수품 제조업체를 운영하거
나 대통령령이 정하는 규모 이상의 금품을 헌납한 행위
15. 판사·검사 또는 사법관리로서 무고한 우리민족 구성원을 감금·고
문·학대하는 등 탄압에 적극 앞장선 행위

16. 고등문관 이상의 관리, 헌병 또는 경찰로서 무고한 우리민족 구성원을 감금·고문·학대하는 등 탄압에 적극 앞장선 행위
17. 일본제국주의의 통치기구의 주요 외곽단체의 장 또는 간부로서 일본제국주의의 식민통치 및 침략전쟁에 적극 협력한 행위
18. 동양척식회사 또는 식산은행 등의 중앙 및 지방조직 간부로서 우리민족의 재산을 수탈하기 위한 의사결정을 중심적으로 수행하거나 그 집행을 주도한 행위
19. 일본제국주의의 식민통치와 침략전쟁에 협력하여 포상 또는 훈공을 받은 자로서 일본제국주의에 현저히 협력한 행위
20. 일본제국주의와 일본인에 의한 민족문화의 파괴·말살과 문화유산의 훼손·반출에 적극 협력한 행위

있지 않았기 때문으로 보인다. 즉 혼란스러운 38선 이남의 사회질서를 바로 세우는 데 더 큰 관심을 두고 있었기 때문이다. 이후 이승만 정권이 들어서고 난 뒤에도 이 문제는 계속 같은 이유로 정책의 우선순위에 들지 못했다. 이 와중에서도 초대 정부는 1949년 11월 귀속재산처리법을 제정하여 일본으로부터 귀속된 재산을 민간기업가에게 불하하는 조치를 단행하여 민간기업 중심의 자본질서를 형성할 수 있는 단초를 제공하였다. 다만 불하과정에서 민간기업과 일부 위정자와의 유착관계가 형성된 점은 아쉬움으로 남는다.

2. 토지개혁

이승만 정부는 농민들의 토지 분배 문제를 해결하기 위하여 1949년 6월에 농지개혁법을 제정하고 이듬해부터 활동에 들어갔다. 이에 따라 소유자가 직접 농사짓지 않는 농지를 국가가 사들여 5년간 보상하고, 사

들인 농지는 영세농민에게 유상분배하고 5년간 농산물로 상환하도록 하였다. 그 결과 많은 소작농이 자기 농토를 가질 수 있게 되었다. 지주들에게는 매수한 농지의 가격에 해당하는 지가 증권을 발부하고, 이를 5년으로 나누어 그해 쌀값에 해당하는 현금으로 보상조치하였다.

농지개혁을 통해 사회적 지배계급으로서의 지주는 사라지고 상당수의 농민들이 자신의 땅을 가지고 직접 농사를 지을 수 있었다. 하지만 개혁이 지체되는 동안 일부 지주들은 땅을 사전에 팔아 농지 대상이 되는 토지는 크게 줄어드는 일도 빚어졌다. 더욱이 전쟁 등으로 인해 인플레이션이 심했던 당시에, 토지 대금을 생산물로 납부해야 하는 규정은 농민들의 부담을 가중시켰다. 정부가 재정상의 이유로 실시한 임시 토지수득세법도 농민들의 생활을 근본적으로 해결해 주지는 못했다. 결국 이를 감당하기 어려운 농민들은 분배받은 농지를 다시 팔고 소작을 하거나 도시로 떠나는 경우도 있었다. 간혹 도시 또는 다른 농지를 찾아 떠나는 이 중에서는 소작농의 신분을 숨기기 위한 이유도 있었다. 지주들에게 지급되는 쌀값도 실제 시중 가격의 절반에도 못 미쳤고, 정부의 재정부족으로 인해 보상도 제때 이루어지지 못했다. 이로 인해 많은 지주들이 지가 증권을 액면 가격에 훨씬 못 미치는 값으로 팔아버리는 현상이 나타나기도 했다.

한편 북한에서의 토지개혁은 1946년 3월에 토지개혁법령이 발표되고 불과 20여 일 만에 완료되었다. 광복 직후에 북한의 토지는 전체 농민의 4%였던 지주가 전체 농지의 58%를 소유하고 있었으며, 전체 농민의 73%가 소작농이었다. 이때의 토지개혁은 무상몰수·무상분배 형식으로 이루어졌는데, 일본인과 민족반역자, 그리고 5정보 이상의 토지를 가진 지주의 토지가 몰수 대상이었으며, 몰수된 땅은 노동력의 차이에 따라 무전 농민에게 무상으로 분배되었다. 토지개혁의 결과, 지주들은 엄청난 타격을 입게 되었으나, 소작빈농은 많은 혜택을 입게 되었다. 토지개혁

농지개혁법(법률 제31호)

정부는 다음에 의하여 농지를 취득한다.
1. 다음의 농지는 정부에 귀속한다.
   (가) 법령 및 조약에 의하여 몰수 또는 국유로 된 농지
   (나) 소유권의 명의가 분명치 않은 농지
2. 다음의 농지는 본법 규정에 의하여 정부가 매수한다.
   (가) 농가 아닌 자의 농지
   (나) 자경하지 않는 자의 농지, 단 질병, 공무, 취학 기타 부득이한 사유로
        인하여 일시 이농한 자의 농지는 소재지 위원회의 동의로서 시장,
        군수가 일정 기한까지 보류를 인허한다.
   (다) 본법 규정의 한도를 초과하는 부분의 농지
   (라) 과수원, 종묘포, 상전(桑田) 등 다년성 식물 재배 토지를 3정보 이상
        자영하는 자의 소유인 다년성 식물 재배 이외의 농지

에서 혜택을 입은 이들이 대거 공산당에 입당하였다.

이와 같은 북한에서의 토지개혁은 구호로는 무상으로 포장되어 있었지만 실제로는 경작권의 분배에 머물렀던 반면, 우리 한국의 토지개혁은 비록 절차상 다소 복잡하게 진행되기는 했지만 소유권을 넘겨받게 되었다는 점에서 의의가 더 크다. 이러한 점은 6·25한국전쟁 이후 토지무상분배에 대한 북한의 끈질긴 선전선동에도 쉽사리 넘어가지 않고 대한민국의 자본주의체제를 지킬 수 있게 하는 원동력이 되었다.

3. 이념갈등의 표출

대한민국은 자유민주주의를 국가이념으로 채택했다. 초대 대통령인 이승만의 국가지도자로서의 리더십이 돋보이는 중요한 결정이었고, 국민

들은 신뢰를 보냈다. 하지만 자유민주주의가 제대로 착근이 되지도 못한 상태에서 공산당 세력이 국내에 준동을 일으키게 되었다. 이는 항일운동 의 일환으로 공산주의 세력들이 이미 건국과 건국과정에 잠입했기 때문 이다. 이들에 대한 색출과정에서 무고한 민간인들이 사상을 입는 불행한 일도 벌어졌다. 그 중요한 사건으로 제주4·3사건과, 여수·순천10·19사 건이 있다.

1) 제주4·3사건

광복 이후 우리 민족의 염원이던 통일국가의 수립은 미·소의 대립, 좌·우익의 대립에 의하여 실현되지 못하였다. 따라서 남한에서나마 자 유로운 민주국가의 수립이 필요하였고, 남한만의 단독정부 수립이 이루 어지게 되었다.

남한만의 선거가 결정되고 남북 간의 이념적 지형이 굳어지게 되자 좌익세력은 전국적으로 파업, 시위, 소요, 폭동 등을 통하여 반정부투쟁 을 벌였다. 1947년 3월 1일, 3·1절 기념식장에서 경찰의 발포로 주민 6명이 사망하면서 촉발되었다. 수만 명의 민간인이 숨져간 제주4·3사건 은 1954년 9월 21일까지 무려 7년 6개월간 지속되었다.

남한의 5·10총선거를 방해하고자 제주도에서 공산주의자들이 소요사 건을 일으켰는데, 이것이 제주4·3사건이다. 이 사건으로 제주도에서는 공산주의자로 구성된 유격대와 군·경찰·극우청년단체 등으로 구성된 토벌대 사이의 공방 속에서 많은 양민이 희생당했다.

제주4·3사건 당시 유격대 총사령관이었던 김달삼(본명 이승진)이라는 인물이 있다. 그는 사건을 총주도한 인물이었고, 당시 북한의 해주에서 개최된 남로당대회에도 참석한 바 있다. 그는 제주 대정 사람이다. 그는 유격대 총사령관을 맡았다. 제주4·3사건을 실질적으로 이끌었던 인물이 다. 사건 당시 그는 22살(1925년생)로, 제주 대정읍에 있는 대정중학교

김달삼의 제주4·3사건관련 해주보고문

미제국주의는 우리 제주도에서도 남조선 다른 지역에서와 똑같이 친일파, 민족
반역자, 반동파친미분자 등 매국도배들에 의거하야 가진 란폭한 분활식민지 침
략정책을 강행하고 있습니다. 민주주의 애국자들과 무고한 일반 인민들은 까닭
없이 불법체포, 고문, 투옥당하였습니다. 일반농민과 어민들은 강제공출과 혹
독한 착취에 신음하고 있으며 일반 인민들은 무권리와 가렴주구에 신음하고
있습니다.

_ 김달삼의 '해주인민대표자대회' 연설문 중에서(1948.8.25)

사회과 교사였으며 남로당 대정면당 조직부장이었다. 그랬던 그가 4·3
항쟁을 준비하는 과정에서 남로당 제주 총책이자 군사 총책이 된다.
1948년부터 1950년까지 3년여 남한 사회를 떠들썩하게 했던 김달삼은
1950년 3월 22일 강원도 정선군 북면에 있는 반론산에서 25살의 나이로
죽음을 맞았다.

제주4·3사건을 이끌던 김달삼은 이덕구에게 사령관 자리를 넘겨주고
그해 8월 21일부터 26일까지 황해도 해주에서 열린 '남로당 인민대표자
대회'에 참가하기 위해 제주를 탈출했다. 남한에서 1,002명의 대의원이
참가한 해주대회는 제주에서 김달삼을 비롯해 6명이 참가했다. 김달삼은
이 대회에서 북한 최고인민회의 제1기 대의원(국회의원)에 선출되고 국기
훈장 2급을 받았다. 그해 9월엔 김일성 등 49인으로 된 조선민주주의인민
공화국 헌법위원회 헌법위원으로 선출되기도 했다. 그는 이 대회에서 '제
주4·3투쟁에 관한 보고'라는 제하의 보고를 했다.

봉기한 사람들에 편승한 좌익계는 폭력적 탄압 중지, 단독선거 반대,
단독정부 반대, 민족통일, 미군정 반대, 민족독립 등의 정치적 구호를 내
세웠다. 사건 초기에 미군정은 경찰을 동원하여 이를 진압하려 했으나,
사태가 더욱 악화되자 군을 투입하여 진압했다. 그 결과 진압과정에서

약 28만 명의 도민들 중 많은 무고한 사람들을 포함, 약 10%에 해당하는 3만여 명의 사상자를 낸 것으로 추정되며, 이 사건은 발발 1년여 만인 1949년 봄에 종결되었다.

2000년 1월 '제주4·3 진상규명 및 희생자 명예회복에 관한 특별법'이 제정되면서 피해자 접수 신고 및 정부차원의 진상조사를 실시하게 되었다. 사건 발생 후 정부가 희생자를 공식 집계한 것은 이때가 처음이다. 2000년 6월부터 시작된 희생자 신고 접수결과 최종 1만 3,571명이 신고되었는데 이 숫자는 1948년 당시 제주도 내 인구 약 28만 명의 5%에 해당하는 수치이다. 사망자가 1만 379명으로 대다수를 차지했고, 행방불명 3,053명, 후유장애자 139명으로 집계되었다.

제주4·3사건은 한국 현대민주주의 정착과정에서 발생한 뼈아픈 경험이었다. 우리는 이 사건을 바라보면서 국민은 진중한 정치적 의사표현을 해야 하고, 거기에 상응한 자신의 책임, 그리고 타인에 대한 존중의 교훈을 얻을 수 있다. 우선 먼저 공화국으로서의 국가권위를 존중하는 마음을 국민 스스로 해야 할 것이다. 동시에 국권수호라고 하는 대의명분 속에 민간인을 박해하는 일이 있어서도 안 될 것이다. 국가공권력의 행사는 명분과 함께 그 과정에서도 합목적성이 보장되어야 한다.

2) 여수·순천10·19사건

광복 직후 남한 내 각종 좌익세력은 조선국군준비대와 조선학병동맹 등을 통해 자체적인 무장력을 갖추고자 했다. 그러나 이들 조직들은 1945년 11월 중순 국방사령부를 설치한 미군정청이 이듬해 1월 중순 그 예하에 국방경비대를 창설하는 과정에서 기존의 사설 군사단체를 인정하지 않고 모두 해산하도록 공포, 조치함에 따라 해체되었다.

이들 사설군사단체의 해산은 곧 좌익세력의 독자적인 무장력을 갖출 기회가 사라졌음을 의미했다. 더욱이 국방경비대가 점차 군대로서의 면

모를 갖추어 가자 남조선노동당(남로당)은 군내 주요 인물들을 포섭해 조직을 내부로부터 와해시킬 목적으로 세포를 국방경비대 내로 침투시키는 공작을 시도하기 시작했다.

미 군정기 좌익세력이 군내로 침투해서 발생한 대표적인 사건은 1946년 5월 25일의 국방경비대 제1연대 제1대대 소요사건이다. 이 사건은 영등포 보급중대에서 차량 2대 분량의 보급품을 부정처분한 데에 분개한 제1연대 제1대대 사병들이 연병장에 모여 데모를 일으킨 것이 직접적인 발단이 되었지만, 근본적으로는 국방경비대 창설 이래 누적되어 온 각종 불만과 사상적 대립이 외부로 표출된 것이었다.

특히 제1대대 내에는 그간 이념적인 좌우대립이 존재해 왔다. 그 배경은 경찰의 수배를 피해 다녔던 좌익분자들이 대거 입대했기 때문이었다. 그들은 당시 미군정청의 방침에 따라 사상검열없이 신체검사와 구두시험만으로 신병을 모집했기에 상부의 눈을 쉽게 피할 수 있었다. 그들은 연대내 신탁통치 문제를 놓고 의견대립이 격화되는 과정에서 우익과 주도권을 다투었는데, 이로 인한 좌우익 주도권 쟁탈이 극에 달했다. 제1대대 사병들의 집단소요는 이러한 분위기 속에서 발생한 하극상이었다. 이 사건은 일부 부사관들을 구속하고 지휘관들을 전출조치함으로써 일단락되었다. 하지만 이 사건을 계기로 미군정당국의 국방경비대 관련정책과 간부들의 지휘통솔 방식에 적지 않은 문제점이 노출되었다.

남로당이 세포조직을 통해 군내반란을 선동한 대표적인 사례는 여수 주둔 국방경비대 소속 제14연대가 중심이 된 사건이다. 1948년 5월 초 여수에서 창설된 제14연대는 신병모집에 착수했는데, 다른 연대와 마찬가지로 정치성향에 관계없이 입대지원자는 모두 받아들여졌다. 그로 인해 제14연대 내에도 일부 장교들의 부정에 대한 불만뿐만 아니라 정치적 입장 차이에서 비롯된 장교와 사병 간의 마찰이 상존했다.

1948년 10월 15일, 육군총사령부로부터 좌우익의 대립으로 혼란에 빠진 제주도의 치안상황을 수습하기 위해 제주도에 파견할 1개 대대를 조속히 편성한 후 대기하라는 명령이 제14연대에 하달됐다. 이 사실을 알게 된 남로당 제14연대 조직책이자 연대의 인사담당 선임하사관 지창수는 남로당 소속 부사관들에게 이를 전달하면서 제주도로 가는 배위에서 반란을 일으키기로 결정했다.

하지만 기밀 누설을 우려한 지창수 등은 계획을 수정해 영내에서 반란을 일으키기로 했다. 1차 기회를 놓친 후 그들은 제주도 출동 직전에 행동을 개시했다. 19일 밤 20:00시경 총성과 비상나팔 소리를 들은 출동대대의 사병들은 출동 예정시간이 한 시간 앞당겨진 것으로 생각하고 서둘러 연병장에 집합했다. 병력이 연병장에 집결하자 사병들을 앞에 두고 단상에 오른 지창수 상사는 "동족을 살상키 위해 제주도 파병에는 절대 반대한다. 경찰을 타도하자"고 외쳤다.

지창수를 비롯한 좌익세포들은 연대 선동연설과 함께 그들에 반대하는 부사관들을 현장에서 총살했고, 그러한 위협 속에 전원을 삽시간에 좌익 반란군으로 탈바꿈시켰다. 제14연대 병사들은 총성과 비명, 선동 연설 등이 한데 뒤섞인 격앙된 분위기 속에서 이내 반란 동조자로 변했다.

지창수 상사의 지휘하에 약 3,000명의 반란군은 20일 새벽 01:00시경 여수 시내로 진입해 봉산지서 출장소를 공격함으로써 경찰과 접전을 벌였다. 새벽 05:30분경 반란군들은 시내 주요기관들을 점령하고 좌익청년단체와 좌익계 학생들을 동원해 경찰, 국군장교, 우익인사 등에 대한 점거와 테러활동을 본격화했다. 그리고 20일 오전 여수를 완전히 장악했다. 이어서 반란군은 오전 10:30분경 세 방면에서 순천을 압박해 들어가면서 경찰서와 지서를 파괴하고, 경찰관들을 살해하면서 순천을 점령했다. 순천이 점령되자 반란군 주력은 병력을 주변의 학구, 광양, 벌교 등세 지역으로 분산시켰다.

제14연대의 반란 소식이 육군총사령부에 전달된 것은 20일 01:00시가

넘어서였다. 국방부는 오전 09:00시 긴급대책회의를 소집하고 진압작전
을 세웠다. 곧이어 군 당국은 여수, 순천지구에 계엄령을 선포하고 24일
여수탈환 작전을 개시했다. 진압군의 제1차 공격이 있자 반란군의 주력
은 야음을 틈타 여수탈출을 시작했고, 반란 9일째인 27일 여수는 완전히
진압군에 장악돼 사건은 일단락됐다. 그러나 추격에 쫓긴 반란군 주력은
남로당의 지시에 따라 지리산으로 들어가 장기간 게릴라전으로 저항했다.

한편 여순반란사건을 계기로 1948년 10월부터 숙군작업(肅軍作業)을
추진하는 한편, 국가보안법을 제정, 1948년 12월 1일부터 시행하게 되었
다. 국군의 정신무장을 강화하기 위해 1948년 12월 1일 여수·순천 지구
전투에서 전사한 장병들에 대한 합동위령제에서 국방장관은 국군 3대 선
서문을 발표하여 매일 저녁 점호시 국군장병이 암송케 하였다. 이후 1949
년 초에 그 내용을 수정하여 국군맹서로 개정·공포했다.

지난날 여순10·19사건은 오늘날 우리에게 민주주의 국가에서 잘못된

국군 3대 선서문

1. 우리는 선열의 혈적(血蹟)을 따라 죽음으로써 민족국가를 지킨다.
2. 우리의 상관, 우리의 전우를 공산당이 죽인 것을 명기(銘記)하자.
3. 우리 국군은 강철같이 단결하여 군기를 엄수하고, 국군의 사명을 다하자.

국군맹서(國軍盟誓)

1. 우리는 대한민국 국군이다. 죽음으로써 나라를 지키자.
2. 우리는 강철같이 단결하여 공산침략자를 쳐부수자.
3. 우리는 백두산 영봉에 태극기를 날리고, 두만강수에 전승의 칼을 씻자.

군인의 모습이 무엇인지를 잘 보여주는 하나의 사례였다. 우리 국군은 대한민국의 국체와 국토, 국민의 생명과 재산을 지켜야 한다는 숭고한 헌법정신에 입각한 국군의 이념과 사명을 자각하고, 그 본분을 다하는 데 여념이 없어야 한다.

VII. 6·25한국전쟁

건국 초 대한민국의 이승만 정부는 국내의 여러 가지 갈등요인으로 인해 국론의 결집을 완전하게 이루어내지 못했다. 특히 좌우익의 이념적 갈등 속에서 공산주의자들의 소요 사건으로 인해 큰 어려움을 겪었다. 그러나 점차 나라의 기반을 잡아가면서 군과 경찰은 1950년 봄에 이르러 공산 게릴라들의 활동을 진압하게 되었다.

한편 북한은 민주기지론을 내걸고 남한을 공산화하고자 남침 준비에 들어갔다. 김일성은 소련과 중국을 상대로 비밀군사협정을 맺었는데, 그에 따라 소련으로부터 탱크와 비행기 등 최신무기를 도입하고, 중공으로부터는 항일운동을 위해 동참했던 조선의용군 2~3만 명을 지원받아 인민군에 편입시켰다.

남침을 위하여 군사력을 증강시킨 북한은 남북한 지도자들 사이의 정치협상을 주장하거나 평화통일선언서를 유엔사무총장에게 보내는 등 위장평화공세를 펴면서 전쟁을 일으킬 시점을 노리고 있었다.

이 무렵 중국 대륙이 공산화되자, 미국은 아시아 지역에서의 방위개입선을 후퇴시키고 남한에 진주해 있던 미군 전투부대를 철수시켰다. 또한 미국 국무장관 애치슨은 한반도와 타이완을 미국의 태평양 방위선에서 제외한다는 이른바 애치슨 라인을 발표하였다(1950.1).

민주기지론(民主基地論)

북한 공산주의자들이 1945년 10월 10일에 개최한 '조선공산당 북조선분국 5도 책임자 및 열성자대회'에서 제기된 한반도 공산주의 혁명 이행 전략이다. 북한 공산주의자들에 의하면 민주기지란 "혁명하는 한 나라의 한 지역에서 이룬 혁명을 공고히 하여 혁명의 전국적 승리를 담보하는 책원지(策源地)"라고 한다. 이는 8·15해방 직후 소련군이 점령한 북한을 한반도 공산주의 혁명 성취를 위한 전진기지로 삼으려는 기본전략이었다. 그런데 이 전략이 제기된 초기에는 북한에서 별다른 반응을 갖지 못하다가 그후 남한에 주둔한 미군에 의해 좌익세력이 궤멸당하면서 공개적인 공산주의 혁명전략으로 굳어졌다.

애치슨 라인(Acheson Line)

6·25한국전쟁 발발 직전인 1950년 1월 12일 미국 프레스 센터에서 미국 국무장관 애치슨(D.G. Acheson)이 발표한 극동에서의 미국의 방위선 구상이다. 이 내용은 스탈린과 마오쩌둥[毛澤東]의 영토적 야심을 저지하기 위하여 미국의 극동방위선을 알류샨 열도-일본-오키나와[沖繩]-필리핀을 잇는 선으로 정하며, 타이완, 한국, 인도차이나 반도와 인도네시아 등은 이 방위선에 포함되지 않고 그들 지역들은 국제연합(UN)의 보호에 의존해야 한다는 것이었다. 한국정치사 속에서 애치슨 연설이 가장 많이 언급되는 부분은 6·25한국전쟁과의 관련이다. 학계의 전통주의자들은 이 연설이 미국의 극동방위선에서 한국을 배제시켰음을 선언한 것이었으며, 북한은 이를 남침의 신호탄으로 생각하게 되었다고 하여 이를 미국의 결정적 실책으로 언급하고 있다. 반면 일부 진보적인 학자들은 애치슨 연설이 북한의 남침을 유도하기 위한 고도의 음모적 술책이라고 본다. 그러나 두 주장 모두 일면만을 과도하게 부각시키는 오류를 범하고 있다. 이 연설의 의미는 미국의 대아시아정책이 군사전략상 도서방위선(島嶼防衛線) 전략을 채택하고 있음을 재확인한 것이었다.

이와 같이 남측의 여건과 국제적인 여건을 고려하여, 마침내 북한은 1950년 6월 25일 새벽에 남침을 전격적으로 단행했다. 북한은 사전에 소련 군사고문단의 도움으로 선제타격 작전계획을 수립했는데, 제1단계는 방어선을 돌파하고 주력군을 섬멸하면서 서울-원주-삼척을 연결하는 선까지 진출하고, 제2단계는 전과를 확대하고 예비대를 섬멸하면서 군산-대구-포항을 연결하는 선까지 진출하며, 제3단계는 소탕작전으로서 부산-여수-목포를 연결하는 선까지 진출한다는 계획이었다.[1]

북한은 최신 소련제 무기로 무장한 10개 사단을 남침에 투입하였고, 국군은 8개 사단을 전후방에 분산 배치하고 있었다. 북한은 국군보다 병력이나 장비 면에서 월등히 우세하였다. 북한군은 최신 소련제 T-34전차를 242대나 보유하였고, 반면에 국군은 그 전차를 파괴할 적절한 대응수단을 갖추고 있지 못했다. 북한군은 작전계획대로 서울을 3일 만에 점령하였다.

이와 같은 북한군의 공세에 우리 국군은 용감히 싸웠으나 북한군의 우세한 화력에 밀려 서울을 빼앗기고 낙동강 전선까지 밀리게 되었다. 이에 미국을 중심으로 한 우방국들은 즉시 유엔안전보장이사회를 소집하여 북한의 불법 남침을 침략행위로 규정하고, 적대행위를 즉각 중지하고 38도선 이북으로 군대를 철수할 것을 촉구하는 결의문을 채택하였다. 그러나 북한이 이 유엔 결의안을 무시하고 남침을 계속해오자 안전보장이사회는 회원국들이 국제평화와 안전의 회복을 위해 한국에 필요한 원조를 제공할 것을 권고하게 되었다. 이 결의안들은 안전보장이사회 상임이사국으로서 거부권을 행사할 수 있었던 소련이 회의에 불참하게 되면서 무난히 통과되었다.

[1] 이와 같은 북한과 소련의 치밀한 남침계획에도 불구하고 일부 학자들은 남한군이 패주하여 부산 방면으로 급속하게 퇴각했기 때문에 인민군 점령지역이 뜻하지 않게 확대된 것이라는 평가를 하고 있는데 이는 사실이 아니다.

소련의 불참에 대해서는 소련의 스탈린(1879~1953)이 한국전쟁 발발
두 달 뒤 고트발트 체코슬로바키아 대통령에게 보낸 극비 전문에서 한반
도에서 전쟁이 벌어지면 미국이 개입할 것이라는 예상을 충분히 한 뒤
전쟁을 시작했고, 그럴 경우 소련이 얻게 될 이득을 면밀하게 계산에 넣
고 있었다는 점을 보여준다.[2] 스탈린은 더 나아가 유엔군을 한국에 파병
하려는 안보리 결의에 거부권을 행사하지 않고 기권으로 간주되는 불참
을 택함으로써 미군 참전의 길을 터 주었다. 유럽 국가에 대한 미국의
영향력 확대 차단을 위해 한국전쟁 쪽으로 미국의 관심을 분산시키겠다
는 그의 의도를 분명히 한 것이다.

미국 등 유엔군은 즉각 유엔 깃발 아래 유엔군 사령부가 구성되어 참
전하게 되었다.[3] 이승만 대통령은 전쟁수행의 효율성을 위해 국군의 작
전지휘권을 맥아더(Douglas MacArthur) 유엔군 사령관에게 이양하였다.

맥아더 장군은 6월 29일에 한강 이남의 방어선을 시찰하기 위해 수원
비행장에 도착했다. 수행원을 대동하고 고지에 올라선 맥아더 장군은 한
강 너머로 바라다 보이는 서울 남산과 그 주변 일대를 한참동안 망원경
으로 보고나서 근처의 참호(塹壕)를 방문했다. 그곳 개인호 안에는 한 병
사가 꼿꼿한 자세로 서 있었는데, 이 병사에게 맥아더 장군은 몇 가지
질문을 하게 되었는데, 그 병사의 자신감과 사명감에 넘친 답변은 맥아
더 장군에게 깊은 감동을 안겨 주어 그로 하여금 미국 지원군을 한국전
장에 신속히 투입할 결심을 하게 하였다고 한다.[4]

2) 이영종, "한국전쟁에 미국 참전 유도' 스탈린 극비전문," 『중앙일보』, 2008.12.12.
3) 전투부대를 파병한 나라는 16개국(미국, 영국, 호주, 캐나다, 프랑스, 네덜란
드, 태국, 남아프리카공화국, 터키, 벨기에, 콜롬비아, 에티오피아, 그리스, 룩셈부르크,
필리핀)이었고, 의료지원 국가는 5개국(노르웨이, 덴마크, 스웨덴, 인도, 이탈리아)
였다.
4) 이후 많은 언론보도에서 그 주인공은 신동수(辛東秀, 1929년생) 옹이다. 현재 충청북
도 충주에 거주하고 있는 것으로 알려지고 있다. 그가 속한 부대는 백골부대 18연대
1대대 3중대였다. 당시 그는 영등포구 양화동의 인공폭포공원 인근에 진지를 편성해

맥아더 장군: 자네 언제까지 그 호(壕)속에 있을 것인가?
국군 병사: 옛! 각하께서도 군인이시고 저 또한 군인입니다. 군인이란 명령을
　　　　　따를 뿐입니다. 저의 직속상관으로부터 철수하라는 명령이 있을 때
　　　　　까지 여기 있을 것입니다.
맥아더 장군: 그 명령이 없을 때엔 어떻게 할 것인가?
국군 병사: 옛! 죽는 순간까지 여기를 지킬 것입니다.
맥아더 장군: 오! 장하다! 자네 말고 다른 병사들도 다 같은 생각인가?
국군 병사: 옛! 그렇습니다. 각하!
맥아더 장군: 참으로 훌륭하구나! 여기 와서 자네 같은 군인을 만날 줄은 몰랐
　　　　　네. 지금 소원이 무엇인가?
국군 병사: 옛! 우리는 맨주먹으로 싸우고 있습니다. 놈들의 전차와 대포를 까
　　　　　부술 수 있게 무기와 탄약을 주십시오.
맥아더 장군: 음! 그리고 또 없나?
국군 병사: 옛! 없습니다.
맥아더 장군: 알았네, 여기까지 와 본 보람이 있었군. 이때 맥아더 장군은 병사
　　　　　의 손을 꼭 쥐고 나서 통역을 맡고 있던 김종갑 대령에게 이렇게
　　　　　말했다. "대령! 이 씩씩하고 훌륭한 병사에게 전해주시오. 내가
　　　　　도쿄로 돌아가는 즉시 미국 지원군을 보낼 것이라고. 그때까지 용
　　　　　기를 잃지 말고 훌륭히 싸우라고."
　　　　　　　　　　　　　　　　　　　　　_정일권(丁一權) 장군 회고록 중에서

　이렇게 하여 파병된 유엔군과 국군은 그해 8월 초 북한군의 남침을
저지하고 반격을 위한 최후방어선을 구축할 수 있었다. 이러한 전략적
기반을 토대로 공군력의 우위를 확보한 유엔군은 북한군에 심각한 피해
를 입히게 되고, 곧 이어 9월 15일에는 인천상륙작전을 감행하여 전세를
역전시키게 되고, 9월 28일에는 서울을 수복한 후, 10월 1일 국군 제3사
단이 최초로 38도선을 넘어 북진하게 된다. 10월 19일에는 국군 제1사단

놓고 사흘째 굶주리며 방어작전을 수행하고 있었으며, 100명 중 7명만 살아남았는데
그는 다리가 절단되는 전상을 입었다고 한다.

이 평양을 점령하였다. 10월 26일 국군의 선봉부대는 압록강변의 초산까지 진격하였고, 동쪽으로 연하는 선은 유엔군이 함경북도 청진까지 진격하였다. 10월 30일 이승만 대통령은 북한주민의 환영 속에 평양에 입성하였다.

그러나 중공군의 참전으로 전세는 다시 뒤바뀌어져 1951년 1월 4일 서울은 재차 인민군에게 점령당하였다. 중공군의 개입으로 평택·오산지방까지 후퇴하였던 국군과 유엔군은 다시 반격을 가해, 1951년 초여름에는 38도선 일대에서 전투가 교착상태에 빠지게 되었다.

이러한 상황 속에서 소련이 유엔을 통하여 휴전을 제의해 옴에 따라 유엔군과 북한군, 중공군 사이에 휴전회담이 개최되었다(1951.7). 이때 우리 정부와 국민은 휴전제의를 받아들이면 민족분단이 굳어질 것을 우려하여 범국민적 휴전 반대운동을 전국적으로 전개하였다. 이승만 대통령은 북진 통일을 외치며 반공포로를 석방하였으나, 미국으로부터 한미상호방위조약의 체결과 장기간의 경제원조 및 한국군의 증강 등을 약속받고 휴전에 동의함으로써 마침내 종전이 성립되었다(1953.7.27).

전쟁와중에서 모든 국군장병이 불굴의 의지와 시민들의 지원으로 위기를 극복하고 종전을 이루어내기는 했지만, 그 중에서도 특별히 귀감이 되는 두 가지 군인정신의 사례를 소개하고자 한다.

우선 베티고지전투의 김만술 소위이다. 베티고지전투는 이승만 대통령의 반공포로 석방 이후 정전회담이 결렬되면서 전개된 1953년 서부전선의 대표적인 고지쟁탈전이었다. 1953년 7월 정전협정을 목전에 두고 전선에서는 치열한 고지쟁탈전이 전개되고 있었다. 그 중에서도 서부전선의 요충지였던 베티(Betty)고지전투는 종전 후 그 지리적 위치 및 정치적 중요성으로 인해 국군과 중공군 간에는 이를 차지하기 위한 전투가 치열했다.

베티고지의 영웅인 김만술 소위는 1929년 경남 함안에서 태어났다.

일본 오사카 공업학교를 졸업하고 1947년 6월 경비대에 입대하여 제5연대에 배속되었다. 입대 후 그는 여순10·19사건의 진압작전과 태백산맥 등지에서 준동하던 공비토벌작전에 기관총 사수로 참전하는 등 약 6년여의 기간을 부사관으로 복무했다. 6·25한국전쟁이 발발한 후에는 평양탈환 작전 등 주요전투에서 탁월한 지휘능력을 인정받아 1950년 7월 15일 특무상사에서 육군 소위로 임관했다.

임관 후 김만술 소위는 7월 15일 제1사단 제1대대 제6중대 제2소대장으로 부임하자마자 베티고지 사수임무를 부여받았다. 7월 15일은 휴전을 앞두고 중공군이 벌인 막바지 공세인 7·13공세의 사흘째가 되는 날이었다. 7·13공세는 중공군이 휴전을 앞두고 중부전선의 금성돌출부의 만곡부를 없애기 위해 퍼부은 최후의 공세였으나, 이러한 불길은 서부전선 임진강 대안의 일대지역을 감제(瞰制)하는 중심부인 베티고지까지 불어닥쳤다. 당시 이 지역은 국군제1사단 제11연대 제2대대의 전초진지로서 대대에서는 중공군의 공격을 저지하느라 안간힘을 쓰고 있었다.

그동안 베티고지 사수를 위해 대대에서는 사흘 동안 3개 소대를 투입했으나, 하룻밤만 지나고 나면 중공군의 공격에 반수 이상의 사상자를 내고 물러날 수밖에 없었다. 그래서 날이 새기도 전에 새로운 1개 소대를 다시 투입하지 않을 수 없었다. 이 때 김만술 소위가 지휘하는 제6중대 제2소대가 4번째로 이 임무를 맡게 되었다. 그러나 김만술 소위가 임무를 부여받았을 때 베티고지는 세 개의 봉우리 중 중앙봉과 동봉(東峰)은 아군이 장악하고 있었으나, 중앙봉에서 직선거리로 10m도 안되는 서봉(西峰)은 중공군이 점령하고 있었다.

1953년 7월 15일 14:00, 특무상사로서 실전 경험이 많았던 김만술 소위는 아직 얼굴조차 익히지 못한 34명의 소대원들을 독려하여, 서봉을 기습 공격하여 적병 5명을 사살하고 8부 능선까지 공격하여 소대원들의 사기를 올린 다음 야간에 적의 기습 공격에 대비하여 교통호의 모래를 파내고, 무선과 유선을 세밀히 점검하고, 시계(視界)를 일일이 확인하는 등 만반의 준비를 갖춘 상태에서 중공군의 야간공격을 받았다. 중공군 1개 대대규모의 공격에 맞서 수류탄과 소총, 백병전, 그리고 4차례의 포병 진내사격(陣內射擊)을 요청하며, 사선에서의 혈투를 벌였다. 이렇게 13시간이나 진행된 격전 속에 19번이나 뺏고 빼앗기는 접전을 치룬 결과 제2소대의 생존자는 소대장을 포함 단 12명뿐이었다. 이때 확인된 중공군의 시체는 350여구에 달했고, 국군은 23명이 전사했다. 이후 정전협정이 체결되면서 전선조정으로 이 지역은 휴전선 북쪽에 포함되었다. 1953년 7월 23일 이 전투의 전공으로 김만술 소위는 휴전 이후인 1954년 2월 21일 서울운동장에서 유엔군총사령관인 테일러 대장으로부터 미국최고 훈장인 십장훈장을 수여받았고, 그해 9월 25일에는 대한민국 정부로부터 태극무공훈장을 수여받았다.

다음은 비정규전인 지리산 무장공비 토벌작전 중에 성공적으로 이루어낸 차일혁 경찰대장이다. 1951년 말 국군의 후방지역에서 활동하고 있던 공비들은 국군과 유엔군의 총반격 이후 퇴로가 차단 당한 북한 인민군 패잔병과 호남·영남지역의 지방 공비들이었다. 이들은 점차 전투력을 재정비한 후 병참선을 차단하거나 전투근무지원시설 등을 위협했다. 육군본부는 호남지역서 준동하고 있던 이들 공비의 수를 총 4,000명 정도로 판단하고, 후방의 공비토벌을 위해 제1군단장 백선엽 소장을 사령관으로 하는 백야전전투사령부(白野戰戰鬪司令部)를 창설하여 지리산 일대의 공비를 완전 섬멸하도록 했다.

지리산 공비는 남부군의 직속부대인 제81, 제92사단과 경남도당 사단인 제57사단, 그리고 전북도당 사단들이 주류를 이루었다. 이들은 여순 10·19사건 당시 반란군 출신 중 생존해 있던 세력과 북한군 전투부대의 낙오병들로 구성되었다. 공비들은 지리산을 중심으로 백운산과 덕유산 등 험준한 산악지대에 거점을 두고 국군과 유엔군의 보급로 차단, 식량

약탈, 지서습격, 차량기습, 통신망 절단, 살인, 방화와 같은 만행을 자행했다. 따라서 이들의 행동은 전후방 전역에까지 파급되었고, 민심은 극도로 동요되어 국민사기를 저하시키는 요인이 되었다.

이에 1951년 11월 25일 백야전전투사령부(이하 백야사)를 설치하게 되었으며, 사령관에는 국군제1군단장 백선엽 소장이 임명되었다. 그리고 수도사단(사단장 송요찬 준장), 제8사단(사단장 최영희 준장), 서남지구전투사령부(사령관 김용배 준장) 및 경찰부대가 배속되었다. 백야사는 전주로 이동하여 11월 26일부터 서남지구전투사령부로부터 서남지구 공비토벌 임무를 인수함과 동시에 서남지구전투사령부과 배속된 부대를 지휘하게 되었다. 백야사는 제1기부터 제4기까지의 작전기간 중 사살, 포로, 투항 등 1만6천여 명의 전과를 올렸고, 노획무기도 3천여 정을 상회했다.

이 와중에 지리산 무장공비 토벌을 위해 큰 공을 세운 차일혁 경찰대장 얘기를 빼놓을 수 없다. 그의 행적은 대한민국의 이념적 고뇌를 함께 하고 있었다. 현재 경남 하동군 화개면에 위치한 지리산박물관에는 그의 행적을 기리는 안내문이 전시되어 있다.

차일혁 경찰대장의 공로는 최후의 빨치산 세력 중의 하나인 이현상을 사살한 것으로 알려지고 있다. 지리산박물관의 안내문은 그의 높은 공덕에도 불구하고 화엄사 소각 명령에 소극적이었다는 점과 빨치산 이현상의 화장시 예를 갖추었다는 점, 포로들을 인간적으로 대해주었다는 점 등의 이유로 마땅히 태극무공훈장을 수여해야 함에도 불구하고 그렇지 못했다는 점을 아쉬워하고 있다.

당시의 경찰에게는 오늘날의 국내치안유지의 임무에다 군사작전의 임무도 동시에 부여되었기 때문에 그 임무를 훌륭히 수행한 공적은 군인정신의 범위 내에서 평가받을 수 있다. 군인정신은 적의 실체를 미워하는 마음, 즉 적개심을 얼마나 많이 가지는가에 따라 결정되는 것이 아니라 자신의 임무를 얼마나 잘 수행했는가에 따라 결정되는 것이다. 그런 의

이념이 생사여탈을 판단하던 시대, 조국을 가슴에 안고 아파하던
경찰 토벌대장, 독립군 출신 경찰로서 시대를 지혜롭게 살다 간 차일혁 총경

차일혁 총경. 그는 1920년 충남 홍성에서 태어나 홍성공고 재학 시절 동포를 괴롭히는 일본인 고등계 형사 구타사건에 연루되어 17세에 중국으로 망명하여 중앙군관학교 황포분교를 졸업하였다. 이후 포병대대장으로 항일전선에 참가하여 독립운동가를 탄압하는 데 앞장섰던 '미와' 형사와 헌병사령관 '하세가와'를 저격 사망케 하였다.

해방 후 귀국하여 전북 대동청년단 감찰위원장과 전북공안협회 이사를 역임하였고 삼성제사공장 노무과장으로 봉직한 바 있으며 6·25동란 시에는 육군 대위로 임관 육군7사단에 배속되어 인민군의 공격을 여러 차례 물리친 바 있다. 특히 경각산 유격전에서 혁혁한 공훈을 세우고 한쪽 팔을 다치는 중상을 입고 제대를 하였다.

차일혁 총경은 1950년 10월 전투경찰대 경감에 임명되어 제18전투경찰대대장으로 빨치산 토벌작전에 혁혁한 공적을 남긴 탁월한 지휘관이었으며 당시 남한의 유일한 수력발전소인 칠보발전소를 폭파하기 위한 빨치산 2,000명의 침공을 받았으나 차일혁 총경의 지휘부대가 죽음으로서 지켜낸 훌륭한 전과는 전사에 오래오래 기록될 것이다. 차일혁 총경은 빨치산 토벌작전 시 남부군 총사령관 이현상을 사살하였다. 북한에서 이현상은 역사의 영웅으로 떠받들고 있지만, 남한에서 차일혁이란 이름은 희미한 기억뿐이다.

차일혁 총경은 날카로운 이념대립과 목숨이 오가는 치열한 전투상황에서 당시로선 도저히 이해하기 힘든 행보를 보였다. "화엄사를 소각하라"라는 상부의 명령을 받고 '유서깊은 화엄사를 소각할 수도 없고 그렇다고 전쟁 중에 상부의 명령을 어길 수도 없는' 상황에서 화엄사 각황전 문짝만을 모두 떼어내 불태웠다. 이 일로 차일혁 총경은 작전명령 불이행으로 감봉처분을 받았다. 그러나 차일혁 총경의 지혜로운 판단이 아니었으며 당시 상부로부터 소각 명령이 떨어진 화엄사, 천은사, 백양사, 쌍계사가 지금처럼 천년고찰의 장엄함을 간직하고 있을까? 또 적장 이현상의 시신을 스님들의 독경 속에 예를 갖추어 제를 지내고 화장하였다. 이 외에도 빨치산 포로들의 포박을 풀어주고 토벌대와 함께 연극을 관람한 일, 빨치산 포로들을 토벌대로 나서게 한 일 등등. 그 시대 차일혁 총경은 '고뇌하는 지식인 지휘관'이었다.

'남부군 총사령관 이현상을 사살한 전투'는 6·25한국전쟁 후에 유일하게 태극무공훈장을 3개나 받은 전투였지만 정작 이현상을 사살한 부대장인 차일혁 총경은 훈장을 받지 못했다. 어쩌면 화엄사를 소각하지 않은 일이나 이현상을 화장할 때 예를 갖춘 일 때문인지 모른다.

차일혁 총경의 전쟁은 고독했다. 빨치산 토벌작전은 조선의용군 시절 오직 조국의 독립을 위해 생사를 함께했던 동지들을 상대로 전쟁을 벌여야 하는 것이기 때문이다. 두 개의 조국은 낯설었고 어제의 동지인 죽은 적장의 시신 앞에 예를 취할 수 있었던 것만이 그가 할 수 있었던 전부였을 것이다.

미에서 차일혁 경찰대장의 군인정신은 과소평가되었다고 볼 수 있다.

이와 같은 군인과 경찰관의 굳센 정신자세는 자유민주주의 대한민국을 지켜내는 데 정초(定礎)되는 역할을 해주었다.

VIII. 전쟁은 어떻게 종결되었나

정전협정은 1회의 예비회담을 비롯하여 159회의 본회담, 179회의 분과위원회 회담, 188회의 참모장교 회담, 238회의 연락장교 회담 등 총 765회의 회담을 갖고 휴전회담 개시 2년만인 1953년 7월 27일 정각 10시 제159차 본회담의 의제로 체결되었다.

한국정부는 1951년 3월 하순 유엔군이 중공군을 격퇴하고 38도선을 회복할 무렵 유엔군사령관 맥아더가 직접 공산군사령관 펑더화이(彭德懷)에게 종전협상을 제기할 때부터 줄곧 협상 반대 입장을 고수해왔다. 한국은 요구사항이 충족되지 못하면 정전협정에 동의하지 않겠다는 입장을 분명히 하고 있었다. 따라서 유엔군은 공산군과의 정전협상을 마무리 할 무렵 한국정부와의 관계는 도리어 악화되고 있었다.

이승만 대통령이 휴전에 반대한 근본적인 이유는 통일에 대한 강한

서울시민들이 덕수궁에서 정전회담 반대 시위를 하는 장면
(태극기 게양법이 잘못되어 있음)(1951.7.11)

열망이나 북한의 남침에 의한 막대한 피해 사실, 중공과 소련의 군사력
에 대한 두려움, 그리고 장차 다시 북한으로부터 침략을 받을 수도 있다
는 생각 등이었다.

한국정부의 공개적인 성명은 판문점 휴전협상의 진전 상황이 가시적
으로 나타나자 전보다 더욱 강도가 높아지기 시작했으며, 이에 따라 휴
전 반대 데모와 대중 집회가 전국적으로 확산되어 갔다.

실제 이승만 대통령은 기자회견에서 "휴전회담은 반대하며 국군 단독
으로라도 북진하겠다"고 결의를 나타내었으며, 국회도 이 대통령의 결의
를 지지하고 '휴전반대 및 북진통일 결의안'을 채택하였다. 이승만 대

통령은 아이젠하워 대통령에게 만일 유엔군사령부가 중공군이 압록강 이남에 잔류하는 것을 허용하는데 동의한다면, 한국군을 유엔군사령부에서 철수시킬 것이라고 통보하였고, 또 만일 싸워야 한다면 단독으로라도 싸울 것이라는 점을 강조하였다.

결국 이 문제를 해결하기 위해 유엔군사령관 클라크 장군이 서울의 이승만 대통령을 방문하였다. 이 회담에서 논의된 중요한 문제는 유엔군과 중공군의 동시 철군이었다. 이 대통령은 이 회의에서 한미상호방위조약 체결과 소련이 침략할 경우 미국의 원조 보장, 그리고 평화가 확보될 때까지 해군의 봉쇄와 공중방어의 계속 및 국군의 증강 등을 요구하였다. 또한 이승만 대통령은 "휴전을 반대하는 견해에는 변함이 없으며, 포로관리 차원에서 인도군이 한국 내에 입국한다면 내 명령으로 송환거부 포로들을 석방하겠다"는 결의를 표명하였다.

그러나 이 무렵 1953년 5월 미국은 휴전을 앞당기기 위해 서두르고 있었다. 클라크 장군은 이 대통령에게 적에게 제안할 송환거부 포로에 관한 유엔군의 최종안을 설명하였다. 그는 이 대통령에게 휴전협정에 협력할 경우 미국의 정치·경제·군사적 지원을 보장해 주겠다고 설득하고 나섰다. 그러나 이승만 대통령은 "나는 현 정세하에서는 아이젠하워 대통령에게 내가 협력하겠다는 보장을 할 수가 없다"고 반발하였다.

유엔군의 최종안은 한국정부와 국민들을 경악케 하였으며 심한 반발을 초래하였다. 우선 휴전회담 한국대표가 회담 참석을 거부하였다. 한국대표의 휴전회담 참석 거부는 한국정부의 공식적인 태도를 대변한 것으로 유엔군의 제시안을 인정하지 않는다는 한국정부의 강경한 태도를 드러낸 것이었다. 그러나 휴전으로 전쟁을 종결시키려는 미국의 확고한 입장을 한국정부가 번복시키기는 어려운 상황이었다.

한국과 미국정부와의 신경전은 계속되었다. 이승만 대통령이 성명을 발표한 날, 유엔군사령관은 미대통령의 상호방위조약 교섭 용의와 경제

학생들의 정전회담 반대 시위(1953.6.11. 부산)

지원을 약속하는 서한을 전달하였다. 이승만 대통령은 이미 미국을 압박할 몇 가지 조치를 준비하고 있었다. 즉 반공포로 석방을 은밀히 추진하고 있었으며, 남한 전역에 임시 비상경계령을 발하고 모든 미국 주재 한국관리들을 귀국조치시킴과 동시에 한국 측 휴전회담 대표들을 소환하여 휴전반대 입장을 확고히 하였다.

클라크 장군이 이승만 대통령을 설득하려고 하였지만, 그는 "한국정부는 현재의 휴전 조약을 결코 수락하지 않을 것이며, 비록 그것이 자살을 의미한다 할지라도 계속 싸울 것이고, 이후 적절하다고 생각하는 어떤 조치도 자유로이 취할 것이다"라고 강한 대응을 했다. 하지만 1953년 6월 8일 한국 국민의 기대에는 아랑곳없이 포로송환협정이 조인되고 말았다. 포로송환 협정의 조인은 사실상의 휴전성립을 예고하는 것이었으며, 국민들의 휴전 반대운동은 극에 달했다.

이에 이승만 대통령은 1953년 6월 18일 전국포로수용소에 수용된 반공포로 2만 7,000여 명을 미국과 사전협의 없이 전격적으로 석방하게 된다. 이승만 대통령의 이러한 조치는 휴전회담에서 한국대표가 불참한 가운데 한국정부의 의사와 관계없이 마무리단계에 접어들고 있는 회담에 대해 미국에게 항의와 경고도 했으나 받아들이지 않자 반공포로 석방이라는 극단적인 행동을 취하게 됐다.[5] 미국으로부터 전후 가시적인 안보보장책이 없이 진행되는 회담 결과를 놓고 이승만 대통령은 극단적인 처방으로 반공포로 석방을 단행한 것이었다.

이 대통령은 그 전에 국군 헌병총사령관 원용덕 장군에게 포로 석방에 대한 검토를 지시했는데, 이에 원장군은 6월 8일 이승만 대통령에게 제네바 협정 전문 가운데 "포로교환은 의무적이 아니다. 전쟁포로는 그들을 관리하는 국가의 주권에 속한다"는 규정에 착안하여, 설사 국군의 지휘권이 유엔군총사령관에게 이양되어 있다 하더라도 한국은 교전 당사국으로서 영토적인 주권을 행사할 수 있다고 보고하자, 즉석에서 이 대통령은 석방명령서를 하달했다.

이에 1953년 6월 18일 24:00시를 기해 부산, 광주, 논산, 마산, 영천, 부평, 대구 등 각 포로수용소에서 총 2만 7,389명의 반공포로가 석방되었다. 포로 석방은 수용된 반공포로 3만 5,698명 중 77.3%에 달하는 2만 7,389명을 대상으로 이루어졌다. 이는 유엔군의 반발을 유발했고, 공산군의 정치적 표적이 되었다. 미국은 사태 수습을 위해 1953년 6월 25일 대통령 특사인 로버트슨 국무차관보가 방한하여 한국정부와 협상 끝에 1953년 7월 12일 공동성명에서 한미상호방위조약 체결에 합의했다. 이 조약은 1954년 11월 17일 정식 발효되어 한미군사동맹의 법적 토대를

---

5) 미국이 한국을 유엔군의 협정당사자로 포함하지 않은 것은 정전협정의 틀 자체를 이승만 대통령이 반대하고 있기 때문에 그러한 조치를 한 것으로 온당하다고 볼 수는 없으나 군고위급 인사들을 포함하고 있었으므로 전혀 도외시하려고 했던 것이 아님을 간접적으로 알 수 있다.

한미상호방위조약에 서명하는 덜레스(John F. Dulles) 미국 국무부 장관과 변영태 한국 외무부 장관(출처: 조선일보)

한미상호방위조약(1953.10.1)

대한민국과 미합중국간의 상호방위조약
1953년 10월 1일 워싱톤에서 서명
1954년 11월 18일 발효

본 조약의 당사국은 모든 국민과 모든 정부와 평화적으로 생활하고자 하는 희망을 재확인하며 또한 태평양 지역에 있어서 평화기구를 공고히 할 것을 희망하고, 당사국 중 어느 일국에 태평양지역에 있어서 고립하여 있다는 환각을 어떠한 잠재적 침략자도 갖지 않도록 외부로부터의 무력 공격에 대하여 그들 자신을 방위하고자 하는 공통의 결의를 공공연히 또한 정식으로 선언할 것을 희망하고, 또한 태평양지역에 있어서 더욱 포괄적이고 효과적인 지역적 안전보장조직이 발달될 때까지 평화와 안전을 유지하고자 집단적 방위를 위한 노력을 공고히 할 것을 희망하여 다음과 같이 동의한다.

제1조 당사국은 관련될지도 모르는 어떠한 국제적 분쟁이라도 국제적 평화와 안전과 정의를 위태롭게 하지 않는 방법으로 평화적 수단에 의하여 해결하고 또한 국제관계에 있어서 국제연합의 목적이나 당사국의 국제연합에 대하여 부담한 의무에 배치되는 방법으로 무력의 위협이나 무력의 행사를 삼갈 것을 약속한다.

제2조 당사국 중 어느 일국의 정치적 독립 또는 안전이 외부로부터의 무력공격에 의하여 위협을 받고 있다고 어느 당사국이든지 안정할 때에는 언제든지 당사국은 서로 협의한다. 당사국은 단독적으로나 공동적으로나 자조와 상호원조에 의하여 무력공격을 방지하기 위한 적절한 수단을 지속하며 강화시킬 것이며, 본 조약을 실행하고 그 목적을 추진할 적절한 조치를 협의와 합의하에 취할 것이다.

제3조 각 당사국은 타 당사국에 행정 지배하에 있는 영토와 각 당사국이 타 당사국의 행정 지배하에 합법적으로 들어갔다고 인정하는 금후의 영토에 있어서 타 당사국에 대한 태평양 지역에 있어서의 무력공격을 자국의 평화와 안전을 위태롭게 하는 것이라고 인정하고 공통한 위험에 대처하기 위하여 각자의 헌법상의 수속에 따라 행동할 것을 선언한다.

제4조 상호적 합의에 의하여 미합중국의 육군, 해군과 공군을 대한민국의 영토 내와 그 부근에 배치하는 권리를 대한민국은 이를 허여하고 미합중국은 이를 수락한다.

제5조 본 조약은 대한민국과 미합중국에 의하여 각자의 헌법상의 수속에 따라 비준되어야 하며 그 비준서가 양국에 의하여 워싱턴에서 교환되었을 때에 효력을 발생한다.

제6조 본 조약은 무기한으로 유효하다. 어느 당사국이든지 타 당사국에 통고한 후 1년에 본 조약을 종지시킬 수 있다.

〈미합중국의 양해사항〉 어떤 체약국도 이 조약의 제3조 아래서는 다른 나라에 대한 외부로부터의 무력공격의 경우를 제외하고는 그를 원조할 의무를 지는 것이 아니다. 또 이 조약의 어떤 규정도 대한민국의 행정적 관리 아래 합법적으로 존치하기로 된 것과 합중국에 의해 결정된 영역에 대한 무력 공격의 경우를 제외하고는 합중국이 대한민국에 대하여 원조를 공여할 의무를 지우는 것으로 해석되어서는 안된다.

〈표 1〉 6·25한국전쟁 정전협정 조인 현황(1953.7.27)

	유엔군측		공산군측		
	회담수석대표	유엔군사령관	회담수석대표	북한군사령관	중국인민지원군
서명일시	10:12	13:00	10:12	22:00	7. 28, 09:30
서명장소	판문점	문산극장	판문점	평양	개성
서명자	해리슨 중장	클라크 대장	남일대장	김일성	펑더화이

이루게 되었다.

　그런데 정전협정에 한국대표가 빠지게 된 경위는 어떻게 된 것일까? 그 이유는 이승만 대통령의 뜻이었다. 이승만 대통령은 국군대표가 정전협정조인 참석 문제에 대해 육군참모총장 백선엽 대장과 얘기를 나누다 불참을 지시했다. 이후 미국을 중심으로 유엔군이 정전협정안을 주도하기에 이르렀다. 다만 정전협정체결시 유엔군사령관이 확인 서명할 때 최덕신 육군소장이 16개국 참전대표와 함께 배석했다. 이로써 3년 1개월 2일, 총1,129일 동안 지속된 6·25한국전쟁은 종결되었다(〈표 1〉 참조).

　이렇게 종결된 전쟁에 대해 그 서명을 누가 했는가, 특별히 한국 측이 빠졌다는 점에 많은 논란이 제기되고 있다.

　정전협정은 북한의 남침에 의해 6·25한국전쟁이 발발한 이후 계속되어 온 군사적 적대행위를 중지시키기 위해 체결되었다. 이 협정에는 유엔군 총사령관 클라크(Mark Clark), 북한군 최고사령관 김일성, 중공군 사령관 펑더화이(彭德懷)가 서명했다. 한국은 이승만 대통령이 정전에 반대했기 때문에 정전협정에 서명하지 않았다. 1974년 북한은 정전협정을 평화협정으로 바꾸자고 제안하면서, 한국이 정전협정에 서명하지 않았기 때문에 평화협정 역시 미국과 체결해야 한다고 주장하였다. 북한의 잘못된 주장은 '교전 당사국'과 정전협정의 '서명자'를 제대로 구분하지 못

KIM IL SUNG
Marshal, Democratic
People's Republic
of Korea
Supreme Commander,
Korean People's Army

PENG TEH-HUAI
Commander,
Chinese People's
Volunteers

MARK W. CLARK
General, United States
Army
Commander-in-Chief,
United Nations
Command

PRESENT

NAM IL
General, Korean People's Army
Senior Delegate,
Delegation of the Korean People's
Army and the Chinese People's
Volunteers

WILLIAM K. HARRISON, JR.
Lieutenant General, United States
Army
Senior Delegate,
United Nations Command Delegation

정전협정 서명

판문점에서 정전협정에 서명하고 있는 장면

한 데서 비롯되었다. 정전협정에 서명한 3인은 서로 싸운 국가들, 즉 교전당사국을 대표하여 정전협정에 서명한 것이다. 따라서 한국은 주요 교전국으로서 엄연히 정전협정의 당사국인 것이다.

1991년 3월 한국군 장성이 군사정전위원회 수석대표로 임명되고, 이듬해 4월과 12월에 북한과 중국이 군사정전위원회에서 철수하였다. 이로서 정전협정체제는 사실상 해체되었다. 이후 정전협정을 대체하기 위한 회의를 1997년 스위스 제네바에서 교전 당사국인 한국, 북한, 미국, 중국 대표들이 모여 4자회담을 열었으나 별 성과없이 끝이 났다.

이와 같이 정전협정과 관련해서 유의해야 할 용어가 있다. 즉, 우리가 흔히 정전협정과 대체해서 사용하고 있는 휴전협정이 그것이다. 이 말은 원래가 당시의 우리 국민들과 이승만 대통령이 통일을 염원하는 마음이 간절하여 전쟁을 끝내고자 하는 회담장조차도 가지 않으려고 했던 점 등을 고려해 볼 때, 우리측에서 비롯된 것으로 보여진다. 그러나 정전협정 (Armistice Treaty)은 말 그대로 전쟁을 끝내는 것을 전제한다. 북한은 계속해서 대결구도로 끌고 가면서, 미사일 실험이나 핵개발계획을 지속하고 있는데 그 자체가 정전협정을 위반하는 것일 뿐만 아니라 진정한 평화를 도모하지 못하는 원인이다. 따라서 앞으로 '휴전'이라는 용어는 사용하지 말아야 할 것이다. 이와 관련하여 '휴전선'이라는 말도 흔히 사용되는데, 이 말도 동 협정의 용어대로 '군사분계선(Military Demarcation Line)'이라고 하든지 아니면 보통 사람들이 이해하기 쉽게 '남북분계선'이라고 해도 좋을 듯하다. 이 군사분계선이 남북한 간의 군사경계를 표시하는 육지에서의 경계선임은 주지의 사실이듯이 해상에서 이를 연하는 선이 북방한계선(NLL: Northern Limited Line)인 것이다. 이 해역의 영토시비를 북한이 계속해서 제기한다면 우리도 당시 국군과 유엔군이 전선 조정차원에서 소홀히 했었던 황해도 평야지대를 38선 기준으로 우리 관할이라고 주장할 수 있는 문제이다.

1953년 7월 27일 이루어진 정전협정에서의 해상 북방한계선은 서해 백령도·대청도·소청도·연평도·우도의 5개 섬 북단과 북한 측에서 관할하는 옹진반도 사이의 중간선을 말하는데, 북위 37°35'과 38°03' 사이에 해당한다. 일각에서는 해양경계선을 별도로 설정하지 않았다고 하는데 정전협정 당시 군사적으로 장악하고 있던 영역이 모두 관할구역이 되

서해 북방한계선(NLL)과 북한 주장의 해상경계선

는 것이므로 구체적인 언급이 없다고 해도 문서상으로 모든 문제가 다 해결된 것이다. 동해에서도 마찬가지로 육상의 북방한계선을 연하는 선이 동해 북방한계선이 되는 것이다.

또한 1992년 발효된 〈남북사이의화해와불가침및교류협력에관한합의서〉 제11조의 "남과 북의 불가침 경계선과 구역은 1953년 7월 27일자 군사정전에 관한 협정에 규정된 군사분계선과 지금까지 쌍방이 관할해 온 구역으로 한다"는 점이 계속해서 유효하게 작용하고 있기 때문에 서해5도 및 일대 바다는 명백히 한국의 영해인 것이다.

이렇게 하여 종결된 6·25한국전쟁은 전쟁을 일으킨 북한뿐만 아니라 우리 한국에게도 많은 상처를 남겼다. 그리고 한국을 지원해 준 미군을 비롯한 유엔군과 북한을 지원해 준 중공군도 많은 피해를 입었다. 구체적으로 한국군 62만 명, 유엔군 16만 명, 북한군 93만 명, 중공군 100만 명, 민간인피해 250만 명, 이재민 370만 명, 전쟁미망인 30만 명, 전쟁고아 10만 명, 이산가족 1,000만 명 등 당시 남북한 인구 3,000만 명의 절반이 넘는 1,800여만 명이 직접 피해를 입었다.

한국군 및 유엔군 인명 피해

(단위: 명)

	계	전사	부상	실종/포로
	776,360	178,569	555,022	42,769
한국군	621,479	137,899	450,742	32,838
유엔군	154,881	40,670	104,280	9,931

남북한 민간인 인명 피해

(단위: 명)

총계	남한				북한
	소계	사망/학살	부상	납치/행불	
2,490,968	990,968	373,599	229,625	387,744	1,500,000

주: 피난민(320만 명), 전쟁미망인(30여만 명), 전쟁고아(10만여 명)

북한군 인명 피해

(단위: 명)

출처	총계	사망	실종/포로	비전투손실	비고
한국전란4년지	607,396	508,797	98,599	–	
군사정전위편람	640,000	520,000	120,000	–	
미군자료*	801,000	522,000	102,000	177,000	사망에 부상 포함

주: '*' 표시의 미군자료의 비전투손실을 제외하면 상기자료가 모두 60여만 명으로 확인

한국군 추정 중공군 인명 피해

(단위: 명)

	계	전투손실	비전투손실
총계	972,600	369,600	603,000
사망	148,600	135,600	13,000
부상	798,400	208,400	590,000
실종	3,900	3,900	−
포로	21,700	21,700	−

출처: 양영조·남정옥,『알아봅시다! 6·25전쟁사, 제3권: 고지쟁탈전과 휴전협정』, 국방부 군사
편찬연구소, 2005, p.144

■
■
■
더 읽을 거리

• 김학준. 『한국전쟁: 원인·과정·휴전·영향』. 박영사, 2003[1989].

이 책은 전쟁자체의 편년사를 다루기보다는 한반도 분단과정과 기원, 북한 내 정치파벌, 전쟁기간 중 남북한 각각의 동맹관계, 각종 휴전안과 정전협정체결과정 등에 관한 주제별 탐색을 하고 있다.

• 김행복 외. 『(6·25전쟁사1) 전쟁의 배경과 원인』. 국방부 군사편찬연구소, 2004.

이 책은 국방부가 공식적으로 발행하는 6·25전쟁사 중의 일부이다. 특히 그 전쟁의 배경과 원인에 대해 정론을 잘 소개하고 있다. 군사관련자료에 대해서는 명확한 자료를 제공해 주고 있다. 제주4·3사건과 관련해서는 별책의 수정문을 발행한 바 있다.

• 박명림. 『한국 1950: 전쟁과 평화』. 나남, 2002.

이 책은 6·25에서 1·4후퇴까지 한국에서 전개된 격변적 사태에 대한 정치학적이고 사회학적인 분석을 담고 있다. 저자는 한국전쟁을 "살림과 소망의 역사가 아니라 죽임과 절망이 역사"라고 진단한다. 저자의 다른 저서 『한국전쟁의 발발과 기원 1·2』는 현대 한국연구를 위한 정치사회학적 관점형성을 하는 데 균형있는 시각을 제공하고 있다.

• 박태균. 『한국전쟁』. 책과함께, 2007[2005].

이 책은 "끝나지 않은 전쟁, 끝나야 할 전쟁"이라는 부제가 시사하는 바와 같이 전쟁사적 입장에서 한국전쟁을 잘 다루고 있다. 중간중간 제시된 관련사진은 전쟁의 적나라한 모습을 떠올리게 하는 좋은 자료가 된다.

• 유영익. 『젊은 날의 이승만』. 연세대학교 출판부, 2002.

이 책은 그동안 대한민국 초대 이승만 대통령에 대한 사료적 근거에 입각한 최초의 연구서라고 할 수 있다. 말년의 독재 정치인으로서가 아니라 다양하면서도 진솔한 인간 이승만에 대해 살피고 있다.

• 유영익·이채진 편. 『한국과 6·25전쟁』. 연세대학교 출판부, 2003[2002].

이 책은 한국전쟁관련 국제학술세미나에서 발표된 논문들을 중심으로 구성되었다. 전쟁과 관련한 다양한 주제, 즉 전쟁과 정치, 전쟁과 재벌형성, 전쟁과 사회사, 전쟁과 종교 등을 다루고 있다.

• 전상인 외. 『한국현대사: 진실과 해석』. 나남, 2005.

이 책은 두 부분으로 구성되는데 전반부는 광복에서부터 한국전쟁에 이르는 시기의 몇 가지 역사적 사건들과 시대적 상황에 대해 살피며, 후반부는 한국현대사를 광복과 전쟁시기에 집중하기보다는 대한민국사 60년을 보다 통시적으로 정치, 경제, 군사 및 종교적 측면에서 주제별 개괄을 하고 있다.

• 한용원. 『남북한의 창군: 미·소의 역할을 중심으로』. 오름, 2008.

군사사적 관점에서 남북한의 창군과정에 대해 주로 다루고 있다. 추가적으로 남북한의 정통성 문제, 남북한의 민군관계, 동맹관계 등에 대해서도 다루고 있다.

제3장

산업화시대

이완범 │ 한국학중앙연구원 교수

1. 들어가는 말

　박정희의 '기적'을 어떻게 볼 것인가? 최근 박정희 신드롬(syndrome)이라는 신조어가 생길 정도로 박정희 평가 문제는 사회적 이슈로 등장했으므로 이는 매우 중요한 과제들 중의 하나이다. 조지 슐츠 전 미 국무장관은 1992년 서울평화상 수상연설에서 한국의 기적을 안보의 기적, 경제발전의 기적, 민주화의 기적 등 3대 기적으로 분간해서 정리했다. 이 중 민주화 기적은 박정희 정부의 산업화 시대에는 그 씨가 뿌려졌을 뿐 달성되지 않았으므로 논외로 하고 우리는 박정희시대의 기적 중 경제발전의 기적만을 주로 부각하는 경향이 있다. 그러나 안보기적도 매우 중요하다고 할 것이다.

　박정희시대의 수출주도형 경제성장이 박정희 것인지에 대해서 논란의 여지가 있으므로 '한강의 기적(한국형 고도성장)'을 '박정희의 기적'으로 표현하기가 어렵다는 견해도 있다(보다 근본적으로는 '기적적 성장[혹은 발전]' 이라면 몰라도 기적이라고 단정할 수 없다는 견해까지 있다). 한국의 수출주도형 경제성장 창안자가 누군지에 대해서 로스토우(Walt Whitman Rostow)로부터 박정희 휘하의 관료, 기업가, 심지어는 일본의 國師 야스오카 마사히로(安岡正篤; 1961년 11월 박정희가 일본방문 시 자문을 받음) 등 여러 견해가 있다. 그렇지만 백낙청 교수는 수출주도형 경제성장을 실제 집행하면서 정치적 탄압과 사회적 획일화라는 부정적인 여러 전략들까지도 배합했던 주역은 바로 박정희라고 평가했다.

그런데 '박정희 향수' 는 박정희의 독재를 그리워하는 것은 아닐 것이며 경제발전을 추진했던 강력한 리더십에 감정적으로 영합내지는 동감하는 것이다. 백낙청 교수는 제2의 박정희가 해결책이 되지 못하는 이유로 오늘은 박정희시대와 너무 달라졌으며 오늘의 우리를 옥죄는 정치-경제-사회적 문제들의 상당수가 바로 박정희시대의 유산이라는 것을 들고 있다. 김기원 교수는 박정희 체제가 압축적 고도성장을 달성하기는 했지만 민주주의를 짓밟고 국민대중을 소외시킴으로써 결국 파멸하게 된 소위 '지속불가능한 개발' 체제였던 셈이라고 평가했다. 박정희 평가의 긍정적 입장에 대해 이병천 교수는 돌진주의의 위험성을 망각하는 '무반성적 승리주의' 와 '박정희 우상화 담론' 으로 규정하며 그를 부정하는 입장을 박정희시대의 성취를 외면하는 '근본주의적 초비판' 론자라고 규정하고 있다.

박정희식 산업화(다소 비판적인 인식을 가진 사람들에 의해 개발독재와 등식화됨)에 대한 입장은 ①영구적 긍정론, ②산업화 초기인 당시에는 불가피했으나 경제위기 상황에 적용할 때는 부정적이라는 견해, ③영구적 부정론으로 나누어서 평가할 수 있다. 박정희에 대한 평가 부분에서 첨예한 입장 차이와 양극화를 보이므로 냉정한 학술적 연구를 통한 역사적 재평가가 필요하다.

II. 독재와 산업화의 관계: 누구 때문에 산업화가 성공했으며 위기가 왔는가?

1990년대 말에 들이닥친 한국경제 위기는 박정희 대통령의 개발독재 시스템이 낳은 구조적 결과라는 주장이 제기되기도 했으므로 우리는 박정희시대의 '경제기적'을 어떻게 평가할 수 있을지 혼돈에 차있다.

수출주도형 경제성장이 어느 정도 성공을 거두었지만 이러한 발전 모델이 초래한 내수 부진과 인플레이션, 소득 격차, 정경유착, 관치금융, 재벌체제, 지역불균형 등 부작용은 지금도 계속되고 있다. 개발국가의 부작용인 관치금융과 재벌체제(금융과 기업의 부실)가 엄존한 상황에서 보호무역을 견제하려는 선진국의 압력으로 1980년대 중반이후 자유화와 개방이 달성되었지만, 단기자본시장의 개방으로 1997년 위기가 도래했다 (그렇지만 부작용은 부작용일 뿐이다. 주된 효능인 경제성장은 역시 긍정적으로 평가되어야 한다. 만약 부작용이 효능을 압도하여 치명적인 손상을 입힌 경우가 아니라면 효능에 대해 우선적으로 평가해야 한다. 부작용이 없었던 처방을 내리는 것이 최선이었겠지만 그렇게 쉬운 일은 아니었다. 최선의 방법을 찾아 고민하다가 장면 정부처럼 기회를 놓쳤다면 부작용 있는 처방마저 실현시키지 못하고 주저앉았을 것이다. 어디에나 빛이 있으면 그늘이 있는 법이다. 따라서 공과를 함께 평가하면서 공이 큰지 아닌지를 평가의 최종 답으로 간주할 수 있을 것이다. 그렇지만 수출위주의 발전전략에 한계가 있는 것도 사실이다. 따라서 지금은 내수 진작에 관심을 돌려야할 시점이다).

또한 박정희가 노동자의 희생을 대가로 일부 소수의 자본가만을 위해 경제개발을 했으며 게다가 독재로 인해 민주주의를 훼손하고 헌정을 유린했기에 그의 '기적'을 평가절하해야 한다는 의견도 있다.

부정적 견해에 대해 비판적인 김일영 교수는 산업화 초기단계에서 산업화와 민주화를 성공적으로 병행시킨 나라는 없다고 주장한다. 산업화-민주화 병행발전 성공 모델로 간주되는 영국도 산업화 후 민주화를 달성한 케이스라는 것이다. 또한 산업화 초기단계에서 민주주의를 선택하여 성공적으로 발전을 이룬 선례는 없었다고 평가한다. 자본주의적 경제발전과 권위주의적 발전 국가 사이에 '선택적 친화성'이 있음을 역사적으로 증명할 수 있다는 것이다. 박 대통령은 민주주의와 경제발전이라는 두 가지 선택 중 경제발전을 택했는데 '빵' 없는 민주주의는 지탱되기 어렵기 때문이었다고 한다. 당시로서는 바람직한 최선책이었다고 평가된다. 따라서 산업화가 성숙된 현 시점에서나 적용 가능한 병행발전론으로 박정희 정권을 단죄하는 것은 비현실적이라는 주장이다. 독재와 인권 탄압이라는 부작용을 도외시할 수는 없지만 산업화 초기의 불가피한 손실이었다는 것이다.

이러한 부작용은 주로 산업화 때문이겠지만 박정희에게도 책임이 있다는 것을 배제하지는 않는다. 다만 당시 산업화는 '피할 수 없는 운명' 같은 것이었으므로 그 시대의 모든 문제를 박정희 개인에게 귀속시키는 것은 오류라고 주장한다.

또한 이영훈 교수는 노동자, 농민, 중소기업이 희생했다기보다는 그 당시 상황에 맞는 정당한 대우를 받았다고 주장했으며(이를 조희연 교수는 식민지근대화론의 수탈부재론과 연결시켜 독재시기의 수탈부재론이라고 평가했다), 임지현 교수는 독재시대에 민중이 독재체제의 강압에 의해 탄압받기만 한 것이 아니라 자발적으로 동의했기 때문에 독재의 대중적 기반이 있다는 대중독재론을 주창했다. 한편 박정희의 둘째 딸 박서령은 "2차대전 이후 210개국 나라 중에서 경제성장률 1위를 차지한 것은 우연이 아니라 자나 깨나 국가발전과 조국 근대화만 생각하셨던 아버지의 신념과 집념의 결과물이라고 생각합니다. 또한 국민이 아버지의 이런 모습과 애국심을 의심하지 않고 국민적 화합에 협조와 협력을 아끼지 않았기 때문에 가능했다고 생각해요"라고 평가했다.

그리고 역설적이지만 박정희의 산업화-경제발전은 오늘날 한국 다원주의의 근간이 되는 중산층 확대를 가져옴으로써 민주발전에 간접적으로 기여했다. 박정희는 경제발전이 국가안보와 통일에 기초가 되는 것은 물론 민주주의의 초석이 된다고 평가했다는 것이다. 물론 박정희가 민주화에 기여한 것이 의도된 결과는 아니었으며 부작용에 불과하다. 민주화운동의 공로를 민주화를 탄압한 박정희에게 돌리는 이러한 주장에 대해 궤변이라는 평가도 있다. 하기야 정치적으로는 독재를 행했던 박정희에게 여론조사 면에서 정치발전 분야의 선두를 내줘야 할 상황이니 다른 대통령들에 대한 국민들의 평가가 대단히 싸늘하다고 할 것이다.

박정희는 허울 좋은 민주주의를 택해서 배를 곯을 것이냐 아니면 강력한 리더십하에서 효율적 경제성장을 할 것이냐를 강요했다. 즉 민주화와 경제성장 중에서 하나를 택할 것을 강요했다는 것이다. 그런데 1987년 이후의 민주화와 경제성장의 동시 달성은 박정희가 우리에게 강요했던 민주화와 경제발전은 양립할 수 없다는 논리를 거짓신화로 만들어놓은 사례라는 주장이 있다(그런데 박정희시대에는 불가능하게 보였던 1987년 이후의 동시 달성은 경제성장이 어느 정도 이룩된 상태에서의 동시 발전이었지 아무 것도 없는 상태에서의 성과는 아니었다. 따라서 보다 장기적으로 보면 '선성장 후민주화' 과정의 마지막 국면이었다. 경제성장-민주화의 병행발전은 박정희시대의 축적이 없었으면 불가능했을 가능성이 높으므로 병행발전도 박정희식 모델의 귀착이었다고 볼 수 있다. 1990년대 이후 한국이 이룩한 경제성장의 상당부분은 민주화의 경제적 성과[1987년 6월항쟁에 뒤이은 7-8-9월 노동자 대투쟁 등으로 인한 노동자의 분배 요구]로 노동자 가정의 구매력이 급상승한 덕이었다. 따라서 노동계급의 성장이 경제성장에 저해되기보다는 경제규모를 키워 성장을 추동했다고 할 수 있다).

또한 조석곤 교수는 스페인, 프랑스 등이 권위주의 국가 시절 산업화가 달성되지 못했으므로 독재와 개발의 인과관계는 성립할 수 없다고 주장한다. 개발과 독재는 무관하며 박정희시대의 개발은 권위주의와 공생

했을 뿐이고 오히려 독재는 성장잠재력을 잠식했다고 보아야 한다고 역
설한다(그런데 독재와 개발을 연결시키는 논자가 인과관계를 말한 적은 없으며
대신 선택적 친화성을 언급했을 뿐이다. 왜냐하면 많은 독재 국가 중 개발을
달성한 경우는 그렇지 않은 경우보다 훨씬 적기 때문이다. 이는 역사적으로 저
개발국가로 개발에 성공한 케이스가 실패한 경우보다 압도적으로 적기 때문이
다. 성공한 경우 중 민주주의하에서의 성장보다 권위주의하에서 성장한 예 [한
국, 대만, 싱가포르 등]가 더 두드러지므로 보다 더 일반적이라고 할 것이다).
개발도상국가인 파키스탄과 미얀마 등은 권위주의가 발전을 막은 경우
라 하겠다.

   이정우 교수는 민주주의와 독재 중 어느 쪽도 경제성장에 유리하다는
증거가 없으므로 '저발전 국가라도 민주주의하의 경제성장을 기해야 한
다' 는 당위론을 개진하면서 경제성장을 위해 독재가 불가피했다는 주장
은 궤변이라고 평가한다. 이런 맥락에서 보면 정치와 경제는 별개의 독
립된 영역이다. '독재했기 때문에 개발에 성공한다' 는 인과관계가 성립
할 수 없는 것과 같이 '민주주의 했기 때문에 개발에 성공한다' 는 인과
관계도 역시 성립하지 않는다. 그렇지만 저개발국가의 경우 독재하의 개
발 가능성이 민주주의하의 개발가능성보다 높은 것은 사실이다. 따라서
필자는 독재하의 개발이 인과관계는 아니지만 상관관계가 없지는 않다
는 입장을 개진하고자 한다. 물론 독재하의 저발전의 경우가 독재하의
발전보다 더 많으므로 독재하의 발전은 하나의 예외적 케이스이라고 할
수 있다. 그렇지만 민주주의하의 발전이라는 케이스가 영국은 물론 개발
도상국가에서 거의 없으며 아시아의 4룡(싱가포르, 홍콩, 대만, 한국) 등에
서 드러난 독재하의 발전 케이스가 민주주의하의 발전 케이스보다 조금
더 많으므로 상관관계의 여지가 있는 것으로 볼 수 있다고 주장하는 것
을 어떨까 한다.

   세계 93개국의 경제발전을 분석한 마쉬(Robert M. Marsh)는 가난한 나

라의 권위주의 정부는 경제성장을 높일 수 있었지만 민주주의는 경제성장을 낮추는 경향이 있었다면서 후발 개발국의 민주주의가 경제발전을 저해한다고 주장했다. 인도를 분석한 토마스(Raju G. C. Thomas)는 "투표권이 식량, 주택 등 국민생활에 필수적인 요소를 보장하는 것이 아니라면서 가난한 자들에게 빈곤으로부터의 해방은 정치적 자유보다 중요하다"고 주장했다. 서구의 대다수 발전론자들이 경제발전에서 권위주의 정부의 불가피성을 인정한다는 것이다.

많은 신생국가들이 형식적으로는 민주국가로 출발했지만 머지않아 일당독재 또는 군사통치로 바뀌었는데 1980년대 중반까지 민주주의의 실패는 개도국들에게는 더 일반적인 경우였다. 1970년대의 경우 조사대상 93개국 중 37개만이 민주국가였으며 55개국은 민주주의가 실패했다고 평가되었다. 또한 한 나라의 경제사회적 수준이 높을수록 민주주의가 뿌리내릴 가능성이 높다. 한편 신생국 정부가 국가를 건설하기 위해 필요한 것은 권력 분산이 아니라 강력한 정부로의 권력 집중을 통한 효율적 자원 동원과 에너지 투입이라는 것이다.

이병천 교수는 1970년대에는 개발독재에 대항하는 평화-민주주의-대중경제의 대안(예를 들면, 1971년 4월 대통령선거에서 김대중의 공약)이 존재했지만 박정희 장기집권 욕망이 이러한 가능성을 차단했다고 주장한다. 박정희시대 말기의 점증하는 저항과 갈등은 끊임없이 이어졌고 미국과의 마찰도 날로 심해졌으므로, 유신시대에는 오히려 그의 성과를 무색하게 만들었다고 할 수 있다.

백낙청 교수는 김대중이 박정희 못지않게 실용적이고 신축자재(伸縮自在)한 정치인이었으므로 그가 집권했다면 나름대로의 수출주도 성장정책을 구현했을 개연성이 높다고 평가한다. 만약 박정희가 1980년대에도 계속 집권하였다면 민주주의가 성취되지 않은 정도가 아니라 발전자체도 훨씬 덜 지속가능했을 것이라는 주장이 있다. 민주개혁 없는 경제개발의 추구는 '현실사회주의' 나라들에서처럼 결국 경제의 장기적 침체와 쇠퇴를 낳거나 이란의 이슬람 혁명처럼 원리주의적 신정(神政)체제로 귀결했을 것이라고 백낙청 교수는 진단한다. 따라서 박정희를 '지속불가능한 발전의 유공자'였다고 규정한다. 그렇지만 같은 권위주의체제에 있었다고 해도 경제성장을 이루지 못한 독재자가 더 많으며 우리나라와 같은 극적인 성장을 이룩한 일은 더욱이나 드물다는 점에서 평가해야 한다는 주장을 백 교수가 덧붙이기는 한다.

안병직 교수는 진보좌파의 내재적 발전론과 보수우파의 외재적 발전론을 대비시켰다. 1960년대 이후 저개발국가의 근대화는 자생적으로 이뤄진 게 아니라 선진국을 '캐치업(catching-up)'하는 과정에서 '국제협력'을 통해 이뤄졌다고 주장했다. 그는 근대화 모델을 세계경제사 흐름과 연관지어, 자본주의 생성기의 16세기형(영국, 네덜란드 등 대서양 국가; 내재적 발전), 19세기형(독일, 이탈리아, 일본, 러시아; 복합적 발전), 20세기형(한국, 중국, 인도; 외재적 발전)으로 각각 구분했다. 영국, 네덜란드 등은 자국의 기술과 제도의 발전 수준이 높은 상황에서 전례가 없던 자본주의를 성립시켰기 때문에 순수하게 자생적으로 '근대화'를 이룩했고, 이를 통해 자유민주주의와 시장경제체제의 허리인 '중산층'이 성장함으로써 산업혁명과 시민혁명이 거의 동시에 진행될 수 있었다며 지금 내재적 발전론을 믿는 대부분의 사람들은 선진국의 학문을 공부했기 때문에 그 시각에 기초해서 우리 역사를 보고 있다는 것이다. 그러나 독일이나 이탈리아, 일본, 러시아 등에서는 자생적 발전과 동시에 국제협력을 통해 발전하는 '복선적 발전'을 했다. 중산층 성장이 약했기 때문에 시민혁명은 없었던 19세기형 근대화 모델이다.

안 교수는 한국의 근대화는 '글로벌리즘의 결과'로 20세기형 모델이라는 것이다. 선발국의 기술과 제도가 충분히 축적돼 후발국으로 흐를 수밖에 없는 상황에서 국제협력에 따라 선발국의 성장잠재력이 후발국으로 이동하고, 후발국은 이를 충분히 흡수할 수 있는 '사회적 능력'이 있을 때 '캐치업(catching-up)'이 가능했다는 것이다. 자본주의가 널리 퍼진 상황에서 대부분의 저개발국은 자본주의를 발현할 산업기반도 취약했고, 자유민주주의를 지탱하는 중산층도 약해 정치적으로는 권위주의가 나타났다. 안 교수는 또 내재적 발전을 한 국가들은 평균 1.5%의 낮은 성장률을 보였는데 '해가 지지 않는 제국' 영국도 실질적인 연평균 성장률은 0.9%에 불과했다는 것이다. 그러나 한국이나 중국, 인도 등은 선진적 기술과 제도들을 흡수함으로써 6~10% 내외의 고도의 경제성장률을 보였다며 한국의 내재적 성장 가능성은 거의 없었다고 주장했다. 중국의 경우 모택동은 문화혁명을 통해 대약진을 시도했으나 3,000만 인민들을 굶어 죽이는 비참한 결과를 초래했다. 그러나 등소평의 개혁개방은 모택동의 정치적 혁명에 근대문명을 결합시켜 폭발적인 성장을 가져왔다. 이와 같이 '캐치업(catching-up)' 모델이 한국 근현대사를 정당하게 평가하는 시각이라는 것이다.

III. 박정희 '경제기적'을 보는 시각

1. 박정희가 남긴 것: 유신말기의 경제위기

이렇게 우리 산업화가 어느 정도 기반을 잡았던 시기 이후에는 민주주의와 경제발전을 병행 추진하는 것이 전혀 불가능했던 것은 아니었다. 유신 이후에는 자유시장경제에 바탕을 둔 민주주의가 한국의 경제발전을 추동했을 것이라고 가정할 수도 있다(물론 반대로 1970년대 중화학공업화 과정에서 리더십이 중요했으며 1978년에도 1인당 국민소득은 1,431달러에 불과한 중진국이었으므로 아직 개발독재가 필요했다는 주장도 가능하다).

또한 당시 남아메리카 등의 개발도상국과 성장률을 비교할 때 박정희 시대의 성장률이 그렇게 독보적인 것은 아니며(그렇지만 1965~1995년 30 년간 GNP 100배로 성장했으며 유럽이 200~300년간 달성한 공업화를 달성한 국가가 지구상 어디에도 없다. 남미 일부국가[예를 들면, 아르헨티나와 브라질 등]가 특정시기에 앞섰지만 한국만큼 지속적으로 성장하지는 못했다. 물론 우리 의 1960년대 이후 성장이 모두 박정희시대에 된 것은 아니며, 전두환, 노태우, 김영삼, 김대중 시대에 이룩한 성과와도 연결된다. 그렇지만 박정희 정부에서 산업화 틀을 마련했다는 평가에 대다수 학자들이 공감한다), 1979년 10월 26 일 박정희가 죽었을 때 나라는 빚더미에 앉아 있었고 경제는 파탄지경에 있었다는 평가도 있다.

박정희 정부 경제개발계획의 목표는 비교적 달성되었다고 보이지만 숨겨진 누적 적폐로 경제성장률이 1969년 13.8%에서 1970년 7.6%, 1971년 8.8%, 1972년 5.7%로 급락하는 가운데 첫 번째 위기를 맞았으 며 이를 국내 부실기업 정리와 1972년 국내 기업들의 사채 부담을 덜어 준 8·3조치로 겨우 벗어났다가 1970년대 중화학공업화의 적폐는 1979 년 초 안정화정책 도입과 제2차 오일쇼크로 인한 세계경제 침체 속에 경제적 위기로 발전했다.

따라서 박정희 정부의 결과는 당시로서는 초라했으며 심지어는 언제 망할지 모르는 불안한 상황이었다고 회고하는 사람들도 있다. 박정희 시 기의 수출드라이브는 한 번도 무역흑자를 기록하지 못했다.

오히려 박정희시대 경제적 유산을 물려받아 마이너스 성장률 기록에 서 1980년대를 시작한 정부는 1980년대 평균 경제성장률 10.5%를 기록 해 적어도 통계상으로는 세계최고의 성장률을 기록했다. 전두환 정부 후 기와 노태우 정부 초기 몇 년간(1986년[무역수지 42.0억 달러, 경상수지

46.1억 달러)과 1987년[무역수지 76.5억 달러, 경상수지 98.5억 달러], 1988년 [무역수지 114.4억 달러, 경상수지 141.6억 달러], 1989년[무역수지 45.9억 달러, 경상수지 50.5억 달러]) 흑자가 난 것 등(이후 적자가 나다가 1993년 무역수지 18.6억 달러 흑자, 경상수지 3.8억 달러 흑자, IMF체제하였던 1998년 이후부터 흑자)이 고작이었으므로 오히려 전두환의 과단성 있는 구조조정 노력과 경제적 역할을 평가해야 한다는 견해도 있다(노무현 정부 초인 2003년 하반기의 시점에서도 기업가들은 '박정희 시대의 리더십이 필요하다'고 주장했지만 이는 '좋았던 옛날'을 추억하는 자본가·보수주의자들의 비현실적인 몽상일 가능성이 있다. 만약 오늘 날까지도 개발독재를 지속시켰다면 노동자의 임금은 통제되었을지라도 자유로운 기업 활동도 많은 제약을 받았을 것이며 지금의 1류기업 탄생이 불가능했을 가능성도 있다. 따라서 초기 경제발전은 개발독재의 덕이었을 수도 있으며 개발로 인해 경제적 토대를 마련했으므로 그에 토대하여 민주화가 가능했던 측면도 있었지만 정보화 시대 이후 경제발전의 심화는 시장의 자유를 확대할 수 있는 기반을 제공한 민주화에서 그 功의 일부를 돌릴 수 있을 것이다).

2. 박정희 '경제기적'을 보는 복합적이고 유동적 시각: 결정론적이며 고정적인 시각을 넘어서

그런데 1980년대의 경이적 성장에 대해 전두환·노태우 당시 대통령들에게 그 공(功)을 돌리는 견해는 매우 소수이다. 1960~70년대의 성장은 박정희의 공으로 치부하는 견해가 지배적이면서도 왜 그 이후 성장에 대해서는, 지도자에 대한 평가가 인색한 것일까?

왜냐하면 그 이후 성장은 더 복합적이 되어서 어느 것이 결정했다고 보기 어렵기 때문이다. 노동자 농민의 피땀-눈물, 정부(관료)의 효과적인 개방정책, 국제체제적 호조건 등이 복합적으로 작용한 결과였던 것이다.

그렇다면 그 이전의 경제성장은 복합적인 결과로 볼 수 없는가? 박정희의 역할이 상대적으로 그 비중이 컸거나 아니면 박정희의 공을 과장했기 때문에 한강의 기적을 박정희가 한 것으로 치부하지만, 1960년대와 1970년대의 성장도 역시 복합적 결과였던 것은 틀림없다. 다만 당시 국부의 크기가 작아 상대적으로 단순하게 보이기는 했지만 말이다.

 '한강의 기적'은 노동자의 피땀-눈물의 대가에 기반하여 박정희 정부 정책이 주효한 결과이지만 다른 요인(미국의 지원과 중동특수, 대일청구권, 월남전 등 국제적 조건)도 복합적으로 작용했다고 할 수 있다. 지도자가 국민의 역량을 동원하여 당시의 시대적 요구에 부합하는 성공을 거둔 것이므로 크게는 지도자와 국민 양자가 복합적-유기적으로 상호작용한 결과이며 여기에다가 국제적 환경도 작용한 것이다. 지도자(대통령과 행정부, 참모로서의 관료), 국민(시장[크게는 기업과 노동자, 농민]), 국제적 환경 3자(이외에 다른 변수도 충분히 가능하다)의 관계를 복합적으로 보아야 진실에 보다 다가갈 수 있는 평가를 내릴 수 있다. 그런데 3자 각각 같은 비중으로 작용한 것은 아니므로 가중치를 둘 수 있다. 크게 보면 엘리트의 역할을 강조하는 시각과 민중들의 역할을 강조하는 사관으로 나누어 볼 수 있다(외세의 역할을 강조하는 제3의 시각도 있지만 그렇게 주류적인 패러다임은 아니다).

 시장의 구성요소 중에도 기업가(directing labor)가 일반노동자(directed labor)보다 더 큰 비중을 차지한다는 견해와, 노동자-농민의 피땀-눈물이 기반이며 없어서는 안 되는 선행 조건이라는 견해가 대립되는 것이다. 후자는 국민들의 투쟁과 헌신-희생(그리고 우리 민족의 높은 문화적-지적 역량과 교육열)이 박정희라는 리더십보다 중요하다고 주장한다. 심지어는 노동자-농민이 그들의 몫에 비해 착취당했으며 지배계급의 배를 불리었다고 평가하기도 한다. 실제로 노동부분의 과잉 활성화와 정치화를 차단하기 위한 법제적 기반을 국가가 마련해 노동운동을 억압했고 노동자를 정치적 참여로부터 격리시켜 노동참여 없는 산업평화 속에서 사용자에게 과실이 더 많이 돌아가는 시스템을 활성화시켰다. 그런데 현실세계에서는 엘리트와 기층민중 양자가 서로 불가분리의 관계에 있다고 보아야 할 것이다. 경제는 구조적인 것이므로 일개 개인(지도자)이 갑자기(예를 들면, 5개년계획 내에) 변화시킬 수 있다고 보는 것은 복잡다난한 구조를 간과한 단순론이다. 경제사는 갑자기 전환되기보다는 밑(구조)에 기반하여 서서히 연속적으로 변화하는 것이다.

또한 시기에 따라 시대적 요구가 달라져 이 3자의 유기적 관계에도 각각의 비중이 달라지므로 유동적으로 고찰해야 한다. 현재의 입장과 가치관으로 과거 역사를 재단하는 것은 비역사적이다. 따라서 과거 역사를 현재적 시각만 중시하여 결정론적으로 평가할 것이 아니라 당시 상황과 당시의 시대정신-조류에 의거하여 유동적-가변적으로 평가해야 할 것이다. 우리 산업화 초기 단계에는 지도자의 역할이 큰 비중을 차지했으나, 그 이후에는 자유시장의 역할이 더 큰 비중을 차지했으므로 어떤 요인이 모든 것을 통시적으로 결정한다고 보는 것은 일원론적-단선론적이며 역사성이 결여된(역사적 상황을 무시한) 결정론이라고 할 것이다.

어느 하나의 요인이 전체를 결정했다는 결정론과 과장에서 벗어나 모든 요인은 일부를 구성할 뿐이라는 시각을 가질 필요가 있다. 예를 들어, 일본사람들은 "한국이 발전한 것은 일본 때문"이라고 말하기도 한다. 박정희 초기 일본 자금이 경제성장의 종자돈 역할을 하였고 수탈을 위한 일본의 기반시설 확충이 해방 후 발전의 인프라로서 기능하였으며 일본 모델이 하나의 발전모델로 간주되기는 했지만 그렇다고 일본 때문에 발전한 것(인과관계의 논리)은 아니다. 일본이라는 요인은 하나의 배경에 불과했다. 또한 식민지 시대 자본주의적 근대화가 있었다고 해도 이에 기여한 한국인 매판 자본가와 수탈당했던 노동자들의 노력도 간과되어서는 안 된다.

한편 장하준 교수는 "정치적-문화적으로 온갖 굴욕을 당해가면서 35 년간 일본의 식민지 결과 1인당 소득은 식민지가 되었을 때보다 낮아졌고, 그나마 그 소득도 지극히 불평등하게 분배되었으며, 대부분의 국민 (78%)은 문맹으로 남아있었다"고 주장하면서 일제 지배가 긍정적일 수 없다고 주장했다. 따라서 일본 식민정책은 한국의 경제적 근대화를 저지시킨 것이라는 주장도 가능하다.

과연 수출지향의 정부주도 산업화 과업을 당시 최고 실력자였던 박정희가 주도했는지 아니면 박정희의 의지와는 상관없이 국제적 요인에 의해 조성된 역사적 대세 내지는 필연이었는지에 관한 논쟁이 있을 수 있다(당시 국내외적으로 이미 갖추어져 있던 경제발전조건[미국의 아시아 정책 변화, 기존의 경제개발계획안, 양질의 노동력, 농지개혁의 성과 등]에 박정희가 편승했다는 소위 '편승[free ride]론'이 있다. 다른 한편에서는 장면이 계속 집권했다면 조금 시간은 걸렸겠지만 보다 민주적으로 성취되었을 것이라는 편승론도 있다. 한편 김대환 교수는 경제개발의 과실을 박정희의 능력으로 돌리는 것은 유치한 견해에 속한다고 주장했다. 박정희의 경제개발을 제대로 이해하기 위해서는 대내적인 요인만이 아니라 대외적인 요인에도 눈을 돌려야 할 것이라는 주장이다. 당시 국제분업체계의 변화, 시설재 생산 및 국제유동성의 상대적 과잉 그리고 '수정계획'에서부터 한국의 경제개발계획의 수립에 미친 외부[특히 미국, IMF 및 IBRD]의 영향 등이 종합적으로 고려되어야 할 것이라고 주장했다. 편승론의 입장에서 보면 박정희가 아닌 다른 사람이 집권했더라도 외부적인 여건상 그 정도의 성과는 이루었을 것이며 그것도 민주적인 방식으로 성취했을 것이라고 주장한다).

보다 구체적으로 수입대체에서 수출지향이라는 정책적 변화가, ①민족주의적 수입대체전략에 반대하는 미국의 외압에 의한 것인지, ②기업가의 압력에 의한 필연적 귀결인지, 혹은 ③자주적 전략의 실패라는 시행착오에 의한 어쩔 수 없는 마지막 선택(잔여적 선택지)이었는지, 아니면 ④박정희의 독자적 상황인식에 의한 주체적 결단이었는지가 논구될 필요가 있다. 이 문제는 결국 미국의 외압(외적 환경)에 국가(박정희)와 기업이 어떻게 대응했는지를 정치경제학적으로 고찰하는 데로 귀결될 것이다.

가장 중요한 테마라고 할 수 있는 이 문제는 ①공공부문인 국가('박정희' 로 대표)와, ②민간부문인 사회(시장의 대표적 구성원인 '기업,' 노동자·농민 등 사회세력), 그리고 ③ '미국' 으로 대표되는 세계체제(외세)와, 3자 (혹은 개인과 구조라는 양자)의 유기적 관계 속에서 고찰할 수 있을 것이다. 약간의 무리를 수반하기는 하지만 보다 단순화시키면 박정희-기업가-미국 3자는 한국의 대외지향적 경제발전 채택에서 없어서는 안 되는 필수적인 인자(예를 들어, 미국의 자본제공 없이 박정희 혼자서 대외지향을 할 수는 없었을 것이며 박정희 아닌 다른 사람이 똑같은 외적 조건을 가지고 동일한 결과를 선출하기도 어려웠을 것이다. 따라서 특별히 박정희-미국은 없어서는 안 되는 필수적인 조건이었다고 할 수 있다)로서 언제나 상호작용하면서 때로는 공조효과(synergy effect)를 내기도 했고 때때로 서로를 저해하기도 했다. 3자 중 어느 것 하나라도 없었다면 지금과 같은 발전이 불가능했을 것이므로 어느 것 하나도 소홀히 할 수는 없는 소중한 것이며 필요조건이라고 할 것이다. 그 중에서 어떤 인자가 주도적이었는지 분간할 수는 있겠다(수출드라이브를 채택한 후 수출신장을 이룩해 경제발전을 이룩한 데에는 역시 정부(박정희)-기업의 기여에다가 열심히 땀 흘린 노동자의 공이 크다고 할 것이다).

3. 산업혁명과 근대화혁명의 출발

유럽 역사에 산업혁명이라는 말은 있어도 근대화와 혁명은 양립하기 어렵다. 그러나 대한민국은 서양에서는 300년이 걸렸던 근대화를 30~50년이라는 짧은 기간에 혁명하듯이 압축적으로 달성했기 때문에 '근대화

혁명' 이라는 용어가 성립 가능한 것이다. 한국의 근대화혁명의 또 다른 특징은 압축적 민주화를 달성했다는 것이다. 즉 산업화(근대화)와 민주화를 약간의 시간적 격차는 있지만 거의 동시에 50년 내에 성취했다는 것은 매우 드문 일이다.

박정희를 중심으로 하는 새 통치집단은 경제발전을 가장 중요한 국정 과제로 강조했다. 이승만 대통령은 주어진 제약 아래서도 미국원조에 힘입어 전후복구를 달성했다. 뒤이은 발전노력에도 불구하고 1950년대 말 한국은 세계 최빈국의 일원으로 다수 국민이 절대빈곤에 신음하고 있었다. 장면 정부도 절대빈곤 타파의 중요성을 인식하여 '경제제일주의' 라는 국정구호를 내세우고, 국토개발계획을 추진하며 장기 경제발전계획수립 등에 나서기도 했다.

그런데 뒤이어 출현한 군사정부가 단순한 국민적 후생 향상만이 아니라 건실한 민주주의체제 정착에 불가결한 조건이 경제발전이라는 점을 되풀이해서 강조했다. 경제발전은 민주주의의 구조적 토대를 놓는 작업이면서 동시에 여타 주요한 국가적 과제의 달성을 위해서도 불가결한 전제적 작업이었다는 것을 강조했다는 것은 당시로서는 상당히 앞서 간 사상이었다. 즉 군사정부는 5·16과 함께 안보와 통일, 민생안정 등 6개 항목의 공약을 내세웠다. 자주는 공약에는 등장하지 않지만 자주국가체제 확립은 박정희에 의해 거듭 강조 되는 과제였다. 그리고 박정희는 경제발전이 당시 취약하고 위협 받고 있던 안보, 통일, 민주, 그리고 자주라는 국가 목표 달성을 위한 불가결한 하부구조를 구축하는 작업이라고 인식하고 있었다.

실제로 1960년대 초에 북한은 전체주의 사회 특유의 초기 효율성에 의존하여 대한민국보다 단연 우월한 경제력을 지닌 사회가 되었고 이는 한국의 안보체제를 밑바닥부터 위협하는 사태 진전이었다. 북한은 이를 배경으로 적극적 평화공세를 취해 통일논의의 주도권을 사실상 장악했다. 4·19 이후 한국사회에서 활성화된 진보적 통일운동의 배후에 북한의 우월한 경제력이라는 현실이 작용하지 않았다고 평가할 근거는 없다.

또한 경제적 기반 없는 민주주의의 한계와 불안정성은 바로 우리의 4·19 이후 경험에서 보여 주었다. 당시 한국은 50%에 가까운 국가예산과 국방비 전액을 미국에 의존한다는 면에서 자주성이 결여된 국가였다. 이런 면에서 근대국민국가의 기본속성이 충족되지 못한 국가였고 이 역시 경제발전의 시급성을 보여 주었다. 따라서 경제발전은 당시 한국적 상황에서 무엇에도 앞서는 과제였고 군사정부는 그 과제의 중요성을 현실적으로 숙지했다.

당시 대표적인 중립적 지식인들도 이미 5·16이 발발하기 이전에 민주주의 실천에는 경제적 기반이 갖추어져야 한다는 점을 강조하고 있었다. 실제로 새 군부 통치집단은 국가를 경제발전을 위한 동원체제로 재구성하고 산업혁명으로 불릴만한 괄목할 성과를 거두었다. 이는 한국사회가 지속가능한 민주주의 실천을 위한 사회적 토대를 빠른 속도로 갖추게 되었음을 의미한다. 이로써 압축민주화에 필요했으나 미진한 상태로 남아 있던 중요한 조건, 특히 장기 지속적 민주주의 정착에 필수적 조건인 다원적 산업사회가 형성되는 단초가 마련되었던 것이다.

광의로 해석하면 5·16은 1987년까지 이뤄진 근대화 혁명의 본격적 출발점이 되었음을 의미한다(그러나 동시에 5·16은 쿠데타에 의한 군부집권에 분노하는 근본주의적 반대세력의 형성 계기가 되어 사회일부에 치유하기 힘든 균열을 야기했다. 4·19민주혁명전통의 계승자임을 자부하는 학생세력은 어떤 상황에서도 타협될 수 없는 정치형태로 민주주의를 간주하는 '근본주의적 민주주의관'을 신봉하는 집단의 중심에 위치했다).

IV. 고도성장의 청사진으로서의 경제개발5개년계획과 수출지향으로의 전환

1. 수출지상주의 출현과정

1) '수출드라이브' 정책의 도입과정

2006년 12월 5일 대한민국은 세계 11번째로 수출 3,000억 달러를 달성하였다. 수출 1억 달러 초과 달성일이 박정희시대인 1964년 11월 30일이므로 42년 만에 이러한 빛나는 성과를 이루었다고 할 수 있다. 또한 2007년 연말 수출 3,670억 달러, 수입 3,520억 달러에 이르러 무역규모가 7,000억 달러를 돌파했다. 이는 무역규모가 2006년 세계 12위에서 11위로 한단계 올라선 것으로 이 같은 추세가 지속될 경우 오는 2010년 1조 달러를 돌파하며 세계 10위의 무역대국으로 자리 잡을 것으로 기대되었다. 그런데 이러한 목표들은 실적 지상주의에 의해 달성되었으며 그 성과에는 외화내빈, 속빈 강정인 측면이 있고 그 파이가 모두에게 돌아가지는 못했으므로 어두운 면이 없지는 않다. 그렇지만 수출이 우리 경제의 버팀목이라는 사실을 부정하기는 어렵다. 우리의 수출지향적 발전전략은 박정희시대에 처음 추진되었는데 지금 우리 위치를 돌아보기 위해서도 이를 살펴보는 것은 의미가 있다.

박정희로 하여금 수출드라이브를 걸게 만든 것은 바로 미국이라고 주장된다. 당시 미국의 원조로 지탱되던 한국경제의 효율적 운용을 위해 미국이 장기적인 계획수립을 종용한 것은 맞지만 대외지향적 발전전략보다는 건전한 발전을 꾀해 미국의 원조가 줄어도 자립을 기할 수 있도록 유도했다. 즉 미국의 주문은 경제안정이었으며 이를 수출지향으로 방향지운 것은 한국정부였다.

2) 제1차계획 원안: 수입대체산업화에 의한 자립경제 기반 구축,
농산물-광물 수출

제1차계획의 원안에 1965년부터 본격적으로 방향을 잡았던 수출드라이브정책이 나온 것은 아니었다. 1962년 1월에 완성된 1차계획의 원안에는 단지 '수출증대를 주축으로 하는 국제수지의 개선(국제수지의 개선은 자유당 정부의 1960년 3개년계획의 5대 목적 중 2번째 것임)'이 6대 '계획의 중점' 중 5번째 것으로 언급될 뿐 수출지상주의적인 표현은 전혀 없었다. 제1차 경제개발5개년계획이 수지의 균형을 맞추기 위해 수출증진과 수입감소를 강조하기는 했지만 농산물 및 광물의 수출에 중점을 두었다. 이 계획에서 공산품 수출에 의한 경제성장 전략은 크게 강조되지 않았다. 오히려 농업 부문이 한국 경제의 근간이 될 전략부문으로 설정되었다. 이 부분은 한국경제의 비교우위가 공업이 아닌 농업에 있다는 네이산계획과 일치하고 있는 것이다.

1961년 5·16으로 정권을 잡게 된 군부세력들은 거사 날 새벽에 방송된 혁명공약 4장에서 다음과 같이 선언했다. "절망과 기아선상에서 허덕이는 민생고를 시급히 해결하고 국가 자주경제 재건에 총력을 경주한다." 이에 따라 경제개발계획을 입안하고 추진했다. 1962년 1월 제1차 경제개발5개년계획을 처음 시행할 때에는 위에서 표방한 바와 같이 자주경제 재건을 위해 '자립화정책'을 추구했다. 전술한 바와 같이 유원식 최고위원이 박희범 교수와 함께 '내포적 공업화 전략'을 마련했다. 그렇지만 자본이 부족했던 한국정부가 이러한 내포적 산업화 발전 전략을 추진하기에는 어려움이 많았으며 주로 기업가와 관료들이 반대하여 내포적 계획의 계속 추진은 불투명해졌다.

이러한 위기 상황을 타개하고 개발에 필요한 자금을 조달하기 위해 유원식 준장 등은 1962년 6월 통화개혁을 단행했다. 그러나 미국의 반대로 개혁은 곧 실패로 귀결되었다. 결국 자력갱생파들은 밀려나고 대외개

방적 공업화를 추구하려 했던 이병철 등의 기업가와 박충훈-김정렴-천병
규 등 신진엘리트 관료 그룹에다 미국 경제고문단 3자가 연합한 '실용주
의자' 들의 노선이 힘을 얻기 시작했다. 제1차 경제개발5개년계획의 발표
때에는 소외되었던 미국과 기업가들이 1962년 7월부터 서서히 전면에
등장할 조짐을 보이기 시작했다. 그런데 미국은 자력갱생파의 과도한 민
족주의에 거부감을 가졌을 뿐 대외개방을 종용한 것은 아니었으며 수입
대체산업화에 의한 자립경제 기반 구축 정도를 선호했었던 것이 이후 자
료(미국의 입김이 작용한 1964년 2월의 제1차 경제개발5개년계획 보완계획)에
서 추론할 수 있는 부분이다. 이런 방안이 한국경제 내부의 체질을 건전
하게 만들어 공산화를 방지할 수 있을 것이라고 내다봤던 것이다.

  3) 1964년 2월의 보완계획: 수출지향적 공업화정책의 맹아, 경공업 중심의
    수출산업 육성
  결국 한일회담을 본격적으로 추진하는 1964년 후반 이후 자립화정책
과는 반대 방향으로 선회할 조짐을 보였다. 즉 외향적 개방방식인 '개방
정책' 으로 전환될 조건을 마련하여 결과적으로는 개발의 자금을 외부에
서 구하는 외자의존형 개발 모델을 채용하게 만들었던 것이다.
  정부주도의 경제자립화를 포기하면서 경제개발에서 민간기업의 주도
권을 보장하고 개방체제를 지향해 외국자본을 적극적으로 도입하는 정
책으로 전환하였다. 한국정부는 제철 등의 기초적 생산재 공업을 육성해
자립적인 공업화를 추진하려했으나 1963년까지의 경제정책이 실패하고,
미국이 이러한 경제성장방침에 대해 압력을 가하자 1964년 미국 고문관
과 협의해 그 자문을 받았다. 그렇지만 상대적으로는 독자적인 판단에
의거해 보완정책을 작성했는데 이로써 외연적 성장을 위주로 한 외자의
존형 성장정책으로 전환될 조짐이 보였던 것이다.
  1964년 2월 성안된 수정안의 경제개발계획 기본 목표 중 하나가 '자

립경제의 달성을 위한 기반구축'이므로 자립적 공업화전략을 전적으로
포기하지 않았으며 수출드라이브를 본격적으로 걸지 않았다고 해석할
수 있다. 후일의 역사와 연결시켜 보다 거시적으로 해석하면 보완계획의
작성과정에서 수출지향적공업화정책의 맹아가 생겼다고 할 수 있다. 보
완계획에 수출지향적공업화전략이 명시적으로 표출되었던 것은 아니고
맹아적 형태로 나왔다는 것이다.

보완계획은 향후의 한국경제가 수출주도로 가는 '전조'였을 뿐이다
(수입대체적 성격이 강한 중화학공업을 건설하면서 다른 한편으로는 경공업 부
문은 수출지향적으로 육성한다는 수정안 내용은 원안과 크게 달라진 것은 아니
었다. 보완계획을 원안과 비교할 때 전체적인 발전 계획에 큰 변화는 없으나
중화학공업 및 대규모 기간산업 건설이 현저히 축소되고, 외자의 필요성이 상대
적으로 강조되어 산업정책의 초점이 수출지향적인 방향에 집중되면서 제조업
및 사회간접자본 중심의 공업화 정책이 강화되었다고 할 수 있다. 원안의 중화
학공업 수입대체가 수정안에서 완전히 포기된 것은 아니었으나, 상대적으로 보
면 수입대체산업화와 수출지향 중에서 후자가 더 강조된 것은 어느 정도 사실이
다. 수정안 방향은 노동집약적인 경공업이나 수공업 등 가공산업부문을 수출산
업으로 육성하며, 기존 국내 산업 중 국제경쟁력이 강한 산업을 선정해 이를
수출산업으로 육성한다는 방안이었다. 수출산업 중에는 기본적으로 소비재 수
출을 지향했다).

경제기획원, 『제1차 경제개발5개년계획 보완계획』(서울: 경제기획원, 1964
년 2월), 17쪽에도 "개발계획 수행상의 전제가 되는 경제안정을 위협하는
중요한 원인의 하나가 외환부족이라는 사정에 비추어 적극적으로 외환을
확보하는 동시에 소극적으로 외환사용의 절약을 위해서는 수출증대와 수
입대체효과가 큰 사업의 육성이 필요하다"는 식으로 설명해 경제안정-외
환부족 해결의 소극적 방책 차원에서 수출증대를 다루고 있다. 경제기획
원, 『제1차 경제개발5개년계획 보완계획』(서울: 경제기획원, 1964년 2월),
16쪽에는 "수출증대와 특히 수입대체효과가 큰 사업을 선정하여 중점적

으로 투자한다"라고 써서 수입대체와 수출증대를 병행했음을 알 수 있다. 정책적 강조점이 수입대체에서 수출증대 쪽으로 이행하고 있음을 확인할 수 있는 대목이다.

45쪽에 "보완계획에서는 1963년부터 1966년까지 점증적인 수출증가를 계획하였다"했으며, "수입대체산업에 편중되어온 투자방향을 수출산업위주로 전환한다"는 표현을 사용했던 것이다. 또한 45~46쪽에는 이전의 문서에서는 별로 사용되지 않았던 "수출산업" 내지는 "수출산업으로 육성"이라는 표현이 여러 번 등장했다. 획기적인 수출증가가 아닌 점증적인 수출증가라는 면에서는 수출드라이브로의 전환 조짐이 별로 없는 것처럼 보이지만 수입대체를 포기하고 수출산업위주로 전환하는 것은 수출드라이브로의 전환 조짐이 희미하나마 보이기 시작하는 것으로 간주할 수 있다. 수출산업이라는 표현의 사용도 드라이브의 약한 징표라고 할 수 있다.

56쪽에 "수출산업의 증대를 위해 국내수출산업을 적극육성하고 수출보상제도를 개선하며 수출규모의 확대에 따라 무역금융 규모를 확대한다. 이에 더하여 수출진흥을 위해 행정력을 강화하고 해외시장을 개척하는 한편 경제외교를 강화한다"는 표현이 등장하므로 행정력을 총동원한 본격적인 수출드라이브의 전조라고 평가할 만하다. 42쪽에도 "수출증진에 총력을 경주"한다는 표현이 나왔다. 이제 정책기조가 자립화 내지는 수입대체로부터 벗어나려는 기미가 보이기 시작한 것이라고 평가할 수 있다. 그런데 1964년 후반기 이후에 나타나는 강한 드라이브는 아직 걸리지 않았다고 평가할 수 있다.

한 언론사의 최근 평가에 의하면 수정안 작성 당시에 수출제일주의가 대안으로 떠올랐다고 주장했지만 이것은 수정안에 아직 수출제1주의적 요소가 나오지 않고 있는 것을 간과한 평가라고 판단된다(1964년 2월 수정안이 통과된 시점에서 나온 경제기획원의 계획안에는 이미 수출제1주의가 언급되고 있으며 그 이전부터 수출제1주의와 함께 수출진흥책이 추진되었다는 기록이 보인다. 또한 국가재건최고회의 의장 박정희는 1962년 8월 "내년(1963년)부터 수출제일주의의 대국민운동을 전개해야 할 것이라고 말하기도 했다. 그렇지만 수출제1주의가 경제개발의 가장 중심적인 목표의 하나로 언급되지는 않았다. 1964년 하반기 이후의 거의 모든 계획에서 수출이 가장 중심적인 목표로 언급되는 것과는 차이가 있다 할 것이다. 또한 1962년 상반기 수출실적이 2,226만 달러에 불과하며 목표에 미달하자 1962년 6월 4일 최고회의는 당면 목표달성을 위하여 수출진흥긴급대책위원회를 소위원회[정식 특별위원회가 아님]로 만들었다. 박태준 최고위원[재경위원회 소속, 준장]을 위원장으로 정재봉 대령, 권혁로 중령 등으로 구성된 이 소위원회는 1963년을 수출제1주의의 해로 만들었다. 이도 역시 1964년 하반기 이후의 분위기와는 다른 단지 수출목표달성을 위한 낮은 차원의 '소' 위원회 주장에 불과한 것이었다).

1차계획의 원안은 수출지향적공업화를 명시적으로 지향한 것은 아니었으나 결과적으로 1차산업의 생산물과 합판 등 민간기업들의 단순 가공품 수출이 예상 밖으로 급속히 목표치를 상회하였기 때문에 1964년 2월 보완계획의 완성시점에 수출지향적 목표가 맹아적 형태나마 일정부분 반영되었다.

제1차 경제개발5개년계획 평가교수단, 『제1차 경제개발5개년계획 중간평가』(서울: 제1차 경제개발5개년계획 평가교수단, 1965), 401~402쪽에는 합판 등의 수출로 수출실적 1위를 기록한 천우사의 성공사례가 다루어지고 있기까지 하다. 김입삼 전경련 상임고문의 주장에 의하면 박정희는 천우사의 전택보 사장(최초의 수출왕)에게 수출주도발전전략의 가르침을 받았다고 한다. 박충훈에 의하면 보세가공무역이 훗날 공산품 수출로 이어지게 되었으니 보세무역은 수출진흥에서 개척자이며, 전택보는 그 시조라고 불러도 무방할 정도로 큰 기여를 한 사람이라고 평가되었다.

전택보는 허정 과도정부에서 상공부 장관을 역임했으며 경제인연합회 부회장, 대한상공회의소 회장, 한국보세가공품수출협회장, 천우사, 대성

목재, 삼익선박, 대한선박회사 사장을 역임했고, 1-2-3-4회 수출의 날에 각각 산업훈장과 수출최고상을 받는 등 경제계와 수출업계에서 두드러진 활약과 업적을 남겼다. 당시 상공부 수출진흥과장을 지냈던 문기삼의 증언에 의하면 박충훈 상공부 장관에게 수출제일주의를 어떻게 생각해 냈느냐고 물어봤더니, 이는 전택보 상공장관의 아이디어였다고 말했다는 것이다. 그런데 김입삼의 평가에 의하면 수출주도형 발전전략을 고안해 낸 것은 박정희가 아니라 기업가였으며 이러한 '기업가 혁명(Revolution of Entrepreneur)' 시대는 장면 정부에서부터 열렸다는 것이다.

기업가의 입장에서 보면 정치가는 단지 도와주는 등의 보조역할을 하거나 오히려 방해하는 존재로밖에 보이지 않았기 때문에 이러한 자기중심적 주장이 가능하다. 그러나 정치적인 면을 고려한다면 당시 대안들을 선택하고 강력한 힘을 실어준 데에는 리더십의 역할이 결코 과소평가될 수 없겠다. 기업가들의 사익을 공익의 차원에서 조정하면서 리더십을 발휘한 정치가의 역할은 정당하게 평가되어야 한다는 것이 필자의 주장이다. 기업가의 좋은 건의나 권고를 최고지도자는 수없이 많이 받았을 것이다. 그런데 이를 강력하게 실천에 옮기지 못한 정치가들을 우리는 많이 목격했다. 따라서 수출드라이브나 경제개발의 추진과 같은 것은 박정희가 아닌 장면도 할 수 있었다는 편승론은 재검토되어야 할 것으로 판단된다. 실제로 1960년대 후반 신민당은 경제개발계획에 대해 고의적 폄하와 대안이 부족한 비판을 하기도 했다.

4) "수출 아니면 죽음을 달라"

일본이 예상보다 빨리 경제성장을 이룩하자 일본의 후방기지로서의 한국은 보세가공 등에 치중한 산업화를 세계경제의 분업구조 속에서 추진할 수 있었다. 5·16이전에는 불과 2~3천만 달러에 미달하던 수출실적이 1962년에는 5,700만 달러로 1963년에는 8,300만 달러에 이르렀다. 1963

년에는 공업제품 수출이 32.4%로 수위를 차지했으며(단순 가공품 합판이 최대의 수출품으로 등장), 비식용원료 30.4%, 식료품 및 생동물이 20.6%로 점차 비중이 저하되었다. 따라서 1963년 상반기에 이미 1차산업 생산물의 수출이 둔화되고 공산품의 수출이 증대되기 시작하는 추세를 보이자 이때부터 공산품 수출위주 방향으로의 전환 조짐이 보였으며 1964년 2월의 수정안에도 일정 부분 반영되기 시작했다. 1963년도 시정방침 경제정책의 12번째 항목에 "수출산업은 외자도입에 있어서의 제 제한(諸制限)을 배제할 것이고, 현유(現有)산업을 수출산업으로 전환할 것을 적극 조성할 것이며, 원료수출을 제한하고 가급적 제품수출로 전환"하자고 나와 있다. 물론 대부분 수출품목의 수출목표는 하향 조정되었으므로 아직 수출지상주의적 전환은 나타나지 않았는데, 1963년의 시정방침에 나온 수출에 대한 장려도 수입억제[수입대체적 성격 가짐]와 외환수급의 적정이라는 소극적인 차원과 연결시켜 언급한 것이었다.

수출드라이브는 1965년 한일회담 타결을 전후한 시기에 본격적으로 가동되었다. 박정희가 이후 자주 사용했던 개념인 '수출 입국'을 명확히 한 것은 1962년 제1차 경제개발계획5개년계획의 시작 시점이 아니라 1964년 후반 이후였다. 1961년 5·16쿠데타 시 발표된 혁명공약에는 국가자주경제재건에 총력을 다한다는 표현이 있을 뿐 수출에 대한 언급은 당연히 전혀 없었으며, 1962년과 1963년의 여러 연설들에도 수출에 대한 강조는 별로 나오지 않고 있었다. 1960년대 초기의 수출지원정책은 1950년대 후반의 각종 지원정책을 정비 내지 강화하는 수준에 머물러 있었을 뿐이다. 그러다가 1964년 6월의 수출진흥종합시책[후술함] 마련 후인 10월 5일 박정희는 자립경제의 기초를 확립하는 제1과제가 바로 수출진흥을 통한 외화의 획득이며, 경제시책의 중요한 목표를 '수출제1주의'로 삼고 있다고 역설했다. 수출지원정책 중 1950년대부터 존속되어 왔던 지원정책을 제외하면 대부분의 것들이 1964년과 1965년에 새로

추가된 것이다.

민정 첫해였던 1964년 전반기는 어떻게 보면 초기의 혼란과 시련이 많았던 시기였다. 이를 진정시킨 후인 1964년 후반기, 1965년 초에 가서야 수출지상주의의 깃발을 확고하게 세울 수 있었다. 박정희는 1965년 연두교서에서 '증산-수출-건설'이라는 구호를 내걸면서 제2차 세계대전 직후 영국 처칠 수상의 '수출 아니면 죽음'이라는 다소 극단적인 호소를 인용했다. 1964년의 연두교서에서는 "정부가 수출진흥에 최대의 노력을 경주하고자 한다"고 언급했지만 외환보유수준을 유지하기 위한 소극적 방책의 일환으로 제기된 구호였으므로, 1965년 연두교서의 적극적인 수출증대와는 차이가 명백한 것이었다. 1차계획의 기간 중 1962년을 제외하고는 1963년부터 수출 목표를 초과 달성했으며 1965년 말 1억 7천만 달러의 수출을 달성했다.

수출은 경제력의 대외지표가 되는 것으로서 계획기간 중 가장 성공된 부문의 하나였다(1965년에는 연차계획목표를 1억 70천만 달러로 책정했으며 1966년에 달성할 총수출량 계획치를 1965년에 이미 1년 앞당겨 초과달성했다. 이러한 양적 확대뿐만 아니라 그 구조면에서도 공산품의 비중이 12%에서 1964년에는 52%로 증가했다. 이와 같이 농수산물 등 특산물의 수출보다 비전통적 상품의 수출이 증대한 것은 공업력이 국제경쟁에서 증강되고 있음을 표시하는 것이라고 평가했다). 이에 박정희는 수출 1억 달러 달성(11월 30일) 기념으로 1964년 12월 5일을 수출의 날로 제정했다. 1965년 이후 수출주도형 개발정책이 본격 수행되는 과정에서 수출에 대한 맹신이 싹텄으며 '수출은 성장의 엔진,' '수출만이 살 길'이라는 사생결단적인 구호가 등장했다. 과연 1965년경부터 수출에 대한 강력한 드라이브가 본격적으로 걸렸다고 할 수 있다.

미국은 미 달러화에 대한 원화의 환율을 현실화할 것(인상; 원화의 50% 평가 절하)을 집요하게 요구했다. 이에 한국정부는 1964년 5월 3일 공정

환율을 1달러 당 130원 대에서 255원을 하한선으로 대폭 인상하여 순응
했는데, 이것이 수출증대로 나가는 여러 요인 중의 하나였다고는 할 수
있다(그런데 단일변동환율제는 실제로 1965년 3월 22일에 1달러 당 256원 53
전을 시작으로 실시되었다). 그 이전에는 원화의 달러에 대한 환율이 고평
가되었으며 무역 및 외환의 제한-차별관세-저금리 등으로 인해 수출보다
는 수입 또는 수입대체산업이 유리해서 수출산업이 부진했다. 그런데 환
율현실화 조치로 고환율 시대가 도래하자 수출만이 살길이라는 판단을
할 수 있는 전기가 조성되었다(그러나 모든 저개발 국가들이 미국 등의 압력
으로 환율현실화를 하지만 모두 수출증대로 나아가지 못했으므로 리더의 중요
성을 간과할 수 없다).

수입대체산업화에서 수출지향적산업화로 방향을 바꾸게 된 원인에는
여러 요인이 복합적으로 작용했다. 우선 무상원조를 줄이려 했던 미국은
한국이 미국 등에 대한 수출을 증대하려 하자 막지 않았던 것이 주효했
다. 또한 한국으로서도 원조 급감 위기를 극복하기 위해서는 현실적으로
다른 대안이 없었다(이렇게 '어쩔 수 없는 선택'의 측면도 있었지만 주변 환
경에 적응하려는 한국이 주체적으로 결단했던 측면이 없었다고는 할 수 없다.
따라서 이 대목에서도 역시 리더의 과단성을 간과할 수 없다). 또한 일본의 급
속한 산업화에 따른 후방기지라는 일본과의 특수한 관계가 작용했다고
할 수 있다. 일본 모델을 참조했다는 말이다.

5) 초기 수출진흥은 상공부 작품

그런데 당시 상공부의 관료들(박충훈 장관, 김정렴 차관, 오원철 공업1국
장)은 수입대체산업화를 선호하는 군부 출신 지도자들에 맞서 수출에 역
점을 두자는 입장을 개진했고 박정희가 상공부의 손을 들어주었다고 한
다. 김정렴은 다음과 같이 증언했다.

1964년 6월 내가 상공부차관에 취임했을 당시에는 고평가 된 환율과 차별관세, 저금리 등에 의한 안이한 이득 때문에 수출보다 수입이나 수입대체산업이 유리해 수출산업은 부진한 상태였습니다. 상공부 국장단회의 때마다 수입대체공업에 대한 보호정책에서 벗어나 수출지향공업화의 길로 가자고 역설했습니다.

상공부는 그간 산만하게 시행되어 오던 제반 수출지원책을 1964년 6월 24일 통합 정리해 수출진흥종합시책을 마련하고 1965년부터 시행함으로써 정책효과를 극대화하는데 힘을 기울였다. 이 종합시책은 40여 년이 지난 현재에도 수출지원정책의 전범이 되고 있다. 이는 고환율을 초래한 "환율 및 외환제도의 개혁(1964.5.3)을 계기로 당초의 수출목표인 1억 5백만 달러를 1억 2천만 달러로 수정(1964년 12월 31일 10시경 1억 2천만 달러의 수출목표가 달성되었다. 수출대금이 1억 2,090만 달러가 입금되었던 것이다. 1차 5개년계획이 끝나는 마지막 해인 1966년에 1억 1,750만 달러의 수출이 목표였으므로 매우 빨리 달성되었던 것이다)하는 한편, 무질서한 기존의 지원책을 지양하고, 수출능력육성, 수출구조 고도화 및 국제경쟁력의 강화 등 본격적이고 적극적인 수출드라이브를 전개" 하기 위한 것이었다. 또한 이는 "항구적인 수출증대의 바탕을 마련하기 위해 수출진흥에 관련된 모든 지원대책을 동원" 하기 위한 것이었다.

종합시책은 경제정책에 관한 한 모든 것에 앞서는 최우선-최상위의 자리에 있었다. 수출업체에는 조세나 금융상의 지원뿐만 아니라 외교와 정보수집 등 다방면의 편의를 유기적이고 종합적으로 제공받기에 이르렀다. 1965년을 시발로 매년 이러한 시책수립은 반복되었는데 상공부가 작성한 보고서에 의하면 1964년 이후 수출진흥을 위한 정책적 의의가 가미된 수출계획이 수립되어 '수출드라이브추진축' 이 형성되기 시작했다고 평가되었다.

　한편 박정희는 상공부 초도순시에서 수출의 애로점을 시정하기 위해 1965년 매월 수출진흥확대회의를 개최를 지시했다. 이외에 행정면에서의 지원책도 적극적으로 강구되었다.

　이렇게 1964년 중반부터 한국정부 내부의 주체적 결단에 따라 수출지향적 정책으로 방향을 선회하기 시작했는데 '성장엔진'으로서의 수출 '드라이브'가 걸렸던 것이다. 당시는 '돌격내각'이라는 닉네임을 얻은 정일권 내각이었는데 저돌적인 추진력을 가진 장기영 부총리와 수출장관이라는 별명을 가진 박충훈 상공부 장관(차관은 김정렴) 등이 그 추진세력이었다.

　박충훈은 1961년 8월부터 1963년 2월까지 상공부 차관을 역임한 후 바로 그해 8월까지 장관직을 수행했으며 1964년에 수출산업공단이사장을 역임했다. 1964년 5월 11일경 상공부 장관에 재임명되어 박정희에게 임명장을 받는 자리에서 박충훈은 "수출만이 살 길입니다. 앞으로 우리 나라는 나라 전체가 수출제일주의를 국가의 최중요 정책으로 삼고 매진해야 할 것입니다. 그러기 위해서는 대통령 각하께서 총사령관으로 진두지휘해 주셔야 할 것입니다"라고 말하자 박정희는 쾌히 응낙했다고 한다.

　따라서 1964년 5~6월 즉 1964년 중반이 중요한 시기였다고 할 수 있다. 상공부가 구체적인 계획을 세우는 동안 1964년 11월 수출 1억 달러 달성이 이루어졌으며 결국 박정희는 1965년 신년사를 통해 본격적으로 수출드라이브를 걸었다. 박충훈의 표현대로 상공부가 주관하는 수출드라이브의 총사령관은 박정희였으며, 오원철의 표현대로 국시는 수출제일주의, 정책은 공업입국을 본격적으로 추진하기 시작했던 것이다. 사실 상공부는 1962년 3월 5일에 의결된 수출진흥법에 따라 해외시장개척을 전담하는 대한무역진흥공사(대한무역진흥공사법은 4월 24일 제정 공포: 대한무역진흥공사는 수출시장 개척과 정보 수집에 큰 역할을 수행했다)를 설립했으며 수출진흥5개년계획을 1962년부터 수립해오고 있었던 것이다.

상공부가 이 작업을 주도했음에 비해 박정희는 적어도 1962년 중반의 시점에서는 이에 대해 별로 주목하지 않았다. 당시 국가재건최고회의에서 편찬한 『한국군사혁명사』 자료편의 다른 항목에는 박정희 의장의 연설이 많이 소개되는데 비해 무역(수출산업)진흥 항목에는 단 두 편의 자료가 소개되었으며 모두 상공부장관의 담화였다. 따라서 초기(1962~1963년)의 수출진흥은 거의 상공부의 독자적 판단에 의해 이루어졌다고 할 수 있다.

6) 중화학공업에도 눈을 돌리기 시작하다

환율의 현실화와 함께 1960년대 전반에는 각종 수출지원정책이 크게 강화되었다. 수출종합시책의 결과 기존의 수출진흥위원회가 개편되었다. 1964~1965년간에 향후 10년에 걸쳐 실시된 대부분의 수출진흥책이 구축되어 수출유인체제가 완비되었으므로 이 시기가 수출드라이브를 거는 데 가장 중요한 시점이었다는 사실을 다시 한번 확인할 수 있다.

미국이 수출드라이브를 일방적으로 종용했다는 기존의 정설은 어색한 부분이 있다. 오히려 한국의 정책당국자들은 일본의 산업화 과정에서 배웠다고 할 수 있다. 1964년 3월 한일회담 청구권 대표위원으로 참여했던 김정렴은 일본의 수출지향적산업화에 감명을 받아 한국경제도 일본과 같이 수입대체 육성에 안주하지 말고 국제경쟁력을 강화하는 동시에 수출지향적공업화에 착수해야 한다는 보고서를 장기영(당시 한일회담의 비밀 막후교섭 담당; 1964년 5월 부총리 역임)에게 올렸다.

대한민국 상공부가 1964년 말에 수출주도형 모델을 구체화할 때 모스트(Amicus Most)라는 미국 사업가(그는 이 일을 하기 전에 AID의 자문역이었음)의 도움을 받았던 정도일 뿐이다. 미국의 강권에 따라 재정안정화 정책을 시행할 때 한국정부는 긴축정책을 통해 인플레이션을 억제시키는 조치를 취하기도 했지만 실제로는 인플레이션 억제보다 수출증대에 더 주력했다. 상공부는 경제안정을 위해 재정안정계획의 필요성은 인정하면서도 수출확대에 더 주력했던 것이다. 1964년 말 미국의 AID는 1965년의 재정안정화 프로그램을 만들고 있었지만 상공부는 수출증대 방안을 마련하고 있었던 것이다. 미국의 원조 감소에 따른 외자도입의 부진과 국내의 열악한 저축상황에 직면한 박정희 정부는 수출과 외자유치가 유일한 해결책이라고 판단했다. 결론적으로 외향적인 수출지향적산업화 전략은 박정희 정부가 적극적으로 선택한 것이었다고 할 수 있다.

이 전략이 성공하게 된 데 박정희의 선택이 중요했지만 기업가-관료의 유도와 노동자-농민의 피땀-눈물도 못지않게 중요했으며 공산주의에 대한 방벽을 쌓고 자본주의 발전의 쇼윈도우로 만들려는 미국의 도움도 없어서는 안 되는 중요한 요인이었다. 따라서 그때의 성공은 대외적 호기를 잘 이용한 우리 국민 모두의 유기적 성과였다.

그런데 1960년대 후반도 수출지향적산업화가 확고히 자리 잡은 것은 아니었다. 1966년까지 섬유, 식료품, 연초, 의료 등 수입대체산업이 여전히 선도산업 중의 하나였다. 1차계획 기간 중 화학비료공업이 확충되었으며 대규모 시멘트 공장이 들어섰고, 정유공장, 비스코스 인견사 공장 등도 건설되었다. 2차계획 기간 중 섬유, 합판, 가발, 신발류 등 경공업이 주로 진흥되었으며 점차 중화학공업에 눈을 돌렸다. 1970년 7월 경부고속도로가 개통되었고 포항제철은 1970년 4월에 기공식을 가졌으며 1973년 준공되었다.

따라서 1960년대 초반은 수입대체가 주류를 이루다가, 1960년대 후반에는 변화 조짐이 보였으며, 1970년대에는 수출지향적산업이 주류를 이루었다고 할 수 있다. 1966년 7월에 작성된 '제2차 경제개발5개년계획'의 6대 중점 중의 하나인 수출항목은 "7억불(상품수출은 5.5억불)의 수출을 달성하고 수입대체를 촉진하여 획기적인 국제수지개선의 기반을 굳힌다"고 기술했었다.

7) 지나친 대외의존적 경제구조: 민족내부의 결단과 호조건에의 편승

이렇듯 2차계획기 수출도 1차계획기와 같이 국제수지 개선을 위한 수출이었으며 수입대체를 위한 측면이 있었다. 1965년의 시점에서는 1)소비재 경공업과, 2)중화학공업, 3)기간 시설 확충이라는 3차원의 자립적 수입대체 공업화가 국제수지 개선의 차원에서 이루어지면서 소비재 경공업 중심의 수출진흥이 동시에 추진되었다.

따라서 이 시점에서 수입대체와 수출진흥은 병존-양립했으며 전혀 모순적이 아니었던 한국 산업화의 양축이었다. 수출 입국이 추진되기 시작한 1964년 중반 당시 민족 내부의 상황은 그렇게 밝지만은 않았으나 대일청구권 자금의 확보와 베트남전 참전 등으로 인한 외부적 자금 확보 때문에 수출드라이브정책이 성공했다고 할 수 있다. 수출드라이브정책은 민족 내부의 결단에 의해 시작된 측면이 있지만 그 집행은 민족 내부의 치밀한 계획과 노력에 의해 성공했다기보다는 외적인 자금확보에 의거해서 성공했다고 할 수 있다. 선택은 독자적으로 했지만 그 집행은 미국 등의 외국에 의존적일 수밖에 없는 상황이었다(이 점에서도 한국정부의 독자성은 상대적일 수밖에 없다는 평가를 내릴 수 있다). 그렇다고 근대화를 추진한 우리 민족 내부의 능력을 과소평가할 수 있다는 것은 아니다.

다른 나라들은 자금확보를 하지 못한 경우가 태반이며 확보하고서도 근대화에 성공 못했던 경우가 성공한 케이스보다 더 많으므로 민족의 저력은 결코 무시될 수 있는 것은 아니다[경제개발계획을 수행했던 나라 중 아시아 국가들에 국한해 보아도 인도(1951년), 대만(1953년), 파키스탄(1955년: 이상 3국은 토지개혁에 기반한 내포적 개발방식; 이대근식 개념규정), 태국(1961년), 필리핀(1963년), 말레이시아(1966년: 이상은 채취산업의 개발이나 수입대체를 주로 하는 외향적 개발방식; 이대근식 개념규정) 등이 있는데 이 중에서 한국에 비견될 정도로 성공한 나라는 대만밖에 없는 것이다. 수입대체산업화는 당시 다른 개도국들이 택한 방식이었는데 국내시장을 보호하고 과거 수입에

의존하던 공업제품의 국내생산을 촉진하고자 하는 것이다. 이 전략을 통해 부분적인 공업화는 진전되었으나 경제적 고도성장을 이루지는 못했다. 당시 인도의 경우 소련의 지원을 받아 제철공장을 짓는 등 경제부흥의 기치를 내걸어 한때 경제개발의 시범 케이스로 간주되기도 했다).

그런데 이러한 정책전환에 부정적인 측면이 있는 것도 사실이다. 미국의 원조 감축과 외환보유고 감소에 대처하기 위해 수출지향적 개발전략을 택한 결과 농업개발 및 식량자급, 국내지하자원 개발 등 국내산업 육성에 대한 투자배분은 상대적으로 축소되어 결과적으로는 오늘날 지나친 대외의존적 경제구조를 배태케 하여 1997년 IMF 위기를 초래했으며, 위기는 언제라도 되풀이 될 수 있다는 예측도 있는 것이다. 또한 박정희가 암살당했을 때 거대한 외채 앞에 대한민국은 거의 망할 지경이었고 이후 정권이 이를 힘겹게 극복했기에 한강의 기적이 가능했다는 평가도 있다. 그렇지만 그때 수출드라이브가 추진되지 않았다면 오늘날 우리가 거두어들인 성과보다 더 큰 성공을 거둘 수 있었을까 하는 질문에 대해 긍정적으로 대답하기는 매우 어려운 것도 사실이다.

2. 미국과 수출지향 전환

1차계획 수정은 민정이양 스케줄(1963년 10월 15일 제5대 대통령 선거)과 병행하여 이루어졌으므로 민정이양과 계획 수정은 무슨 관계가 있는지 문제를 제기할 수 있다. 미국은 한국 군정의 민정이양을 달성시키기 위해 원조를 지렛대로 삼아 1차계획을 수정케 했다는 것이다.

그런데 미국이 계획 수정을 권유하게 된 원인 중에서 민정이양보다 한일관계의 정상화가 더 중요했다는 주장도 있다. 일본의 대한(對韓)진출 욕구를 한국의 경제개발과 결부시킴으로써 미국의 극동에 대한 군사적

경제적 부담을 덜어 보려는 미국 대외정책의 소산이 바로 계획 수정을
하게 한 원동력이 되었던 것이다. 한일국교정상화가 1차계획의 후반기에
더욱 적극적으로 추진되었던 사실에서 위와 같은 추측의 근거를 발견할
수 있다. 미국의 동북아에 대한 지역통합전략은 한국의 경제개발과 연결
되어 나오게 된 것이었다.

한국정부는 미국과의 다소 불편한 관계 때문에 제1차 경제개발5개년
계획 및 공업화에 필요한 미국 자본의 도입도 수월하지 않았다. 미국은
한일관계의 정상화를 종용하면서, 미국의 대한(對韓) 자금줄을 봉쇄하는
작전을 구사했다. 결국 한국정부가 대일청구권 자금에 집착하게 된 배경
에는 미국의 압력과 함께 내부적인 필요가 작용했던 것이다. 한국정부
당국자들은 한일국교정상화를 통한 자금조달을 경제정체와 불황에 대한
하나의 단기적인 타개책으로 인식했다. 미국은 2차대전 후 한일국교회복
을 일관되게 종용했다. 이승만은 친일파를 등용하면서도 아이러니컬하
게도 대일외교에서는 초강경의 입장을 고수하여 회담이 결렬될 수밖에
없었다. 또한 장면 정권도 여론에 반하는 국교정상화를 추진하려 하지
않았다. 따라서 이 과업은 제3공화국에 와서야 결말을 보았다.

제1차 경제개발5개년계획 기간 동안 지속된 외자의존적 발전전략을
수행하기 위해서는 미국의 경제원조에 대신한 새로운 자금원을 확보하
는 것이 필요했는데 그것은 바로 일본자금의 동원이었다. 미국 또한 일
본과의 관계 정상화를 계속 종용하고 있었다. 미국은 1950년대 이래 한
일관계의 조기 화해를 도모할 필요도 있고 해서 한국에 대한 무상원조를
급격히 삭감시키면서 압력을 가했던 측면이 있다.

초기 미국의 지원은 대부분 무상원조(증여)형식이었다가 1959년 처음
으로 미국으로부터 공공차관을 받기 시작했다. 1960년의 무상원조액은
2억 2,500만 달러였으며 1962년 1억 6,500만 달러에서 1963년 1억 1,900
만 달러로, 1964년에는 8,800만 달러에서 급기야 한일협정이 체결된

1965년에는 7,100만 달러로 줄어들었던 것이다. 미국 AID 위원장 벨 (David Bell)은 한국의 경제성장과 '새로운 경제 원조원(일본을 암시함; 인용자)'을 이유로 한국에 대한 미국의 경제원조가 경감될 것이라고 말했다. 미국의 일본을 중심으로 한 동북아지역 통합전략구상의 일환이었다고 평가될 여지가 있었다.

이러한 상황 속에서 당시 한국정부는 경제계획을 추진하기 위해 적극적으로 차관을 도입할 것을 결정하고 1965년 한일국교정상화의 조치를 취해 일본으로부터의 차관 도입의 길을 열었다. 1966년 외자도입법을 제정해 외자에 대한 우대를 보장해 외자를 유치하는 법적 테두리를 마련했다. 정부의 장려에 호응해 기업들은 경쟁적으로 외자를 도입했다. 한국의 수출드라이브정책이 추진된 후 무상원조는 전부 개발차관으로 바뀌었다. 1965년 일본과의 관계정상화와 수출지향적 경제성장은 원조의 중요성을 감소시켰다.

이와 같은 맥락에서 수출지향형공업화전략으로의 전환은 미국의 무상원조 삭감과 한일국교정상화에 따른 대일종속적 국제분업체제로의 재편입 때문에 이루어진 것이라고 설명할 수 있다. 종속이론가들은 한국의 선택이 세계정치경제의 구조변화에 따라 취할 수밖에 없었던 타율적 선택이었다고 주장한다. 그런데 필자가 보기에는 타율적 선택이었다는 해석보다는 수동적인 선택이었다는 해석에 더 설득력이 있다고 생각한다 (타율적 선택이라는 용어는 미국의 직접적인 지배를 받고 있는 체제를 상정하며, 수동적인 선택이라는 용어는 미국의 간접적인 종용이나 자문과 간섭을 받고 있는 체제를 가정한다).

상대적 독자성을 확보하고 있었던 한국정부는 미국의 간접적 압력을 의식해 상대적으로는 독자적인 방식으로 수출지향적공업화를 택했던 것이다. 1950년대와 1960년대의 당시 다른 저발전 국가들도 세계체제의 구조변화에 직면했으며(우리의 경우는 여타 저발전 국가가 갖지 못했던 대일

청구권자금의 확보라는 특수한 변수가 있었던 점도 다른 점이다), 수출드라이
브 전략보다는 수입대체적 공업화전략을 택한 경우가 더 많았으므로(물
론 라틴아메리카의 여러 국가들도 수입대체공업화가 완수된 시점에서 수출지향
적산업화로 나아가게 되며 이 과정에서 관료적 권위주의가 등장하게 되었다),
박정희 군사정부도 최초에는 이러한 방향을 선택했다. 선택의 여지가 없
는 경우에나 타율적 선택이라고 하지 여러 가지 선택지를 가지고 선택하
는 경우는 그렇게 볼 수는 없을 것이다.

따라서 당시 우리의 선택에 절대적인 주체성이나 능동성은 없었지만
상대적인 주체성과 능동성이 전혀 없었다고 할 수는 없다. 박정희 정권
초기에는 능동적으로 자립적 공업화전략의 지속을 계획했다가 세계체제
의 변화에 직면해 이를 수동적으로 버린 것이라고 할 수 있다. 수출지향
적산업화를 모색하는 과정에서 미국의 직접적인 압력이 있었던 것은 아
니며 한국 지도자의 적극적 사고가 어느 정도(미국의 자문과 종용이 있었으
므로 방향전환 모두가 다 적극적인 사고의 산물은 아니지만 한국정부는 상대적
독자성을 가지고 일정 부분 독자적으로 결정했던 것이다. 이런 맥락에서 미국은
강요하거나 직접적인 지령을 내린 것은 아니었다고 평가될 수 있다) 작용했다
고 할 수 있다.

물론 자립적 공업화전략을 포기하는 과정에서 한국정부의 한계는 노
출되어 미국에 대한 절대적 독자성은 확보하지 못했지만 이는 어쩔 수
없는 한계(이 한계를 극복하려 한다면 당시 세계체제를 벗어나 폐쇄경제체제
[autarky]를 택할 수밖에 없었다)이며 상대적 독자성은 계속 향유할 수 있었
던 것이다. 포기하는 과정에서는 한계가 노출되었지만 새로운 수출지향
적산업화를 선택하는 과정에서는 독자성을 확보했다고 할 것이다.

따라서 1차 경제개발5개년계획의 최초입안은 상대적 독자성의 한계내
에서 행한 최대한도의 독자적인 결정이며, 이의 포기는 비교적 독자성이
떨어지는 수동적인 결정이었고, 새로운 대안으로서의 수출지향적산업화

로의 모색은 비교적 독자적인 결정이었다고 할 수 있다. 독자성의 정도 면에서는 1962년 1월 '최초입안' → 1964년 하반기 이후 '수출지향적 방향 모색' → 1964년 2월 '1차계획의 수정'의 순으로 독자성이 떨어지는 것으로 평가될 수 있다.

3. 수출지향적 노선은 미국의 종용으로 채택되었나?

경제개발론자들이 다른 어떤 대안보다 선호하는 공업우선론은 수입대체산업우선론과 수출산업우선론으로 나눌 수 있다. 1950년대 공업화는 전자의 기조위에서 추진되었으며 1960년대 초반 여러 시행착오와 우여곡절을 거쳐 1960년대 중반이후에는 수출지향적 방향이 채택되었다. 본 연구에서는 1960년대 후반기의 수출지향적산업화전략이 나오게 되는 배경을 추적하였다.

계획 수정과 청구권 자금 등으로 외화부담 문제를 해소한데다가 1965년과 1966년(1차계획 마지막 두 해)에는 수출이 급증했으므로 높은 경제성장의 가능성을 보여 주었다. 이 시기에 작성된 제2차 경제개발5개년계획안에는 한국경제의 낙관적 전망이 기조를 이룰 수밖에 없었다. 1차계획보다 자료와 이론 면에서의 뒷받침이 충실했던 2차계획은 연평균 성장률이 9.7%에 달하는 등 더 큰 성공을 거두었다.

1964년과 1965년에 경제자유화(시장자유화 정책) 시행으로 계획개방체제로 확실하게 전환한 한국의 자본주의는 역사적으로 유례없는 고도성장을 실현했다. 1962~1966년간 원래 목표 7.1%(보완계획의 목표는 5.0%)보다 높은 8.5%(수정치 7.9%)의 성장을 달성했던 것이다.

경제개발에 관한 아이디어는 박정희 개인의 것은 아니었다. 박정희는 막연하게 "가난을 벗어나자"거나 "보릿고개를 넘어서자"는 생각을 가졌는데 이러한 생각들은 경제개발의 밑바탕이 되었을 뿐 5·16 직후부터 계획수립 구상을 구체적으로 가지지는 않았다. 1950년대 후반 이후부터 경제개발계획안이 작성되었으며 특히 장면 정권하에서는 미국의 종용과 후원아래 작성된 구체적인 안이 있었다. 1961년 5·16으로 정권을 잡은 혁명의 지도부 훈타(Junta)는 정권의 정통성을 높이고 미국의 원조를 효율적으로 관리하여 자주적인 경제체제를 구축하기 위해 장면 정권하에 추진되었던 경제발전계획을 더욱 강력하게 추진했다. 그렇다고 군사정부의 안이 민주당안을 그대로 답습한 것은 아니고 성장률(7.1%)에서 볼 수 있듯이 민주당안을 '성장' 위주로 재조정한 것이었다.

미국은 한국에서 공산혁명을 막고 안정을 이룩하기 위해 장기적 경제발전계획수립과 집행을 한국정부 당국자에게 1950년대 중반 이후부터 종용해 왔다. 미국은 성장지상주의보다는 경제적 안정을 통한 점진적 발전을 원했다. 그런데 군사정부는 경제개발계획을 만들 때 장면 정부와는 달리 미국과 협의하지 않았으며 그 결과 안정지향적인 장면 정부 안보다 성장지향적인 다소 자주적인 안을 성안했다.

미국은 박정희 정권이 출범할 때부터 그 정권에 민족주의적 성격이 있다고 판단해 우려감을 품고 있었으며 같은 맥락에서 사전협의가 없었다는 이유를 들어 제1차 경제개발5개년계획의 확정안 발표(1961년 12월 말) 이전부터 1차계획 시안을 비판하기 시작했다. 성장률을 낮추라는 주문에서부터 제철소의 건설은 힘들다는 충고까지 했으며 결국 한국정부는 1962년 11월부터 수정-보완 작업에 착수하여 1964년 2월 수정안을 내놓게 되었다. 원안은 비교적 자주적이며 내향적인 성격을 다소 함축하고 있었음에 비해 수정안은 성장률면에서는 성장지향보다는 안정지향으로 후퇴했지만 다른 한편으로는 외향적이고 대외지향적, 개방적인 성격을 원안 보다 많이 함축하고 있었다.

이는 1962~1963년에 경제개발계획이 2년간 실행되는 과정에서 1차산업 제품과 합판 등의 경공업 제품의 수출이 예상 보다 많이 이루어지면서 이들 제품을 중심으로 수출 목표를 높이 잡을 수 있었던 데에서 연원한다. 1964년 2월 수정안 제출 시점이 아닌 1964년 중반 이후에 수출드라이브정책이 채택되는데 미국의 직접적인 종용이나 압력 행사는 없었던 것으로 판단되며 이는 당시 경공업 수출의 호조 등에서 기인한 기업가들의 조언과 박정희 자신의 결단에 의거해서 이루어진 비교적 자율적인 결정이었다(한편 우정은 교수는 정치적인 면에서 볼 때 1960년 이승만의 몰락이 중요한 분기점이라고 주장했다. 아이젠하워 행정부 말기인 1960년 11월 28일에 작성된 NSC 6018에 수출지향적 방향이 나온다는 것이다. 우정은 교수가 인용한 부분을 정확히 적시하면 "수입 경향을 줄이고 또한 수출-내수용 국내생산을 촉진하기 위한 환율제도의 개혁"이다. 이와 같이 수출지향이라는 말이 정확하게 나오지 않고 단지 그러한 경향성 정도만 느낄 수 있으므로 우정은 교수의 견해는 확대 해석이라고 할 수 있다. 이러한 환율제도의 개혁은 이승만 정권 때부터 미국이 요구해 오던 바이며 이것 때문에 수출지향이 채택되었을 수도 있으나 이것 외에 리더의 결단이 더 중요하게 작용했다고 보는 것이 어떨까 한다. 물론 구조적 요인이 리더 개인에게 작용했던 면을 무시할 수는 없을 것이며 환경적 요인에 의해 떠밀려 수출지향을 선택한 면도 없지는 않지만 박정희의 선택은 다른 지도자와 비교할 때 수출지상주의적 사생결단의 측면이 있었으며 이러한 죽기살기식 추진이 성공의 한 요인이 된 것은 사실이라고 할 것이다).

수출을 진흥하지 못했던 장면뿐만 아니라 다른 국가에서도 미국은 환율현실화를 관철시키려 했지만 수출이 그렇게 급격히 증대되지 못한 경우가 더 많으므로 객관적 환경을 이용할 줄 알았던 리더의 역할을 간과할 수는 없었을 것이다. 그렇다고 박정희가 처음부터 체계적인 대외지향적 공업화전략을 가지고 있었던 것은 아니라, 예상을 뛰어넘는 수출실적에 의해 사후적으로 유인된 것이라는 주장은 전술한 바와 같이 장하원 교수도 이미 설파한 바였다. 군정기간인 시행 2개년간 경제개발에 필요한 외자도입이 순조롭지 못했으므로 외환파동을 초래했고 곡가파동까지 겹친 상황에서 1차산업과 경공업 제품 수출만이 상대적으로 호조를 보였던 것이다.

1965년부터 1967년까지 박정희 정부가 추진한 환율개혁(1965년 3월 변동환율제 실시), 수출진흥정책(1965년 수출 우대금융제도 시작), 무역자유화조치(1967년 후반기의 negative-list system 채택)는 수출을 확대하고 공업화를 촉진시키는데 기여했다. 따라서 이는 수출지향적공업화전략을 뒷받침하기 위한 종합적인 개혁프로그램이었다.

기존의 지배적 가설은 미국의 재정안정화 정책 시행 등의 강제성 권유가 있었으며 이것이 수출지향적 수정으로 급격하게 전환되었다는 것이다. 그러나 미국은 경제개발계획을 수정하라는 압력은 가했으며 성장률을 하향 조정하라고 권고했고 공장시설에 투자하지 말고 사회간접 자본에 투자하라고 권고했을 뿐 수출지향적산업화를 하라고 종용하지는 않았다. 미국은 국내경제의 안정을 권고했고 한국은 국내적 안정에 기반하면서도 대외적 팽창에 더 주목했던 것이다.

또한 환율현실화라는 카드도 버거 주한 미 대사의 평가처럼 부추김(권고)에 불과했으며 미국이 이렇게 간접적 압력을 가해서 수출지향적 방향으로 유도한 측면은 있지만 이것도 미국이 한국의 정책을 수출지향적 방향으로 몰기 위해 내어놓은 카드는 아니었으며, 한국정부가 1964년 5월 원화절하를 수용하는 과정에서 동년 6월 한국정부의 주체적 수용에 따라 수출종합시책을 내놓아 수출지향적 방향으로 점진적으로 변화한 것이었다고 할 수 있다. 앞서 언급한 1960년 11월 NSC 6018의 처방과 그 종용에도 불구하고 장면 행정부는 수출지향적 방향으로 전환하지 못했으므로 역시 지도자의 역할이 중요한 변수 중 하나였다고 할 수 있다.

박정희 자신은 '민족주의적' 성향 때문에 미국의 종용을 일방적으로 받아들이지는 않았으며, 1962~1963년간은 미국으로부터 비교적 자유로운 자주적 발전전략을 채택하다가 기업가-친미파 관료의 반대에 직면해 노선전환을 시도했다. 한국이 상대적으로 독자적인 정책수립과 시행착오, 정책수정과정을 거쳐 수출드라이브정책을 내어놓자 미국은 받아들일 만하여 수용했다. 즉 한-미 간에 적당한 양해와 타협 속에서 수출드라이브정책이 유기적으로 입안되었던 것으로 평가할 수 있다.

따라서 수출지향적산업화를 선택할 때 민족 내부가 주체적으로 결단한 측면이 있다. 그렇다고 이 결단이 치밀한 계획에 의해 뒷받침된 것은 아니었으며 '미국모델' 보다는 '일본모델' 을 따르고자 했던 박정희가 선택했을 가능성이 있다(또한 미국에 대한 절대적 독자성은 1945년부터 없었으며 상대적 독자성이 있었을 뿐이다). 수출지상주의는 1차 5개년계획의 수정안을 처음부터 관통하는 원리는 아니었으며 1964년 후반기 이후에 박정희에 의해 힘을 얻고 강력하게 추진되었던 것이기 때문에 그러하다. 수정안에는 수출 입국이라든가 수출지상주의에 관한 언급이 없다. 따라서 1950년대의 수입대체산업화는 1960년대 초반의 과도기를 거쳐, 1960년대 후반 수출지향적산업화의 방향으로 서서히 전환될 조짐을 보였던 것이다.

제1차 경제개발계획의 원안에는 수입대체적 기간시설의 확충, 국제수지 개선을 위한 수입대체공업화, 소비재공업 중심의 수입대체화 등의 차원에서 자립경제 달성을 위한 수입대체적 요소가 있었다. 수정계획안이 나오면서 수출지향으로 기우는 조짐을 점차 보이기 시작하다가 1964년 환율현실화와 1965년 금리현실화로 인해 적어도 정책적으로는 수출지향적 구도가 완성되었으며 따라서 수출지향적산업화로 전환될 확실한 조짐이 보였다.

종합적으로 볼 때 1962년 제1차 경제개발5개년계획의 시작 시점에서는 기존 계획과 구조에 편승한 측면도 있지만 1964년 중반 이후 수출드라이브가 추진될 시점에는 박정희 리더십이 주요한 요소들 중의 하나로 작용했다고 판단된다.

박정희 정부는 드라마틱하면서도 과격한 정책전환 아닌 조심스럽고 자연스러운 드라이브를 1964년 중반 이후 준비해 1965년 시동을 걸어 수입대체산업화(1950년대 후반~1964년)에서 수출지향적산업화로 점진적 진화를 도모했다. 따라서 박정희 정부 초기는 일종의 과도기였다고 할 수 있다. 1950년대 수입대체로부터 1962년 수입대체-수출지향 병행으로의 진전, 1965년 수출드라이브 시동으로 인한 수출지향산업화를 모색했던 것이다. 1965년 사생결단식의 수출지상주의적 구호 '증산, 수출, 건설,' '수출은 성장의 엔진,' '수출만이 살 길' 등이 걸리면서 이전과는 다른 분위기를 연출했던 것이다.

V. 맺음말: 한국경제발전에 대한 평가

박정희는 1964년 한일회담 타결을 위해 박태준을 밀사로 파견하면서 다음과 같이 말했다.

"국내에서는 한일수교와 관련해 정치자금수수의 흑막이 있느니 굴욕적이니 뭐니 해서 비판도 많고 반대도 격심하지만 우리가 언제까지 미국 놈들에게서 밀가루나 얻어먹고 사는 게 자존심을 지키는 것이냐. 나라경제를 일으키기 위해서는 이 길밖에 없다는 게 내 신념이다. 설사 굴욕적인 측면이 있더라도 우리가 이 기회를 살리지 못하면 왜놈들에게 더 큰 굴욕을 받아가며 살아야 할 것이다. 나는 내 정치생명을 걸고 이 일을 추진할 것이다."

이렇듯 박정희는 미국과 일본에 대항하여 한국경제를 일으키려는 생각을 하고 있었으므로 민족주의적 입장을 가지고 있었다고 할 수 있다.

그러나 고도성장의 기적을 창출했던 박정희시대는 그와 동시에 위기가 지속되었던 양면적이며 복합적인 시대이기도 했다. 물론 위기를 극복했던 저력을 평가할 수는 있지만 당시는 위기를 벗어나는 것이 그렇게 쉽지 않았으며 박정희시대 말까지 위기를 극복했다고 보기도 어렵다.

또한 박정희의 경제적 성과는 여러 변인들이 복합적으로 작용한 결과였다. 이러한 변인들을 효과적으로 엮은 박정희 리더십은 정당하게 평가받아야 마땅하지만 대한민국의 성과를 박정희만의 것으로 치부하는 '박정희의 기적'이라는 말은 적절하지 않다 하겠다. '한강의 기적' 내지는 국내 여러 부문들과 미국과 일본 등 세계의 지원이 결합한 '대한민국의 기적적 성과' 혹은 '대한민국이 세계와 함께 달성한 기적적이며 세계적인 성과'로 불리어지는 것이 보다 정당한 평가가 아닐까 한다. 박정희 정부에 의해 기적적 성과가 방향지어졌지만 그 성과가 박정희 말기에는 매우 비관적이었으며 그 이후의 정부에 의해 경제적 방향이 수정되고 계승되어 발전되었기 때문에 대한민국의 성과는 박정희 개인의 기적에 의한 것은 아닌 것이다(외연을 점차 확장한다면 박정희로 대표되는 군부권위주의 엘리트, 박정희 정부, 박정희시대 엘리트, 정부와 기업, 정부와 민간부문, 대한민국 사람 모두, 이렇게 양파처럼 연결되어 있는 것이다).

심지어는 박정희시대에도 여러 변인들이 복합적으로 작용했으므로 나머지 변인들을 사상하는 박정희의 기적이라는 표현은 일면만을 과장한 견해가 아닌가 한다. 박정희 변수 이외의 부분을 정당하게 평가해도 박정희의 여러 변인들을 조직했던 탁월한 리더십의 폄하되는 것은 아니다. 단군이래의 위대한 지도자라 칭해지는 박정희의 기적적 지도력은 역사가 평가할 것이기 때문이다.

그럼에도 불구하고 역시 박정희 뿐만 아니라 피땀 흘린 노동자와 농민, 무역입국의 주체인 기업가, 정책집행을 책임진 관료, 미국과 일본 등의 외국 자본 등등 다른 경제주체들의 역할도 간과할 수 없다. 대한민국

[이 미국, 일본과 함께 달성한]의 기적적 성과는 이 모든 경제주체가 각자의 영역에서 매우 중요한 역할을 한 끝에 달성된 복합적 결과물이다. 각각의 기여도는 차이가 있을 수 있지만 만약 어느 것 하나라도 없었다면 한국경제발전의 속도는 느렸을 것이며 기적은 불가능했을지도 모른다.

2008년 10월 16일 교육과학기술부가 공개한 국사편찬위원회의 근현대사교과서 개정 권고안인 "고등학교 『한국근·현대사』 교과서(6종) 검토 및 '서술방향' 제언,"(2008년 10월 15일)에는 "대한민국의 경제성장과 산업화가 비약적으로 가능했던 이유를 국민의 노력, 정부의 역할, 국제 정세를 중심으로 설명하고, 산업화에 따른 문제점도 함께 파악할 수 있도록 한다"고 나와 있다. 이는 복합적 인식을 해야 하며 공로는 물론 어두운 점도 함께 고려하여 비지성적인 '일방적 찬양'과 '영웅 만들기'에서 벗어나야 한다는 역사학자들의 의견이다.

한편 특정 시기(산업화 초기)에는 박정희의 선택이 주효했을 수도 있지만 산업화가 어느 정도 진전된 뒤에는 박정희의 비민주적인 정책이 노동자와 일반 시민들의 자발적 참여를 오히려 가로막았을 수도 있었다. 따라서 박정희시대 산업화를 복합적이고 유동적으로 볼 것을 제안했던 것이다. 또한 경제는 구조적인 것이므로 갑자기 변화하는 것은 어렵다. 따라서 박정희시대의 성과가 이전시대의 그것에 기반하고 또 후대로 계승될 수밖에 없는 것이다. 그런 의미에서 이승만시대의 수입대체공업화의 성과와 박정희시대의 수출지향, 그 이후의 개방화가 모두 장기적으로는 하나의 과정으로 볼 수 있다. 따라서 박정희의 기적은 '대한민국의 기적적 성과'라고 보는 것이 보다 구조적인 접근이며 보다 통찰력 있는 장기적인 역사인식이 아닐까 한다.

종합적으로 보면 박정희시대인 1960~1970년대 한국경제가 비약적으로 발전한 것은 온 국민이 힘을 합쳐 열심히 땀 흘려 일하여 국제사회의 협조를 얻은 결과이다. 그런 맥락에서 보면 내적 동인이 외적인 조건보다 중요했다고 할 수 있다. 내적 동인 중 리더십과 국민 중 어느 쪽이 더 중요했는지는 보는 관점에 따라 차이가 있다. 우파적 시각에서는 역시 리더십을 더 평가할 것이며 민중적 시각에서는 국민 대중들의 피와 땀에 비중을 둔다. 그런데 양자의 논리가 일견 타당성이 있으며 서로가 무시할 수 없는 점이 있다. 국민과 리더 중 어느 한쪽도 없어서는 안 될 전제라는 중도적-균형적 시각을 지향한다면 양자의 다툼과 균열에서 한 발 물러서서 균등한 시각으로 지양할 것을 제안한다.

또한 리더십 중 정부와 기업 중 어느 쪽을 더 평가하느냐도 역시 시각 차이가 드러나는 부분이다. 경제인들은 기업가의 역할을 강조할 것이며 정치학자들 중 정치적 리더십을 중시하는 인사들과 관료 출신들은 박정희의 역할을 강조할 것이다. 그러나 시장과 정치는 분리해서 보기에는 너무 얽혀있는 것이 사실이다. 따라서 서로 이론적 쟁투를 벌이지 말고 통합적-유기적으로 보는 것을 제안하고자 한다.

이렇듯 시각에 따라 다르게 보인다면 객관적 사실은 어떠했을까? 국내적 동인 전체를 10으로 했을 때 그 비중을 리더와 국민(follower)에게 각각 5를 줄 수 있으며 리더의 몫 5를 정치적 리더에게 2.5를 그리고 기업가에게 2.5를 나누어 균형을 잡는다면 어떨까 한다. 이러한 시각은 민중 우위론도 아니고 리더십 경시론도 아니며 시장지상주의도 아니며 국가의 역할만을 강조하는 정치학적 맹신주의도 아닐 것이다. 혹시 국민은 5인데 기업가는 왜 2.5에 그쳤냐고 하면 3:3:3으로 균질하게 나누는 것도 검토할 필요가 있다. 우리사회의 역사전쟁이 5:5로 갈려 지나칠 정도의 비용을 지불해서는 곤란하므로 타협적 봉합도 필요하기 때문이다. 또한 지나친 평균주의와 균점사상에 치우쳤다고 비판한다면 다른 평가를 제시해 볼 것을 권고한다.

또한 박정희 경제경책이 1997년과 2008년 위기의 원인을 제공했다는 견해에 대해서는 다음과 같은 장기적 시각을 가질 것을 권한다. 1997년 외환위기와 2008년 금융위기는 박정희시기 개방화와 수출드라이브 채택으로 매년 누적된 무역적자에서 기인했다 할 수 있다. 김영삼 정부의 단기적 대처 잘못도 있지만 IMF 사태는 전시대부터 축적된 구조적 원인에서 온 측면이 있다는 것이다.

한편 전두환 정부 때 신자유주의적 대외개방을 가속화했으므로 그를 개방정책의 채택자로 간주하기도 한다. 그러나 전시대의 수출드라이브가 우리 경제의 양적 성장을 초래했으며 외환위기를 극복할 수 있었던 것도 역시 수출의 공로이므로 '단기적 부정과 장기적 긍정'의 양가적 시각을 가질 필요가 있다. 즉 단기적으로 보면 1973년 이후 중화학공업 부문에 대한 중점[중복] 투자(1972~1976년간의 제3차 5개년계획에서 제철, 비철금속, 전자, 기계, 조선, 화학 등 6개 중화학공업 분야에 집중 투자하는 산업구조의 고도화 정책을 채택했으며 박정희는 1973년 연두 기자회견에서 중화학공업화를 선언했고 5월 중화학공업추진위원회가 신설됨)에 기인한 유신말기와 1980년(-5.7%의 성장률 기록)의 경제적 파탄(1979년 1월 연두 기자회견에서 박정희는 1986년까지 중공업을 세계10대 강국에 올려놓겠다고 호언했지만 중복투자에 제2차 오일쇼크가 겹쳐 중화학 투자 조정을 단행했는데 이때 가동률은 50~30%에서 오르내려 경제적 위기로 발전했으며 그의 체제가 끝난 결과 1980년대에는 외채망국론이 등장했다)이 박정희의 과오라고 볼 수 있지만 1980년대와 1990년대 초반의 호황은 바로 이러한 중화학공업 부문의 투자에서 기인한 것이므로 단기적인 시각을 버리고 보다 중·장기적, 구조적으로 평가할 필요가 있다.

중화학공업화는 막대한 설비투자가 필요하므로 초기상태(최소 10년 이상)에서는 적자가 날 수밖에 없다. 역사를 보다 거시적으로 해석하면 1960년대 이후 추진된 경제개발의 기반을 만든 박정희시대의 평가가 보다 긍정적으로 내려 질 수 있을 것이다. 지금 우리 경제를 지탱하고 있는 커다란 산업들은 대부분 그때 만들어진 것이었다.

　IMF 위기발생이 1960~70년대 한국산업화 체제의 적실성을 부인하는 논리로 직접 연결될 수는 없을 것이라는 견해도 있다. IMF 위기의 요인은 핫 머니의 급증이라는 국제 경제적 환경의 변화, 그리고 산업화 단계가 고도화됨에 따라 필요했던 국가개입의 부작용 해소를 위한 정책도입에 후속정권들이 실패한 것에도 상당한 원인이 있기 때문이라는 것이다. 또한 어떤 정책적 성과도 긍정적 측면과 부정적 측면이 모두 있을 수 있다. 따라서 어느 한쪽 면만 과장하기보다는 양쪽 측면을 모두 고려해 부정적 측면이 강하면 부정적으로, 긍정적 측면이 강하면 긍정적으로 평가하는 상대적 시각을 가질 필요가 있다.

남기는 이야기: 산업화 시대의 안보문제

1) 5·16군사정변

박정희를 중심으로 하는 군부는 1961년 5월 16일 본연의 임무인 국가수호의 사명에서 이탈하여 정치에 개입했다. 이렇게 초헌법적인 쿠데타(군사정변)를 시작으로 1963년에는 미국의 종용 아래 민정이양에 성공함으로써 1979년까지 장기집권을 일구어냈다. 또한 1979년 박정희 대통령의 암살이라는 헌정 사상 초유의 10·26사태 이후에는 신군부가 다시 집권하여 군부의 정치개입은 1980년대까지 지속될 수 있었다.

군부의 정치개입은 불법적인 것이었지만 당시 신생국에서는 하나의 유행이기도 했다. 군사적 효율성을 무기로 과단성 있는 개혁을 추진하는 경우에는 그렇게 부정적으로만 평가될 수 없었던 측면도 있었다. 특히 5·16쿠데타 세력은 당시 우리 역사의 당면과제였던 산업화를 추구함으로써 단군 이래 최고의 호황을 누릴 수 있는 기반을 조성하게 되어 역사적 면죄부를 받았다고 평가할 수 있다.

그런데 1979년 12·12사태와 1980년 5·18(광주민주화운동)의 진압을 통해 집권한 신군부의 경우도 박정희 정부의 산업화를 계속 추진하여 무역흑자를 달성하는 등 그 어떤 정부보다도 경제적 효율성을 드높였다. 그렇지만 김영삼 정부에 의해 전두환-노태우 두 전직 대통령이 구속되는 등 사법적 단죄의 대상이 되어 '성공한 쿠데타는 처벌할 수 없다'는 논리를 무색하게 했다.

군부의 정치개입 시대는 동시에 민주화운동 시대였다고 할 수 있다.

민주화운동이 성공하여 산업화와 민주화가 거의 동시에 압축적으로 달성됨으로써 이제 군부는 정치에 개입하지 않고 본연의 임무를 수행할 수 있게 되었다.

2) 베트남 파병

1961년 출범한 박정희 군사정부는 미국과 안보동맹 체제를 강화해 북한의 위협에 대처하는 것과 함께 경제적 어려움을 시급히 해소하는 것을 최고의 목표로 두었다. 이를 위해 한일국교정상화와 국군의 베트남 파병을 국가전략으로 채택해 '안보와 경제' 라는 두 마리 토끼를 동시에 잡으려 했다.

미국은 케네디 행정부 시절부터 주한미군의 감축을 심각히 고려해 오고 있었다. 이러한 고려는 베트남에 대한 군사개입이 심화되면서 더욱 구체화되었다. 이러한 미국의 태도를 감지한 박정희 정부는 미국이 한국군의 베트남 파병을 고려하기 이전부터 베트남 파병 카드를 적극적으로 제시하였다. 1961년 박정희와 케네디와의 회담에서 박정희가 이미 베트남 파병을 제안했던 것이다. 이렇게 한국이 베트남 파병에 적극적이었던 이유는 베트남 파병을 통하여 당시 미국이 구체적으로 고려하고 있었던 주한 미군 감축을 저지하고자 하였기 때문이다. 이 이후로 한국은 미국에 베트남 파병을 지속적으로 제안하였다. 더불어서 한국 내부에서도 베트남 파병 문제에 대한 구체적 논의가 이루어졌다. 물론 이러한 논의 과정에서 한국이 고려한 것은 비전투병력의 파병이었다.

그러나 케네디 행정부는 이러한 한국의 제안에 대하여 심각히 고려하지 않았다. 존슨 행정부 역시 초기에는 이 제안을 심각히 고려하지 않았다. 그러다가 1964년 들어서 베트남에 대한 군사적 개입이 본격화되면서 미국은 자국의 베트남 정책에 대한 국제적 지지를 확보할 필요성을 느끼게 되었다. 이 일환으로 존슨 대통령은 1964년 5월 9일에 한국을 포함한

25개의 자유 우방 국가들에게 베트남전 지원방안을 검토해 줄 것을 요청하는 서한을 보냈다. 브라운(Winthrop Brown) 주한 미국 대사를 통하여 한국에 전달된 이 서한에서 이동외과병원의 파월을 요청하였다.

한일국교정상화 교섭이 답보상태를 면치 못하고 있는 가운데 1964년 5월 존슨 미대통령이 서한을 보내자 한국은 대미 교섭에 더욱 적극적으로 나섰다. 동시에 남베트남(월남)정부와도 접촉을 시도하는 등 참전을 본격적으로 고려하기 시작했다.

결국 1964년 9월부터 1973년 3월까지 8년 6개월에 걸쳐 총 32만 명이 참전하여 5,000여 명이 희생되었던 한국의 베트남전 파병은 국방 및 안보뿐만 아니라 경제적으로도 기대 이상의 성과를 거두는 등 우리나라 현대사에 큰 영향을 미쳤다.

당시 박정희 정부는 국군 파병을 통해 정치적 기반을 다지면서 미국이 주도하던 안보동맹 관계를 상호협상의 관계로 발전시킬 수 있었다. 아울러 미국의 원조로 굳건한 안보태세를 구축할 수 있었으며 미국의 지원과 전쟁특수를 활용한 외화수입으로 국가발전의 기반을 마련했다. 파병 수당 2억 4,000만 달러, 대외교역량 52% 증가, 파병이후 경제성장 10% 성장이라는 성적표를 거두었던 것이다. 피의 대가로 값진 경제성장의 과실을 수확했던 것이다.

또한 베트남 파병의 효과는 단기적 차원에서의 한미관계의 성격을 크게 변화시켰다. 베트남에 대한 제3국의 군사적 지원을 유도하려는 미국의 노력이 국제적으로 큰 호응을 얻지 못하는 상황에서 한국의 파병은 존슨 행정부에게 매우 특별한 의미를 지녔다. 소위 '브라운 각서'라고 불리는 1966년 3월 이동원 한국외무장관과 브라운 주한 미국대사 간에 작성된 문서가 보여주듯이 한국의 본격적인 베트남전 참전 이후 미국이 약속한 경제적 및 군사적 지원은 한국에 대한 지원을 축소하려는 케네디 행정부 이래의 미국 정부의 정책 방향의 기조를 뒤집었던 것으로 볼 수 있다. 종전 한미관계에서 한국 정부가 거의 일방적으로 대한 원조와 관련하여 미국의 정책에 끌려 다녔다면 한국은 베트남 파병 카드를 통해서 미국과의 대등한 협상 지위를 잠시나마 확보할 수 있게 되었다.

베트남 파병에 대한 한국의 적극성은 기본적으로는 주한미군의 철군 저지와 미국의 대한국 안보공약 유지라는 안보적 목적에서 비롯되었다. 한국의 베트남 파병과 주한미군의 감군 사이의 연계는 당시 미국의 입장에서도 잘 나타난다. 이것은 역설적으로 미국의 베트남전 전략의 전환에 따라서 주한미군 정책에 대한 미국의 입장 역시 변화할 수 있음을 보여주는 대목이다. 이러한 연계는 1968년 3월의 구정 대공세 이래로 베트남에서의 후퇴를 결정한 미국의 정책이 주한미군의 감군 추진과 연결되었다는 점을 통하여 잘 나타났다. 미국의 지원 속에서 북의 위협으로부터 대한민국을 지키기 위한 불가피한 선택이었다고 할 수 있다.

한국의 국내정치면에서 볼 때 베트남 파병은 박정희 지배체제를 보다 강화시키는 효과를 낳았다. 5·16군사정변 이후 박정희는 집권세력 내부의 김종필계와 반김종필계 사이의 분열 및 권력 투쟁 속에서 리더십을 제대로 행사하지 못하고 있었다. 그러나 파병외교를 통하여 박정희는 미국의 강력한 정치적 지지를 획득할 수 있었다. 또한 베트남 파병을 통하여 획득한 외화는 경제개발계획의 성공적 수행을 위한 자산이 되었으며 이 역시 박정희의 대내적 권력기반을 공고히 하였다. 이러한 미국의 지지와 경제개발계획의 성공적 수행을 바탕으로 박정희는 자신의 일인지배체제를 더욱 확고히 하였다.

3) 1960년대 말 북한의 군사적 위협과 긴장 고조

6·25전쟁 이후 남북한 관계는 적대와 긴장이 지속되는 가운데, 소강상태가 이어졌다. 전쟁으로 인한 경제복구, 정치적 혼란 및 사회적 불안정을 치유하는 것이 남북한 모두에게 던져진 과제였다. 그러한 과제를

수행하면서도 휴전선을 사이에 두고 남북한은 고도의 경계 태세를 유지하고 있었다. 전쟁 경험은 냉전적 세계질서의 하위체제로서 한반도에서의 분단구조를 심화시켰던 것이다. 이 구조하에서 어느 일방도 상대방에 대해 진정한 의미의 평화를 제안하지 못했으며, 간헐적인 정전협정 위반과 위선적인 평화 제안이 있었을 뿐이다.

그러나 1960년대 중반 이후 상황은 급변하였다. 북한의 대남 군사도발이 급증한 것이다. 북한의 군사도발이 급증한 것은 몇 가지 이유가 작용한 결과였다. 국내적으로는 1967년 4월에 개최된 조선로동당 중앙위원회 제4기 15차 전원회의에서 갑산파가 숙청당함으로써 대남 총책이었던 리효순 대신에 군 총참모장인 허봉학이 그 자리를 이어받았다. 군사주의적인 대남정책이 추진될 수 있는 조건이 마련된 것이다. 다른 한편 북한은 남한이 1960년대 중반 이후 경제개발에 본격적으로 나서면서 이를 저지하려는 목표로 일종의 충격요법을 구사하기 위한 것이었다는 관측도 있다.

1967년부터 북한의 무장 도발이 급증하면서 북한의 대남 모험주의가 시동을 걸었다. 북한의 한국 내 무장 침투가 1967년에 와서 전년도에 비해 무려 10배(1966년 13건, 1967년 121건)나 증대했고, 1968년의 경우에는 1967년보다 2배에 가까운 217건이나 발생한 것이다. 1968년의 한반도는 한국전쟁 이후 가장 전시에 가까운 상태라고 할 수 있을 정도였다. 1968년 1월 21일 북한이 대남 게릴라전을 위해 양성한 특수부대인 124군 부대 소속으로 알려진 북한의 무장 게릴라 31명이 청와대를 습격하는 초유의 사건이 벌어졌다. 그러나 북한의 도발은 남한에 대한 것만으로 그치지 않았다. 그 이틀 후에는 미 정보함 푸에블로호가 선원 83명과 함께 원산 앞바다에서 북한에 의해 피랍되었다. 전자의 사건이야 객관적으로 북한의 무력 도발이라는 점에 의문의 여지가 없지만, 후자의 사건은 북한 측 주장에 따라 미국이 북한의 영해를 침범했는가 하는 논란이 있을 수 있다.

이 두 사건이 상징적으로 말해 주는 것처럼 1967년 이후 1969년까지 발생한 북한의 무력 도발은 박정희 정권에게 심각한 안보 위협을 제공했다. 1968년 발생한 일련의 북한의 무력 도발, 특히 11월에 있었던 120여 명의 무장 게릴라 부대의 울진·삼척 침투 등은 한국전쟁 이후 지금까지 한국 정부에게 가장 커다란 안보적 위협 상태를 안겨 준 사건으로 기록되고 있다. 게다가 다음해인 1969년 4월 15일에는 미국의 첩보기 EC-121이 동해상에서 북한에 의해 격추되었고, 1968년보다는 감소했지만 북한의 무력 도발은 끊이지 않고 이어졌다.

북한으로부터의 안보적 위협은 한국에게, 특히 1961년 군사쿠데타를 통해 집권한 박정희 정권에게 정권적 차원의, 나아가 국가적 차원의 위기를 제공했다. 박정희 정권은 북한이 전쟁을 준비하고 있다는 징후로 인식하고, 안보 측면의 대응에 부심했다. 그러한 대응 중 가장 중요한 것은 미국과의 동맹 체계를 확고히 하는 것이었다. 더구나 푸에블로호 피랍사건이 동시에 벌어짐으로써 한국 정부는 적어도 미국이 1968년의 이 두 사태에 대해 한미 공동의 위협으로 인식할 것이며, 따라서 공동보조를 취해 나갈 것으로 인식했다. 그러나 미국이 이들 사건을 대하는 태도는 한국이 예상하기 어려운 것이었을 뿐 아니라 매우 실망스러운 것이었다. 한국전쟁과 한국의 월남전 파병으로 '피를 함께 흘린 우방'인 미국은 한국 정부에게 필요에 따라서는 한국의 국가이익에 부응하지 않는 존재로 비치는 계기가 되었다. 직접적으로 작용한 것은 아니지만 1970년대 초 박정희 정권이 자주국방을 추진하고, 핵무기 개발까지 강행하려 했던 데는 바로 이 같은 미국의 태도가 중요하게 작용했다.

미국은 북한의 무력 도발에 대해 분리 대응의 방식을 취했다. 한국과 같은 위협 인식을 하기보다는 푸에블로호와 선원들에 대한 송환에 모든 노력을 경주했으며, 한국과 공동으로 대처하는 데 인색한 반응을 보였다. 말하자면 한국이 가지고 있던 위협 인식에 동조하지 않았던 것이다. 미국에 안보적·경제적으로 의존하고 있던 한국으로서는 곤혹스런 상황이라 하지 않을 수 없었다. 위기를 제공한 것은 북한이었지만, 한국에게 실망과 좌절을 안겨다 준 것은 한국의 동맹국인 미국이었다. 국제사회가 한국전쟁 당시처럼 한국이 느끼고 있었던 분노에 동참하기보다는 현실주의적인 대응을 요구하고 있다는 점을 한국은 뼈저리게 경험한 계기였다. 이것은 한국의 국제인식과 자기 자신에 대한 인식을 새롭게 하는 계기가 되기도 했다.

4) 7·4공동성명

1971년 11월 20일 남북적십자 예비회담에 참여하고 있던 대한적십자사 남북회담사무국 회담운영실장 정홍진과 북한적십자사 중앙위원회 보도부장 김덕현 사이에 비밀 접촉이 시작되면서 남북대화는 새로운 국면으로 접어들었다. 두 사람은 회담을 실질적으로 지휘했던 남쪽의 이후락 중앙정보부장과 북측의 김영주 노동당 조직부장의 직접 통제를 받는 인물들이었다. 정홍진, 김덕현의 비공식, 비밀 접촉은 공식적인 적십자회담과는 별도로 남북한 수뇌부 사이에 정치적 대화 채널이 구축되었음을 의미했다.

1972년에 접어들어 남북적십자회담은 계속 교착 국면을 벗어나지 못했지만, 정홍진·김덕현 라인을 매개로 한 남북한 수뇌부의 비밀 협상은 급속한 진전을 보였다. 정홍진이 1972년 3월 평양을 방문하고, 김덕현이 4월 서울을 방문하였다. 이후락 중앙정보부장은 5월 2일에서 5일까지 평양을 방문하였고, 북은 김영주가 와병중이라는 이유로 박성철 제2부수상을 5월 29일에서 6월 1일까지 서울에 보냈다. 상호 비밀방문의 결과 마침내 1972년 7월 4일 남북이 자주, 평화, 민족대단결 등 통일 3원칙에 합의하는 공동성명서가 발표되었다.

비밀 대화통로의 구축과 밀사 교환, 남북공동성명의 발표 과정 모두에서 한국 정부는 이와 같은 일련의 조치에 대해 모두 미국 관계자에게 알렸다. 이후락 중앙정보부장은 1972년 6월 29일 주한 미국대사 하비브(Philip C. Habib)와 주한 CIA 지부장 리처드슨(Richardson)을 불러 발표 예정인 남북공동성명 내용을 알려주었다. 이후락은 원래 6월 28일 평양으로 가서 공동성명에 서명하고 발표할 예정이었지만, 박 대통령이 평양까지 갈 필요는 없다고 해서 서울과 평양에서 동시 발표하기로 결정되었다고 했다. 그리고 북한에 7월 4일을 발표일로 제안했지만 아직 답변을 듣지 못한 상태라고 했다. 주한 미국대사 하비브는 남북 두 당국의 밀사 교환 및 공동성명 발표는 자신이 전부터 권고해 오던 것이라고 하면서 공동성명 발표를 환영했다.

"7·4남북공동성명" 내용에 대해 미국은 공식적으로 남북공동성명을 환영하였다. 다만 한 미국 관리는 키신저에게 보내는 비망록에서 공동성명에서 남한은 "얻은 것보다 양보한 것이 더 많았다고" 평가했다. 하비브는 남북공동성명이 발표된 직후 자신은 이후락에게 더 이상 남한이 양보해 주라고 촉구하지 않을 것이라 했지만, 남한이 회담을 깨려 한다는 인상을 주지 않도록 주의를 촉구할 것이라고 했다.

당시 미국 정부 관리들은 남한이 북한의 계략에 너무 쉽게 말려들어가거나 회담을 너무 급진전시키는 것에 대해서는 우려했다. 그러나 이러한 우려 때문에 남북대화의 속도와 범위를 제약하거나 이를 중단시키려고 압력을 행사할 의도는 없었던 것으로 보인다.

1972년 8월 29일 평양에서 개최된 제1차 남북적십자회담 본회담을 앞두고 남북 사이에는 의견 충돌이 있었다. 당시 남측 적십자사는 본회담의 대표단 중 한 사람으로 이북5도민회 회장 김희종을 지명했다. 북측은 여기에 불쾌감을 피력하여 김희종을 대표단에서 빼라고 요구했고, 아니면 본회담을 연기시키겠다고 했다. 남측은 만약 김희종이 대표단에서 탈락될 경우 월남민이나 극우 반공 인사들의 반발이 예상되기 때문에 난처했다. 중앙정보부 관계자는 북측에 남측 대표단이 평양에 갈 때 북측에서 알아서 그냥 김희종을 제외하고 받으면 될 것이 아니냐고 북의 의사를 타진했지만 북은 이것도 거부하였다. 이 문제는 이후락과 하비브, 리처드슨 사이에서 논의되었는데, 하비브 대사는 난감해하는 이후락에게 "남한의 이해관계를 생각한다면 김이 대표단에서 물러나게 하는 것이 회담을 교착시키는 것보다 나을 것이다"고 조언했다. 이 문제는 결국 박 대통령이 김희종을 구범모로 대체할 것을 지시하여 일단락을 지었다.

김희종 소동에서도 나타나듯 미국 정부는 7·4공동성명 이후에도 기본적으로 남북대화가 지속되기를 희망했고, 그러한 방향에서 영향을 미쳤다. 당시 미국 정부는 단지 대한정책 차원이 아니라 전반적인 동아시아 정책, 세계적인 데탕트 정책이라는 차원에서 남북대화가 계속 유지되는 것이 필요했다.

남북대화는 7·4공동성명으로 급물살을 탔다. 양측의 대표단이 서울과 평양을 오가며 남북적십자 본회담이 개최되었다. 인도적 문제를 다룬 남북적십자회담과는 별도로 남북관계를 개선·발전시키고 통일문제를 해결하기 위해 남북조절위원회 본회담도 열리게 되었다. 미국 정부는 남북조절위원회 회담이 너무 급하게 군사·정치적 문제로 돌입할 가능성을 경계하고 이를 예의 주시하였다.

그러나 남북대화의 범위와 속도 문제 때문에 한미 두 나라 사이에 심각한 의견 차이나 갈등이 발생한 것은 아니었다. 남북대화가 군사, 정치 문제로 급진전되어 현상유지의 틀을 벗어나는 것을 꺼리는 입장은 사실상 한국 정부가 미국 정부보다 훨씬 더 강경했다. 한국 정부가 남북대화를 하게 된 목적 중 하나가 주한미군과 한미동맹을 유지하기 위한 것이었다. 당시 한국 정부의 정책이 북한과의 타협을 위해 미국이 추구하는 현상유지의 틀을 벗어날 가능성은 전혀 없었다.

또한 고려해야 될 것이 남한 내부 정치의 문제이다. 설사 박정희 대통령과 이후락 부장은 북한과의 정치·군사적 문제에 대한 토론과 협상을 원했다고 하더라도 이를 추진하는 것은 거의 불가능에 가까웠다. 당시 한국 정부 관료는 물론이고 중요 언론 및 여론 주도층들은 강력한 반공주의 이념을 가지고 있었다. 7·4공동성명 발표 직후부터 여기에 제동을 거는 강경한 목소리들이 나왔다.

외무부장관 김용식은 마셜 그린과의 대담에서 이후락이 추진하는 남북대화에 대해 각료들이 우려하는 목소리가 커지고 있다고 했다. 김종필 총리는 남북대화가 정점에 이르렀던 1972년 11월 주한 미국대사와의 만남에서 이후락이 공명심 때문에 남북대화를 너무 빠르고 신중하지 못하게 추진하고 있다고 했다. 또한 그는 이후락은 남북정상회담까지 추진하려고 하지만 박 대통령은 여기에 반대하는 것 같다고 했다.

박정희 정부는 기본적으로 권력 핵심 인사들이 군 장성 출신들로 채워져 있고, 위기 때마다 군대를 동원해 물리력을 행사한 군사정권이었다. 정권 유지를 위해 군의 입장을 고려하지 않을 수 없었다. 남북대화 문제는 정부와 군의 관계에서 대단히 민감한 사안이 될 수밖에 없었다. 군부 장교 집단은 애초부터 남북대화 추진에 비판적이었다. 미국대사는 7·4공동성명 직후 대부분의 사람들은 이를 우호적으로 생각하지만, "군부 장교들의 반응이 가장 차갑다"고 했다. 주한 CIA 지부의 정보에 의하면 한국군 장교들은 대부분 남북대화와 이후락의 역할에 대해 회의적이라고 했다.

박정희 정권은 물론 한국 보수 강경파 세력과 군의 지지를 받고 있었다. 박 대통령은 이 무렵 한국의 모든 상황과 분야를 통제하며 절대 우위의 권력을 확보하고 있었다. 그러나 박 대통령도 자신을 지지하는 집단으로부터 완전히 자율성을 확보할 수는 없었다. 박 대통령은 남북대화 추진 과정에서 일어나는 보수 강경파 세력과 군 장교 집단의 불만에 대해 신경을 쓸 수밖에 없었다. 그렇기 때문에 박 대통령과 이후락이 북한과 군사·정치 문제에 대한 협상에 돌입하고 현상유지의 틀을 넘어 남북대화를 진전시키기는 것은 현실적으로 애초부터 불가능했다.

결국 박정희는 공동성명을 계속 실천하여 남북대화를 진전시키는데 주력하기 보다는 자신의 체제를 공고화하는데 주력해 1972년 10월 유신을 통한 집권연장을 꾀했으므로 남북 간의 화해는 더 이상 진전되지는 못했다.

5) 핵개발과 자주국방

박정희 대통령은 미국의 닉슨 독트린(1969년 7월 25일)과 주한미군철수 계획 발표(1970년 7월 15일) 후 자주국방을 추진했다. 핵무기 개발은 자주국방 추구의 구체적인 방법 중 하나였다. 박정희의 자주국방 구호는 미국의 군사적 지배를 벗어나려는 민족주의적인 시도로 평가되기도 하고, 데탕트시대를 역행했던 군비확장적 노선으로 평가절하되기도 한다. 그런데 특히 냉전체제하 미국의 잠재적 적이었던 소련과의 관계개선을 시도하려는 한국 정부의 움직임이 미국에 의해 포착되었으므로 미국은 한국을 더욱 더 견제하려고 했다. 이러한 압력은 포드 행정부(1974~1977)의 주한미군철수 검토와 카터 행정부 수립 후 주한미군철수 압력으로 구체화되었으며 한국은 한층 더 자주국방을 추구하여 양국 간의 갈등은 심화되었다. 한-미 간의 군사적 갈등 중에서 가장 중요한 이슈는 역시 박정희의 핵무기 개발 시도였다. 이를 보다 자세히 고찰할 필요가 있다.

1970년 늦여름과 초겨울에 한국정부의 고위관리들이 계획된 주한미군철수 속도를 늦추기 위해 회합을 가졌다. 결국 국방과학연구소와 무기개발위원회가 설립되었다.

박정희 대통령은 1971년 주한 미7사단의 일방적인 철수로 자주국방을 더욱 적극적으로 추진하게 되었다. 이를 위해 1971년 기관총 및 박격포,

수류탄 등을 1972년까지 개발하는 '번개사업'을 추진하는 한편 극비리에 핵무기 개발과 이를 운반하기 위한 장거리 지대지(地對地) 미사일 개발도 진행했다.

박정희의 미사일 개발 극비지시가 내려진 것은 1971년 12월 24일이었다. 박정희는 당시 오원철 청와대 중화학공업 및 방위산업담당 경제제2비서실 수석비서관을 통해 1단계로 1975년까지 지대지 미사일의 국산화를 목표로 하되 사정거리는 2백km내외로 하라고 지시했다. 이에 따라 국방과학연구소(ADD)를 중심으로 개발팀이 구성되어 '항공공업계획'이라는 위장 명칭으로 1973년경부터 본격적인 지대지 미사일 개발이 시작되었다. 사정거리 5백km의 미국 퍼싱급 미사일을 1978년까지 개발하는 것이 목표였다. 이에 따라 개발팀은 미국의 도움 없이는 불가능하다고 판단해서 지대지 공격도 가능한 미 나이키 허큘리스 지대공 미사일을 모방하기로 했다.

개발팀은 나이키 허큘리스 미사일 제조회사인 맥도널 더글러스(MD)사로부터 기술도입을 추진했다. 그러나 이 기술도입은 미 정부의 강력한 반대에 부딪혀 어려움을 겪었으며 우여곡절 끝에 1975년 12월 MD사와 1단계 계약을 체결하여 나이키 미사일의 지대지 성능개량을 위한 기술자료를 얻을 수 있었다. 개발팀은 특히 미사일 추진제 제조의 핵심장비인 연료와 산화제를 고르게 섞는 대형 혼합기 구입에 어려움을 겪었다. 3백 갤론 용량의 혼합기가 필요했는데 미국 외에는 구입선이 없었으나 미국은 우리의 대형 유도탄 개발에 강한 반대 입장을 고수했다.

미 국가안보회의 1975년 2월 28일자 한국 핵개발 문제에 관한 비망록에 의하면 "한국 정부는 핵무기 개발의 초기 단계(initial stage)에 진입했으며 …… 향후 10년 안에 제한적으로 핵무기와 미사일을 개발할 수 있다는 점을 밝혀냈다(1975년 3월 3일 국가안보회의가 스나이더 주한 미 대사에게 보낸 전문에도 10년 안이라는 표현이 나온다)"는 것이다. 또한 미 CIA는

1975년 3월 다음과 같이 평가하였다.

    한국은 일부 외국을 통해 추진용 생산 시설 및 기술을 확보하는데 아무런
어려움이 없음. 한국은 이미 미국 회사의 이중 추진용 생산 시설(a double
based propellant facility)을 구매하기 위한 상담을 적극적으로 전개하고 있으
며, 보다 더 효능이 좋은 혼합식 추진제(composite propellent)를 생산하기 위
한 시설은 미국, 일본, 프랑스, 서독, 영국, 이탈리아, 이스라엘 등에서 구입
할 수 있음.

    그런데 박정희는 베트남 패망직후인 1975년 6월 "한국이 미국의 핵우
산 보호를 받지 못할 경우 우리의 안전을 위해 핵무기 개발을 포함한
가능한 모든 수단을 동원할 것" 이라고 『워싱턴 포스트』와의 회견에서
일종의 의도적인 '엄포' 를 놓았다. 그 다음 날 『코리아 타임스』는 "한
국은 핵무기를 개발할 수 있는 기술적 잠재력을 갖고 있다" 는 최형섭
과학기술처 장관의 발언을 보도했다. 당시 원자력 연구소 연구실장 김철
박사의 증언에 의하면 1975년 중반 이후 청와대에서 국회의원과 주한
미 대사가 참석한 만찬이 있었는데, 국회의원 한 사람이 대사에게 "우리
가 지금 핵무기를 개발하고 있는데 알고 있느냐" 고 말했다는 것이다. 초
기 개발 과정에서 박정희는 그 정보를 미국에 다소 고의적으로 흘려 간
접적으로 압력을 가했다고 할 수도 있다. 즉 주한미군의 완전 철수를 막
고 핵우산을 좀더 붙잡아 두는 등 유용한 대미 협상카드로 활용했던 것
이다. 물론 그러한 이유로 미국의 견제를 받아 종국적으로는 사망했지만
말이다.

    박정희의 『워싱턴 포스트』 회견에 접한 미국은 국가안보회의, 국무부,
주한 미대사관 3자간 협의를 거친 후 1975년 7월 2일 국무부 명의의 '재
처리 건에 대한 대 한국 방안' 이라는 비망록(Action Memorandum)을 작
성하였다. 이에 의하면 "한국정부는 프랑스로부터 핵무기에 사용될 수

있는 플루토늄을 바로 손에 넣게 될 소규모의 파일럿 급(pilot scale) 재처리 플랜트를 구입하기 위한 협상을 진행시켜 왔으며 가까운 시일 안에 잠재적 확산 사례가 될 가능성이 크고 극도로 위험한데다가 미국의 국익에 직접 손상을 입힐 수 있다"며 이를 막기 위한 적극적이며 다각도의 대안을 모색하고 있다. 캐나다와 프랑스에게 협조를 구하고 핵 보유 야망을 분명히 포기하는 대가로 평화적 핵 에너지 사용을 지원하겠다고 약속한다면 한국이 핵을 포기할 가능성이 높다고 평가했던 것이다.

이 와중에 1975년 4월 SGN사와의 재처리 시설 건설계약이 정식으로 체결된 뒤 프랑스 원자력청(CEA)은 국제규약에 따라 원자력시설 안전보장차원에서 국제원자력기구(IAEA)와 정식 교섭을 시작했다. 우리가 재처리 시설을 도입하려 한다는 사실이 공개리에 핵강대국들의 도마 위에 올랐다.

주한 미국대사 스나이더는 1975년 8월 23일 최형섭 장관을 찾아와 국제정치 불안을 이유로 핵 개발 포기를 요구했다고 한다. 또한 핵폭탄 설계 연구책임자인 익명 인사에 따르면 제임스 슐레진저 미 국방장관이 1975년 8월 25일~28일에 방한해 박정희에게 핵무기 포기각서를 받아갔다는 것이다.

미국은 결국 한국정부에 압력을 가해 1976년 1월 23일 프랑스의 SGN사와 맺었던 재처리 시설 건설 계약을 파기하게 했으며 이 과정에서 한국정부는 포기의 대가로 미국으로부터 경제적·군사적 지원을 얻으려고 노력했다. 마이런 크러처 해양·국제환경·과학 담당 차관보 서리를 단장으로 하는 국무부 교섭단은 1976년 1월 22일~23일 주한 미대사관에서 최형섭 장관 등 우리측 관계자와 협상을 벌여 핵개발 강행 시에는 군사원조를 중단하겠다는 방침을 명확히 했다. 박정희는 재처리시설 도입과 연구용 원자로 도입 계획 등을 모두 취소할 수밖에 없었다. 1976년 5월 포드 행정부의 도널드 럼즈펠드(Donald Henry Rumsfeld) 국방장관은 "한국이 핵무기 개발을 고집하면 미국은 안보·경제문제를 포함해 한국과의 모든 관계를 재검토할 것"이라고 경고했다. 또한 미 NSC 13을 리뷰한 1977년 1월 26일의 카터의 메모란덤에 의하면 주한미지상군의 감축 외에 한국의 핵개발 의도와 미사일 기술획득 의도 등도 논의해야 할 주제였다.

박정희의 핵개발에 대해 주한미군의 철수에 맞서 자주국방을 달성하려 했던 민족주의적 시도로 평가하는 견해도 있다. 또한 코리아게이트에 대해서도 '박정희의 핵개발을 막기 위한 카터의 압박작전'이었다는 견해도 역시 민족주의적 평가이다. 그러나 코리아게이트는 박정희의 인권 탄압과 독재를 옹호해 줄 미국 국회의원을 막기 위한 것이었으므로 철저히 박정희 개인의 집권 연장을 위한 것이었고, 애국적 동기에서 시작된 것이 아니며 주한미군 철수를 막기 위한 것이라는 수사는 명분에 불과했던 부차적인 목적이었다. 또한 냉전이 데탕트로 전환되던 이 시기에 홀로 군비확장 노선으로 치달았던 것은 '북한의 위협에 대응한다'는 명분에도 불구하고 반역사적 행위였다고 할 수 있다.

그러나 한국정부는 그 이후 핵개발을 포기하지 않았으며 더욱더 보안에 신경을 썼다. 직행코스를 피해 우회코스를 모색해가기 시작했다. 미국의 감시를 피하기 위해 재처리사업은 '화학처리 대체사업(일명 핵연료 국산화사업)'으로 이름을 바꾸었다. 연구용 원자로는 자체 개발하기로 결정했다. 대체사업 전담기구도 1976년 12월 핵연료개발공단으로 탈바꿈하여 대덕에 설립했다.

또한 1978년 프랑스와 재처리 시설에 관한 협의를 재개했다. 이 와중에 미국은 카터 대통령이 지스카르 데스텡 프랑스 대통령과 직접 담판하여 다시 그 협상을 중단시켰지만 대체사업은 계속 진행되어 1978년 10월 핵연료 가공시설이 준공되었으며 1979년 5월에는 우라늄 정련-전환 공장 기공식이 진행되었다. 이 무렵 미국은 한국이 대체사업을 통해 핵개발을 계속해 온 것을 알아차렸다고 원자력연구소장 윤용구 박사는 추측했다.

　박정희는 1981년 전반기에 핵폭탄이 완성될 것으로 예상했으며 그해 국군의 날(10월 1일) 행사 때 핵무기를 세계만방에 선보인 후 그 자리에서 하야성명을 내겠다고 말했다는 것이다. 이는 1979년 1월 3일 부산 해운대 조선비치호텔 백사장에서 선우련 공보비서관에게 하야성명 작성을 부탁하며 했다는 말인데 박정희는 핵폭탄이 생기면 김일성도 감히 남침할 염두를 못 낼 것이라고 말했다고 한다. 그런데 임방현 수석비서관의 회고에 의하면 그렇게 낮은 직급의 비서관에게 말했을 가능성은 없으며, 자신은 미사일에 관한 말은 들었지만, 핵무기에 대해서는 전혀 들은 바 없다는 것이다.

　그렇지만 강창성 전 보안사령관도 박정희가 1978년 9월 자신에게 핵무기 개발의 95%가 완료되었으며 1981년 상반기부터는 핵무기 생산이 시작될 것이라고 말했다고 증언했다. 또한 박정희 장녀 박근혜도 "핵무기가 있어야 살 수 있다"는 아버지의 말을 여러 번 들었다고 증언했으며, 1979년 당시 핵무기에 필요한 물질(플루토늄)의 확보에 성공했다는 얘기를 들은 것 같고, 핵무기 개발을 완수한 뒤 자진 하야하려 했다고 증언했다. 이런 말들이 사실이라면 박정희는 핵무기에 자신의 진퇴를 걸만큼 집착했으며 핵무기를 대북억지력의 차원으로 간주했음을 알 수 있다.

　한편 박정희는 1970년대 후반 김성진 문화공보부 장관에게 "앞으로 내가 초야로 돌아가 자서전을 쓰게 될 경우 임자가 와서 도와주겠나"라고 물었다고 한다. 김성진 전 장관은 이렇게 '1983년 자발적 하야예정설'을 주장했다.

　그러나 이렇게 핵개발을 통해 자주국방을 추구하던 박정희는 미국의 입장에서는 '눈에 가시' 같은 존재였다. 따라서 유신시대 계속된 한미 간의 미묘한 갈등은 더욱 증폭되었으며 한미갈등은 10·26사건으로 우회적으로 귀결되었다. 이후 12·12와 5·18 등으로 집권한 전두환 정부는 취약한 정통성을 보장받기 위해 미국에 더욱 의존할 수밖에 없었다. 결국 핵개발은 물론 심지어 미사일 주권도 자발적으로 포기하여 레이건과의 밀월관계에 놓이게 되었다.

결국 1991년 11월 8일 노태우 대통령은 북한으로 하여금 국제 핵사찰을 받게 하기 위한다는 명분아래 '핵연료 재처리 시설 및 핵농축 시설을 보유하지 않는다' 는 구절이 포함된 '한반도 비핵화 선언' 을 발표했다. 이는 핵주권 포기선언으로 평가되고 있다.

현대 한-미관계를 보다 장기적으로 개괄해 보면 1970년대 근대화의 결실이 어느 정도 맺어지기 전까지 미국으로부터의 군사적-경제적 원조 없이는 국가를 존립할 수 없을 정도로 한국의 정치-경제는 미국에 종속되어 있었다. 그렇지만 어느 정도 근대화가 진전되자 상당한 정도의 대미 정치적 자율성을 획득할 수 있게 되었다. 핵개발 이슈도 이러한 정치적 자율성 획득 과정에서 나온 갈등의 사례였다. 미국은 이러한 박정희의 자주국방 시도를 반미적 정향으로 파악하여 결국 한-미 간의 갈등은 계속 증폭되었던 것이다.

■
■
■
더 읽을 거리

• 김형아. 『박정희의 양날의 선택(유신과 중화학공업)』. 신명주 역. 서울: 일조각, 2005.

　박정희 대통령은 왜 중화학공업화를 필생의 사업으로 삼았는가? 그리고 왜 유신체제를 출범시켰는가? 저자는 국내외의 각종 저서와 보고서, 논문뿐만 아니라 한국과 미국의 미간행 문서, 박정희의 저작, 그리고 박정희 대통령의 정책과 관련된 인물 및 주변 인물들과의 인터뷰 등을 통해서 얻은 자료를 바탕으로 가설을 제시했다.

　박정희에 대한 찬양론과 비판론, 양비론을 다같이 극복하면서 박정희와 그의 정책의 본질과 복잡성을 직조해냈다는 평가이다.

• 박태균. 『원형과 변용: 한국 경제개발계획의 기원』. 서울: 서울대학교 출판부, 2007.

　1960년대 이후 한국경제의 가장 중요한 특징 중의 하나는 고도성장이다. 이 책은 고도성장의 중요 요인이었던 경제개발계획을, 특히 그동안 연구가 별로 이루어지지 않았던 1950년대 후기와 1960년대 초기의 경제개발계획의 수립과 변화과정을 직접 다루고 있다. 저자가 이 책을 통해 해명하고자 하는 과제는 두 가지이다. 하나는 이승만 정부, 민주당 정부, 군사정부 초기에 수립된 경제개발계획이 공업화 전략이나 경제정책의 우선순위 등에서 어떤 성격을 갖는 계획인가를 밝히는 것이고, 다른 하나는 '왜' 초기의 경제개발계획이 1964년에 보완계획으로 변용되었는가 하는 것이다.

• 이병천 편. 『개발독재와 박정희 시대: 우리 시대의 정치경제적 기원』. 서울: 창비, 2003.

> 박정희시대에 대해 한편에서는 기적적인 경제발전을 통해 과거의 빈곤과 후진성을 극복하고 오늘의 풍요로운 한국을 있게 만든 황금기로 묘사되며, 한편에서는 파쇼적 통치와 민주주의의 압살을 통해 오늘날 우리 사회가 안고 있는 갖가지 모순과 병폐가 싹튼 암흑기로 묘사된다. 이들 관점을 각각 '동아시아 기적'의 시각과 '반독재 민주화운동'의 시각으로 이름할 수 있다면 이 책은 접점을 마련하기 어려웠던 이 두 시각 간의 비판적인 대화와 상호대질을 통해 박정희 개발독재시대의 양면성을 고찰함으로써 오늘 우리 사회의 정치경제적 기원을 탐문했다.

• 이완범. 『박정희와 한강의 기적: 1차 5개년계획과 무역입국』. 서울: 선인, 2006.

> 박정희 대통령은 강력한 리더십을 발휘한 영웅으로 보기도 하고 친일파요 독재자로 평가되기도 한다. 이렇게 첨예하게 갈라진 양극단적 평가 속에서 과연 박정희 대통령 시기 경제발전을 정당하게 평가할 수 있을까? 아무 것도 없는 상태에서 박정희의 탁월한 영도력이 이룩한 '한강의 기적'이었나 아니면 다른 호조건에 일방적으로 편승했던 것인가? 이 책에서는 박정희시대 산업화를 복합적이고 유동적으로 볼 것을 제안한다.
> 한강의 기적은 모든 경제주체가 각자의 영역에서 매우 중요한 역할을 한 끝에 달성된 복합적 결과물이다. 기여도의 차이는 있을 수 있지만 만약 그것들 중에서 어느 것 하나라도 없었다면 한국경제발전의 속도는 지금보다 느렸을 것이며 '기적'은 불가능했을지도 모른다. 이 책은 한국경제발전의 첫 단추였던 제1차 경제개발5개년계획의 입안과정과 수출드라이브정책으로의 전환과정을 통해 박정희의 공과를 평가하려는 시도이다.

• 조이제 · 카터 에커트 편. 『한국근대화, 기적의 과정』. 서울: 월간조선사, 2005.

> 이 책의 집필에는 조이제, 카터 에커트(美), 와타나베 토시오(日), 알렉산드르 맨스로프(러), 마흥(中) 등 박정희시대 연구의 세계 각국 연구진들이 대거 참여했다.
> 박정희는 집권 말기의 무리한 집권 연장, 인권탄압으로 인한 부정적인 관점 때문에 그가 한국 경제사에 남긴 거대한 족적은 상대적으로 조명을 덜 받아

왔다. 이 책은 박정희가 어떻게 권력을 장악했고, 권력을 넘겨주지 않기 위해 어떤 방법을 동원했는지 등 정치적 문제에 대해서는 다루지 않으면서 박정희가 한국 경제사에 남긴 업적을 객관적으로 조명하는 내용들이 주를 이루고 있다.

이 책은 박정희가 집권할 당시 대한민국 경제는 어떤 상황이었는지, 그 시점에 박정희는 어떤 경제정책을 시행했는지, 그 정책이 어떤 긍정적인 효과와 부정적인 효과를 가져왔는지, 수십 년이 지난 후 그의 정책이 한국 경제의 발전에 어떤 역할을 했는지를 분석하고 있다. 박정희가 한국경제사에 남긴 공(功)을 중심으로 약간의 과(過)까지 포괄하여 입체적으로 조명했다는 평가이다.

• **한배호 편. 『한국현대정치론 II: 제3공화국의 형성, 정치과정, 정책』. 서울: 오름, 1996.**

이 책은 오늘날 한국사회의 총체적 실체의 단초가 1960년대에 마련되었다고 보며, 종합적인 이론적 틀에 입각하여 1960년대의 정치경제적 특징과 정책, 대외관계 등의 조망·분석의 필요성을 제기한다. 즉 이러한 문제의식에 입각하여 필자들은 제3공화국 — 박정희 정권의 형성, 정치과정, 정책에 대해 종합적인 분석을 시도한다. 제3공화국의 '형성'과 관련하여 군부쿠데타의 기원, 군정기간의 경제정책이 다루어지며, '정책' 분야에서는 경제개발과 국가기구의 역할, 수출산업화 정책, 냉전체제와 경제개발, 노동운동 등이 검토되고 있다.

제4장

민주화 이후 보수·진보 갈등의 심화와 국가안보

김일영 | 성균관대학교 정치외교학과 교수

I. 민주화 이후 남남갈등의 심화

1987년 민주화가 시작된 이후 벌써 20여 년이 흘렀다. 그 사이 우리는 네 차례의 정권교체를 경험했다. 그 중 두 번은 보수와 진보 사이에서 정권이 바뀌는 수평적 정권교체였다. 보수정권(노태우, 김영삼)이 진보정권(김대중, 노무현)으로 바뀌었다가 다시 보수정권(이명박)으로 회귀한 것이다. 이 정도면 한국 민주주의가 이행(transition)을 넘어 공고화(consolidation) 단계에 들어섰다고 평가하는 데 손색이 없겠다.

그런데 민주화가 사회통합보다 갈등을 심화시킨 측면도 있는 것 같아 우려를 낳고 있다. 민주화 이후 이념, 계층, 지역 간의 대립이 한층 심해졌기 때문이다. 그 중에서도 보수와 진보 사이의 갈등이 특히 심각해졌다. 두 진영은 통일, 외교, 경제, 복지, 교육, 미디어, 역사 해석 등 거의 모든 문제에서 사사건건 대립하고 있다.

2003년 이러한 보혁(保革)갈등의 심각성을 상징적으로 보여주는 일이 일어났다. 그 해 서울에서는 3·1절 기념행사가 두 군데서 열렸다. 시청 앞에서는 태극기와 성조기를 앞세운 사람들이 '반핵·반김'을 내걸고 주한미군 철수 반대를 외치며 인공기(人共旗)를 불태웠다. 비슷한 시간 탑골공원에서는 한반도기를 앞세운 군중이 '반전·반미와 민족자주'를 내걸고 주한미군 철수를 부르짖으며 성조기(星條旗)를 짓밟았다. 1946년 좌익과 우익이 신탁통치 문제를 둘러싸고 찬반으로 갈려 남산과 동대문 운동장에서 별도로 3·1절 기념행사를 치른 적이 있는데, 58년 만에 유사한 사태가 재연된 것이다. 어느덧 보수와 진보는 이 땅에서 좌우가 본격적으로 발생하기 전에 일어났던 3·1절조차도 함께 기념할 수 없는 사이가 되어 버리고 말았다.

이런 남남갈등은 지난 10년 사이 특히 심해졌다. 안보는 국가의 운명과 존망을 좌우하는 문제인데, 이런 중요한 문제를 둘러싸고도 한국 사회는 좌우로 나뉘어 끊임없이 대립·갈등하고 있다. 보혁갈등은 정도의 차이가 있을 뿐 어느 사회에나 있는 일이긴 하다. 하지만 지난 10년 사이 한국에서 나타난 남남갈등은 유독 그 정도가 심하고 내용이 대단히 소모적이어서 좀 더 우려를 낳고 있다.

이 글은 민주화 이후 남남갈등의 심화 현상을 '국민정체성(national identity)'의 형성과 해체 그리고 재구성이란 관점에서 설명할 것이다. 지난 10년 사이 동맹국인 미국에 우호적인 사람은 줄어든 반면 북한에 호의적인 사람은 크게 늘어났다. 이 글은 이런 '동맹피로'의 심화 현상을 한국의 경제발전과 정치발전, 냉전질서의 붕괴 그리고 정권의 성격변화 등과 관련시켜 살펴볼 것이다. 한미동맹의 중심축인 주한미군 문제를 둘러싸고도 보수와 진보는 유지론과 철수론으로 서로 대립하고 있다. 이 글은 그 구체적 양상을 살펴보고, 이 문제를 보혁을 떠나 국익의 차원에서 어떻게 접근해야 하는지에 대해 생각해볼 것이다.

김대중 정부 출현 이후 남북관계 면에서 커다란 변화가 있었다. 이러한 변화를 두고 대결 대신 화해와 협력의 시대가 열렸다고 반기는 사람이 있는가 하면, 일방적인 대북 '퍼주기'라고 비판하는 사람도 있다. 같은 시기 북한은 핵개발을 추진했는데, 이에 대한 평가를 둘러싸고도 대북정책 면에서의 보혁대결이 이어지고 있다. 진보는 북한의 핵개발을 '방어용'으로 바라보거나 '민족핵'으로 간주하면서 대북지원정책 덕에 한반도에서 평화가 가능해졌다고 주장하는 반면, 보수는 두 진보정권(김대중 및 노무현)의 일방적 대북 '퍼주기'가 북한이 핵을 개발할 수 있는 여건을 마련해주었다고 하면서 엄격한 상호주의와 반핵·반김을 주장하고 있다. 이 글은 남북관계의 변화를 바라보는 균형 잡힌 시각을 모색하면서도 북한 핵을 '방어용' 내지 '민족핵'으로 바라보는 것이 얼마나 허황되고 위험한 논리인가를 설명하도록 하겠다.

II. 국민정체성의 형성과 해체 그리고 재구성

국민정체성은 고정불변이 아니다. 그것은 형성과 해체 그리고 재구성의 과정에 대해 열려 있다는 점에서 탄력적이다. 이렇게 본다면 현재의 국민정체성 위기는 그것이 재구성되는 과정에 있기 때문에 나타난 것이며, 그것을 둘러싼 헤게모니 투쟁의 외화(外化)가 최근의 남남갈등이라고 할 수 있다.

그러면 한국의 국민정체성은 언제 어떻게 형성되었고, 왜 최근에 와서 해체의 위기를 겪고 있으며, 어떻게 재구성되어가고 있는가? 근대 국민국가(modern nation-state)의 발전과정은 국가건설(state-building), 국민형성(nation-building), 정치적 참여의 증진(participation), 분배의 개선(distribution)이라는 네 단계를 거친다. 한국에서는 이 네 가지 과정 중 앞의 세 가지가 동시에 주어지면서 국민국가가 건설되었다. 1948년 정부가 수립되면서 적어도 법적·제도적으로는 영토와 주권을 지닌 국가가 만들어졌고, 보편적 참정권을 지닌 국민이 탄생했기 때문이다.

물론 그것은 형식상 국민국가의 탄생에 불과했다. 곧 이어 전쟁이 터짐으로써 주권이 위협받고 영토가 재조정되었다. 국민들이 헌법상 부여된 참정권을 실질적으로 누리기까지는 상당한 시간이 소요되었다. 이 점에서 한국에서의 국민국가 건설은 꽤 긴 기간의 어려운 과정을 거쳤다고 할 수 있다. 초기 단계에서 특히 어려웠던 것은 사람들에게 '한국(남한)' 국민으로서의 의식을 갖게 만드는 일이었다. 정부 수립 이후 38선 이남에 살고 있던 사람들은 대한민국 국민으로 편입되었다. 그러나 의식 속에서 그들은 '한국' 국민이라기보다는 남북한의 구분이 없는 '조선인'으로서의 정체성을 지니고 있었다. 다시 말해 '한국'의 국민정체성은 아직 형성되어 있지 못했던 것이다.

국민정체성은 구성원들이 국가의 여러 상징, 즉 언어, 역사, 신화, 제도 등을 함께 내면화할 때 형성된다. 이런 내면화는 국민들이 집단적으로 국가의 존재와 행동을 체험함으로써 일어난다. 국가의 존재에 대한 체험은 국내적으로 일어나기도 하고 대외관계 면에서 벌어지기도 한다. 국내 차원에서는 구성원들은 조세 부과, 법령이나 정책의 시행 등과 같은 강제성을 띤 조치들을 통해 국가를 체험하기도 하고, 국가가 베푸는 시혜적인 조치(각종 복지혜택)나 민주화 같은 대규모적 정치참여를 통해 체험하기도 한다. 대외적으로 국가를 체험하는 방식은 통상(通商)이나 스포츠 교류 등이 있지만, 가장 확실한 것은 전쟁이다. 적과 동지를 분명하게 함으로써 구성원들이 배타적 동류의식을 갖도록 만드는 데는 전쟁만한 것이 없다.

정부 수립 당시 남북한에 살던 주민들은 분단 이전의 국가인 조선의 여러 상징을 공통적으로 내면화하고 있었다. 이 점에서 그들은 '한국'과 '북한'이 아니라 '조선'에 속하는 사람으로서의 정체성을 아직 지니고 있었다. 이들이 각각 '한국'과 '북한'의 국민으로서의 정체성을 갖기 위해서는 자신들이 속한 국가의 존재와 행동을 체험하는 대내외적 계기가 필요했다. 그 무렵 '한국'의 국민정체성 확립과 관련하여 결정적인 계기가 된 것은 농지분배와 한국전쟁의 발발, 그리고 전쟁 중에 강화된 반공이었다.

남한 주민들에게 '한국' 국민으로서의 소속감을 느끼게 만든 최초의 계기는 정치적 권리의 행사(예컨대 1948년 5·10선거에서의 참정권 행사)보다는 경제적 이해관계의 충족(1950년 초 단행된 농지분배)이었다. 1940년대 말 한국은 인구의 70.9%가 농업에 종사하고 있고, 그 중 80% 이상이 소작 내지는 자소작(自小作) 상태였다. 이런 사회에서 구성원들에게 작지만 농지를 분배받았다는 사실은 그들에게 자신이 어떤 정치적 공간에 속해있는지를 알게 만들기에 충분했다.

이후 3년간의 전쟁을 겪으면서 남한 사람들은 북한(공산주의)에 대한 적개심을 키우게 되었다. 그들은 전전(戰前)에 남한 내부에서 벌어졌던 좌우 갈등에서는 미처 깨닫지 못했던 배타적 구별을 북한에 대해 느끼기 시작했고, 이렇게 북한을 동족이 아니라 적으로 느끼게 되는 배타성이 '한국'의 국민정체성을 확립하는데 크게 기여했다. 전쟁은 외적인 차별 지움을 통해 내적인 통합을 강화하는 효과를 냈다. 이 점에서 북한의 김일성은 한국의 국민(정체성)형성의 일등 공신(?)이라고 할 수 있다.

한국전쟁을 계기로 훨씬 강화된 반공정책 역시 북한과 구별되는 한국의 국민(정체성)형성에 적지 않게 기여했다. 반공정책은 전쟁 통에 확산된 대북 적개심 때문에 국민들에게 별 무리 없이 받아들여졌다. 동시에 국민 대부분이, 주변에서 '부역(附逆)'의 경험을 지닌 사람들이 반공의 이름으로 심한 고초를 겪는 것을 지켜보아야 했다는 점에서 반공정책은 두려움 속에서 내면화되기도 했다. 이 점에서 이 시기 반공정책은 인권을 침해하거나 반대파를 탄압하는 데 악용되는 등의 부작용을 적지 않게 낳았다. 그러나 반공정책이 지닌 억압성과 부작용 외의 또 다른 측면, 즉 '한국' 국민으로서의 정체성 형성을 통한 통합 내지는 내부적 단결 효과를 전적으로 부인할 수만은 없겠다.

그러나 전쟁과 반공을 통해 형성된 국민정체성은 지속성 면에서 한계가 있었다. 그것은 냉전적, 배타적, 억압적 정체성이기 때문에 냉전이 끝나거나 남북 간에 긴장이 완화되거나 또는 민주화가 진척되면 언제든지 위기에 봉착할 수밖에 없었다.

이러한 변화는 1980년대 후반부터 서서히 나타났다. 지난 수십 년 동안 한국 정치를 지배하던 권위주의가 퇴조하고 1987년부터 민주화가 시작되었다. 전후 국제질서를 규정하던 냉전 또한 1989년 베를린 장벽 붕괴를 계기로 급속히 허물어졌다. 하지만 한국에서는 이미 형성되어 있던 냉전적·억압적·배타적인 국민정체성이 쉽게 사라지지 않았다. 민주화가 시작되었지만 그것을 떠맡은 첫 번째 인물은 구(舊)정권의 연장선상에 있는 노태우였다는 점에서 한계가 있었다. 전 세계적 차원에서는 냉전질서가 붕괴되었지만, 한반도 차원에서는 북핵 문제 등의 요인이 겹쳐 긴장완화가 쉽게 진행되지 않았다. 이러한 국내외적 (한계)요인 때문에 한국에서는 기존의 국민적 정체성이 민주화와 냉전 질서 붕괴 이후에도 상당 기간 동안 관성(慣性)을 발휘했던 것이다.

하지만 민주화 운동을 주도했던 김영삼과 김대중이 1993년과 1998년에 각각 정권을 잡으면서 한국 민주주의도 이제 본궤도에 오르게 되었다. 김영삼 정부는 군 내부의 사조직인 '하나회'를 숙정(肅正)함으로써 한국 정치에 대한 군부의 개입 가능성을 완전히 차단하고, 민주화를 불가역(不可逆)적인 과정으로 만들었다. 뒤이어 상대적으로 진보적인 김대중 정부가 등장했다. 이 정부는 대북화해정책인 '햇볕정책'을 추진하고 남북정상회담을 개최하면서 반세기 동안 지속된 '한반도 냉전구조를 해체' 시키고자 했다. 이렇게 민주화와 남북화해가 진척된 결과 냉전적·배타적인 국민정체성은 커다란 도전에 직면하게 되었다. 특히 2000년대 들어서면서 국민들 사이에서, 특히 전쟁을 겪어보지 못하고 풍요 속에서 자란 젊은 세대를 중심으로 북한을 대결보다는 화해와 협력의 대상으로 보자는 움직임이 급속히 확산되었다. 이러한 움직임은 기존의 국민정체성과 충돌하기 시작했고, 남남갈등이나 기억을 둘러싼 계급투쟁(과거사 논쟁)은 바로 이런 배경에서 생겨났다. 이 와중에 '미국에 대해 할 말은 하겠다.'는 노무현이 대통령에 당선되고, 미국에 대해 반감을 지닌 반면 북한에 대해서는 우호적인 생각을 지닌 '386세대'가 권력의 핵심으로 진입하면서 이러한 갈등은 더욱 증폭되었다.

시대가 바뀌고 세상이 달라졌으니 새로운 국민정체성이 필요해진 것은 사실이다. 민주화 이후 남남갈등이 심해진 것은 이렇게 국민정체성이 재구성되는 과정에서 어쩔 수 없이 겪어야 하는 산통(産痛)이라고도 할 수 있다. 다만 지난 10년 사이 한국에서 나타난 남남갈등은 그 정도가 너무 심하고 내용도 대단히 소모적이어서 우려되는 바가 적지 않다. 특히 안보는 국가의 운명과 존망을 좌우하는 문제이기 때문에 이런 갈등이 국가안보문제로까지 비화되는 것은 가급적 막아야 하는데, 실상은 그 반대이다. 안보문제가 남남갈등의 핵심이 되는 경우가 많았기 때문이다.

III. 한국에서 확산되고 있는 반미·친북 감정

2003년은 한국과 미국이 동맹을 맺은 지 50주년 되는 해였다. 1953년 10월 1일 「한·미 상호방위조약」이 체결[1]된 이래 반세기 동안 한·미동맹은 북한의 군사적 위협을 억제하였을 뿐 아니라 동북아시아에서 안정과 평화를 유지하는 데 크게 기여했다.

지난 반세기 동안 한·미 동맹관계가 항상 순조롭지만은 않았다. 주한미군의 규모, 한국에 대한 미국의 방위지원 규모, 한국군에 대한 작전통제권 반환, 한·미 행정협정 상의 불평등한 조항의 개정, 한국의 방위비 분담 규모 등 많은 점에서 한국과 미국은 갈등과 조정을 거듭하면서 군사동맹관계를 유지시켜 왔다.

그런데 2003년을 전후해 한·미 관계를 조정과 타협보다는 갈등으로 흐르게 만드는 일이 자주 발생했다. 한국전쟁 당시 미군이 노근리 주민들을 학살한 사실이 폭로되었고, 매향리에 있는 미군 폭격연습장 주변의 주민들이 입은 피해가 사회문제로 등장했다. 미군이 인체에 유독한 포름알데히드를 무단 방류한 사건을 계기로 주한미군에 의한 환경파괴문제도 사회적으로 쟁점화 되었다. 미군의 범죄행위가 잇따르고 있지만 「주둔군지위협정(SOFA)」의 불평등성 때문에 한국정부가 형사처벌권을 제대로 행사하지 못하자, 이 협정의 개정을 요구하는 목소리도 높아졌다. 이런 와중에 2002년 6월 의정부에서 여중생 2명이 미군 장갑차에 치여 사망한 사건이 터지면서 반미기류는 계층과 세대를 넘어 급속하게 확산되기 시작했다. 거기에 북한 핵 문제를 둘러싼 한·미 양 정부 간 인식 차이까지 포개지면서 반미정서는 더욱 거세졌고, 2003년 등장한 노무현 대통령의 '거침없는' 자주적 발언 역시 이러한 정서 확산에 기여했다.

지난 60여 년 동안 한국에서 반미정서가 이 당시처럼 널리 확산된 적은 없었다. 한·미 동맹의 전략적 의미보다는 미국의 일방주의에 대한 불신과 반감이 한·미 관계를 지배했다. 휴전 이후 50여 년이 지나는 동

---

1) 보다 정확히 말하면 이 조약은 1953년 8월 7일 가조인되었고, 10월 1일 정식 조인되었으며, 양국 국회의 비준을 거쳐 1954년 11월 18일부로 발효되었다.

안 함께 피 흘리고 싸웠다는 '혈맹' 의식은 흘러간 옛 노래가 되었다. 한국에서는 특히 전교조의 영향을 받은 학생들이나 386세대에 속하는 젊은 층을 중심으로 동맹피로 증상 내지는 동맹표류(同盟漂流) 현상이 나타났다. 이런 분위기 속에서 주한미군의 지위와 역할에 대한 재검토부터 미군 철수에 이르기까지 한·미 동맹관계를 조정 내지는 재고하자는 다양한 주장이 쏟아져 나와 우리를 긴장시켰다.

1. 한국에서 반미주의 등장의 역사적 배경

한국에서 이러한 반미감정이 새삼스러운 것은 아니다. 1980년대부터 대학생들 사이에서는 미국에 대한 비판의식이 퍼지기 시작했다. 그것은 멀게는 1980년 신군부가 광주민주화운동을 유혈적으로 진압한 사태를 둘러싸고 한국군에 대한 작전통제권을 지닌 미군의 책임문제가 거론되면서 생겨나기 시작했고, 그 후로 미국이 한국의 독재정권을 지원하면서 점차 악화되었다. 당시 미국이 한국에 가한 통상압력도 반미정서의 확산에 기여했다. 그 결과 대학생들이 서울, 부산, 대구에 있는 미문화원을 점거, 방화하는 사건이 일어나 사회적 충격을 던졌다. 이러한 사건들을 통해 반미감정은 적어도 대학생들 사이에서는 시민권을 획득하게 되었다.

그러나 근자의 반미기류는 세대와 계층을 넘어 공감대가 확산되고 있다는 점에서 1980년대의 그것과 달랐다. 기존의 반미가 대학생 중심의 이념적인 것이었다면, 최근의 그것은 이런 이념적 반미에다가 사회 전반의 정서적 반미가 결합할 조짐을 보이고 있다. 무엇이 지난 20년 사이에 이런 변화를 가져왔을까?

우선 냉전종식과 한반도에서의 화해기류를 들 수 있다. 1990년대 들어 냉전이 끝나고 한국이 적극적인 북방정책을 통해 구(舊)사회주의권

국가들과 교류를 시작하면서 사회주의에 대한 국민들의 경색된 관념도
풀리기 시작했다. 물론 북한의 핵개발로 1994년에는 한반도가 전쟁 일보
직전까지 가는 위기를 겪기도 했고, 북한의 잠수함 침투로 남북관계가
긴장되기도 했다. 이 점에서 세계적 차원에서의 냉전 해소와 한반도에서
의 그것의 진행 사이에는 상당한 시간적 갭이 있었다. 그러나 이러한 시
간지체(time lag) 현상은 1998년 등장한 김대중 정부가 '햇볕정책'을 통
해 대북포용노선을 일관되게 추진함으로써 빠른 속도로 메워지기 시작
했다. 특히 2000년 6월 남북의 정상이 평양에서 서로 대면한 이후 국민
들의 대북인식은 변하기 시작했다. 이제 국민들 사이에서는 북한을 더
이상 현실적 위협으로 여기지 않는 분위기까지 등장하게 되었다.

　　본래 동맹관계는 위협에 대한 공통된 인식을 바탕으로 성립한다. 다시
말해 어떤 국가들이 공동의 적(common enemy)을 지닐 때 동맹관계가
형성된다. 그런데 김대중 정부 출범 이후 남북화해 분위기 속에서 북한
위협론이 약화되면서 한·미 동맹의 존립근거도 함께 흔들리기 시작했
다. 한국 내에서는 북한이 적대국인지 포용의 대상인지에 관한 인식상의
혼란이 생겨났고, 그로 인해 남남갈등까지 생겨났다. 2001년 부시(G. W.
Bush) 행정부가 출범하면서 이러한 북한에 대한 인식상의 괴리는 한·미
양국 정부 간의 문제로 비화되었다. 클린턴(Bill Clinton)이나 김대중과는
달리 조지 W. 부시는 북한을 대화와 포용의 대상이 아니라 위협의 근원
으로 여겼다. 특히 2001년 9·11 테러 이후 미국이 북한을 테러를 배후
지원하는 '악의 축(axis of evil)' 국가의 하나로 간주하면서 대북정책을
둘러싼 한·미 간의 갭(gap)은 더욱 커졌다. 양국은 동맹의 바탕이 되는
위협인식 면에서 상당한 격차를 드러내게 된 것이다.[2]

---

[2] 보수적 칼럼니스트인 새파이어(W. Safire)는 2003년 3월 10일자 뉴욕타임즈(*New York Times*)에서 "한국은 더 이상 미국의 동맹국이 아니라 중립국"이라는 주장까지 펼쳤다.

2. 반미·친북 감정, 어느 정도 심각한가?

많은 여론조사 결과가 이 점을 잘 보여주고 있다. 2003년 한국 갤럽이 조사하여 발표한 바에 따르면, 북한의 전쟁도발 위험성을 우려하는 국민이 1992년 69.2%, 1995년 52.7%, 1999년 43.1%, 2002년 32.8% 등으로 계속 줄고 있다. 제1차 북핵 위기가 있었던 1994년 무렵에도 이러한 감소 추세는 줄지 않았으며, 제2차 북핵 위기가 고조된 2003년 2월에도 북한에 대해 위협을 느끼는 국민은 37.1%에 불과한 것으로 나타났다.

이에 반해 미국인들은 북한을 2001년 9·11 테러를 자행한 알카에다(al-Qaida) 다음으로 미국에 위험한 존재로 인식하고 있다는 여론조사 결과가 나왔다. 미국 여론조사기관인 조그비(Zogby) 아메리카가 2003년 3월 10일 공개한 조사 결과에 따르면 미국인 10명 중 3명꼴인 30%가 북한이 미국에 가장 위험하다고 응답했다. 알카에다는 32%로 1위, 이라크는 22%로 3위였다. 이라크전이 임박한 상황이었는데도 북한이 이라크를 누르고 2위로 올라갔다는 사실은 미국인들의 북한에 대한 위협의식이 상당함을 보여주는 증거라 할 수 있다.

한국 내에서의 이러한 북한위협론의 약화는 한·미 동맹의 근간인 주한미군에 대한 국민들의 인식도 변화시켰다. 미국 또는 미군이 우리를 지켜주는 '고마운' 존재이기 때문에 한·미 관계에서 어느 정도의 불평등은 감수할 수밖에 없다는 생각 대신 미국에 대해서도 따질 것은 따지면서 한·미 관계를 보다 수평적인 것으로 가져가야 한다는 관념이 젊은 층을 중심으로 자라기 시작했다. 일각에서는 미국, 특히 조지 W. 부시 행정부가 남북관계 개선의 훼방꾼이 아니냐는 인식까지 생겨나기도 했다.

2003년 2월 초 『중앙일보』에서 한 여론조사 결과가 이 점을 잘 보여주고 있다. 이에 따르면, 미국과 주한미군에 대한 시각은 세대에 따라 차이가 컸다. 미국정부에 대한 호감도를 묻는 질문에 대해 전체적으로 47.4%

가 '싫다,' 36.7%가 '중립,' 15.9%가 '좋다'고 응답했다. '싫다'는 의
견은 20대에서 60.6%로 가장 높았고, 50대 이상으로 가면 34.9%로 떨어
졌다. 바람직한 한·미 관계에 대해서도 응답자들은 '미국 중심 외교·
안보정책 전면 재검토'에 11.8%, '미국 중심 탈피'에 48.0%, '전통적
한·미 동맹관계 복원'에 33.0%, '미국 주도 세계질서 유지에 협력'에
7.2%로 답했다. '동맹관계 복원'은 20대가 28.1%였고, 50대 이상은
43.1%를 기록했다. 그리고 주한미군 문제에서 대해서는 전체적으로는 '크
게 줄이거나 철수(13.8%)'와 '다소 감축(42.8%)'등 감축 쪽이 56.6%였
고, '현 수준 유지(41.5%)'와 '규모 확대(2.0%)'는 43.5%였다. '현 수
준 유지'를 선택한 비율은 20대에서 29.5%에 그친 반면 50대 이상에선
51.1%로 절반을 넘었다. 또 50대 이상에서는 8.0%에 불과한 '미군 철
수'의견이 20대에서는 15.4%였다.3)

　남북화해 분위기 외에 산업화와 민주화를 거치면서 시민사회가 크게
성장했다는 점도 한국인들이 미국에 대해 자의식을 갖게 하는 데 기여했
다. 지난 수십 년 동안의 급속한 산업화를 통해 한국은 경제적인 면에서
아시아, 더 나아가 세계에서 무시할 수 없는 중추국가의 하나로 성장했
다. 1990년대 들어 민주화까지 진행되면서 한국인들의 자부심은 더욱 높
아졌다. 산업화가 만들어낸 중산층은 민주화 이후 시민사회가 성장하는
밑거름이 되었다.

　시민사회는 국내외적인 불평등을 시정하는데 관심을 기울였다. 그들
은 국내적으로 분배, 인권 등에 신경을 썼고, 미국과의 불평등관계를 개

---

3) 이 문제에 대해서는 지역 및 지지층별로도 시각차가 컸다. 호남 거주자와 대선에서의
　노무현 지지자들은 '미국 중심에서의 탈피'입장이 많았고, 영남 거주자와 이회창 지
　지자들은 '한·미 동맹 강화'에 대한 지지가 높았다. 아울러 일반 국민과 여론주도층
　사이의 시각차도 컸다. 여론주도층의 54.9%는 '전통적인 동맹관계 복원'입장에 서
　서 일반 국민의 33%와는 큰 차이를 보였다. 주한미군 문제에 대해서도 여론주도층의
　71.1%는 '현 수준 유지'를 지지했다.

선하는 데에도 관심을 쏟았다. 이 무렵 주한미군이 관련된 일련의 사건
들이 터졌다. 거기에는 아래의 〈표 1〉에서 보듯이 성범죄, 살인, 환경오
염, 훈련 중 사고 등 다양한 것들이 포함되어 있었다. 권위주의 정권 아
래서는 이런 일들이 사회문제화 되지 못했을 것이다. 그러나 민주화 이
후 성장한 시민사회는 이런 일련의 사건들을 통해 한·미 관계의 불평등

〈표 1〉 1990년대 이후 주한미군 관련 주요 사건

사건의 종류	사건의 내용	진행과정
미군 훈련 중 사고	매향리 사격장 소음 및 오폭 사고(1995.2)	국가상대 손해배상청구소송에서 매향리 주민이 승소(2001.4), 사격장 폐쇄
	미군 장갑차 여중생 사망사건 (2002.6.13)	관련 병사 무죄평결, 조지 W. 부시 대통령 사과, 촛불시위
미군 부대 주변의 환경오염	백운산 기름 유출(1998.3)	한·미 양국 오염방지 문제 협의 중
	한강에 독극물 방류(2000.7)	
	서울 녹사평역 기름 유출 (2001.7)	
	수도권 4개 산에 미군 낙서 (2002.5)	
	용산 미군기지 유류에 의한 주변토양오염(2002.10)	
미군 병사에 의한 범죄	윤금이 살해사건 (1992.10)	미 정부 배상금 지급, 케네스 이병 국내에서 복역 중
	이태원 여종업원 살인사건 (2000.2)	주한미군 배상금 지급, 매카시 상병 국내에서 복역 중
	주한미군 카투사 성폭행 (2003.2)	렘 석 병장 징역 30년 언도받고 미국에서 복역 중

성을 부각시켰고, 그것의 시정을 강력하게 요구했다.

2002년 말에 장기간 지속된 촛불시위는 이 모든 조류와 움직임을 총괄적으로 보여주는 상징적인 사건이었다. 이 시위 속에는 여중생의 죽음을 애도하면서 「주둔군지위협정」의 개정을 요구하는 목소리와 미군 철수와 반미를 외치는 소리가 공존하고 있다. 앞의 요구에 주목하는 사람들은 이러한 반미정서를 그렇게 심각하게 여기지 않는다. 당연히 요구할 것을 요구한다고 생각하는 것이다. 그러나 뒤의 목소리에 주목하면서 근자의 반미기류 확산을 크게 우려하는 사람들도 적지 않다.

사실 평균적인 한국인들은 미국(군)에 대해 양가(兩價)적인 감정을 지니고 있다. 한국인들 다수는 일상생활의 영역에서는 여전히 미국을 선망하고 있다. 미국식 문화와 소비생활이 이들의 삶의 상당 부분을 지배하고 있으며, 영어구사능력에 대한 갈망은 가히 절대적이다. 주한미군 주둔이 북한의 침략에 대한 최선의 억지책이라고 생각하는 한국인도 아직많다. 그러면서도 한국인들은 미국이 거만하고 한·미 동맹을 통해 한국에 대해 정치·경제적 지배권을 행사하려 한다는 점에서 상당한 분노와 굴욕감을 느끼고 있다. 그들은 미국이 아시아와 유럽의 다른 주요 국가들에게 보여주는 정도의 존중심을 한국에 대해서는 보여주지 않는다는 점에 대해 불만을 지니고 있다.[4]

반미정서의 저변에는 미국에 대한 한국인들의 이중적인 감정이 섞여있다. 두 감정의 배합비율은 사람마다 다르며, 그에 따라 다양한 목소리가 나오고 있다. 이들 다양한 외침은 한·미 동맹의 현상유지와 그것의

---

4) 예를 들어, 지난 몇 년 동안 일본에서 미군 병사들이 강간이나 살인 등의 범죄를 저지르면 대통령을 포함한 미국의 최고위층이 즉각 사과를 했음에 반해, 한국에서 미군 병사들이 유사한 범죄를 저질렀을 경우 미국정부는 별로 주의를 기울이지 않았다. 한국인들은 바로 이 점에 대해 분개하고 있는 것이다. 또한 한국 사람들은 한·미 간의 「주둔군지위협정」이 미국과 다른 동맹국들과의 그것에 비해 훨씬 불평등하다고 믿고있다.

완전폐기를 두 극단으로 하는 스펙트럼의 어딘가에 위치하고 있다. 이들 목소리의 상당 부분은 미국 자체에 대한 거부라기보다는 미국과 보다 수평적인 동반자 관계를 맺기를 바라는 국민 여망의 표현이라고 볼 수 있다. 이 점에서 미국에 대한 항의의 표현을 모두 반미로 볼 필요는 없다.

다만 한 가지는 심히 우려되는데, 한·미 동맹 폐기나 주한미군 철수를 주장하는 쪽의 영향력이 점차 커지는 가운데 양 극단 사이의 대립이 점차 첨예해지고 있다는 사실이다. 이라크전을 전후해 전 세계적으로 반전, 반미, 반(反)조지 W. 부시의 움직임이 고조되었는데, 이 와중에 한국의 극단적(이념적)인 반미 주장도 힘을 키워갔다. 이들은 반전과 반미가 명확히 구분되지 않는 상황에 편승해 반전·평화의 명분 아래서 반미의 목소리를 높이고 있었다.

IV. 한미동맹과 주한미군, 어떻게 볼 것인가?

이렇게 국민적 정체성이 재구성되는 와중에 좌우갈등이 고조되고 있고 반미감정은 높아져 가고 있는 상황에서 자라나는 세대에게 안보와 관련된 주요 쟁점을 어떻게 균형 있게 가르칠 수 있을까? 여기서는 지난 10년 사이 안보 면에서 보수와 진보 간에 가장 첨예한 논란이 되고 있는 한미동맹과 주한미군 문제를 살펴보겠다.

1. 주한미군 유지론

주한미군 유지론의 가장 전통적이면서 소박한 논거는 북한은 여전히

변하지 않았고 북한으로부터의 위협은 상존(常存)하고 있기 때문에 주한
미군은 남침억제 및 인계철선 역할을 하기 위해 계속 필요하다는 것이
다. 이 주장은 김대중 정부 등장 이후 남북화해 분위기(특히 남북정상회
담)가 증진되면서 설득력을 잃다가 2002년 말 제2차 북핵 위기가 터지면
서 다시 힘을 얻고 있다.

이 주장의 문제점은 북한(의 호전성)과 미국(의 호의성)을 모두 불변의
상수(常數)로 가정하고 있다는 점이다. 근자 들어 미국은 군사변환(mili-
tary transformation) 방침에 따라 해외주둔군 정책을 재검토하면서 주한
미군을 재배치하는 작업을 진행하고 있다. 이런 맥락에서 미국은 주한미
군의 인계철선(引繼鐵線, trip-wire) 역할을 부인하기 시작했는데,5) 이로써
미국의 호의성을 가정하는 이런 논리는 곤란에 봉착하게 되었다. 아울러
이 주장은 미국에 대한 관성(습관)적 의존에 빠져있다는 비판에서도 자유
롭기 어렵다. 따라서 이 주장은 주한미군이 단순히 미국의 호의 때문이
라기보다는 미국의 국익 때문에 주둔하고 있다는 사실을 고려할 필요가
있겠다.

최근 북한이 다시 핵개발을 시도함으로써 북한의 호전성에 변함이 없
다는 논리에 기댄 주한미군 유지론이 재차 힘을 얻게 된 측면은 있다.
하지만 이런 주장은 북한의 변화 가능성을 염두에 두지 않음으로써 상황
이 바뀔 경우 언제든지 설득력을 잃을 수 있는 위험성에 노출된 것도
사실이다. 따라서 이 주장은 북한이 핵개발을 포기하고 변화의 조짐을

---

5) 휴전 이후 미국은 주한미군을 서울 북방의 서부전선에 집중 배치했다. 그것은 북한이
  서울을 겨냥해 기습 남침할 경우 미군을 공격할 수밖에 없게 만들어 미국으로 하여금
  한국 문제에 자동개입하도록 만들기 위해서였다. 미군은 한반도 안정을 유지하기 위해
  스스로 인질 역할을 자임한 것이다. 하지만 최근 들어 미국은 주한미군이 더 이상 인
  계철선 역할을 맡지 않겠다고 공헌했다. 2003년 4월 20일 라포트(Leon J. LaPorte)
  한미연합사령관은 MBC와의 인터뷰에서 "인계철선은 미 2사단 장병에게 모욕적인 발
  언이며, 이미 파산한 개념"이라고 밝힌 바 있다.

보일 경우 주한미군 문제를 어떻게 할 것인가에 대해서도 생각할 필요가
있다.

주한미군 유지론의 또 다른 논거는 주한미군이 있음으로써 우리의 안
보비용이 절감될 뿐 아니라 외자유치 등 경제안정 효과가 크다는 것이
다. 미군이 있음으로써 우리의 안보비용이 절약되는 측면이 있는 것은
사실이다. 한국군은 아직도 몇 가지 주요한 부문에서 주한미군에게 적지
않게 의존하고 있으며, 그런 능력을 독자적으로 구비하는 데는 너무 많
은 비용이 소요되기 때문에 이러한 의존은 앞으로도 상당 기간 계속될
것 같다.

주한미군에 대한 한국군의 의존도가 가장 높은 부문은 군사정보능력
이다. 한국군은 전략정보의 100%, 전술정보의 70% 이상을 주한미군으
로 제공받고 있으며, 북한의 신호정보(SIGINT: Signal Intelligence)와 영상
정보(IMINT: Imagery Intelligence)의 90% 이상을 미국에게 의존하고 있
다. 현대전에서 군사정보능력이 갖는 중요성을 생각할 때, 현재 한국군
은 독자적으로 방어하거나 전쟁을 치를 능력을 충분히 갖추었다고 말하
기 어려운 지경이다.

다음으로 주한미군에 대한 의존도가 높은 부문은 북한의 기습공격에
대한 초기대응능력이다. 주지하듯이 북한은 화력의 대부분을 비무장지
대 북방에 전진배치하고 있으며, 그 중 가장 위협적인 것은 서울을 겨냥
하고 있는 약 13,000문 정도의 야포—특히 사거리가 서울까지 달하는
1,000문 정도의 장사정포—이다. 이것을 막기 위해서는 북한의 장사정
포의 위치와 움직임을 실시간으로 추적해 유사시 타격할 수 있는 능력을
갖추어야 한다. 지난 몇 년 사이 한국군은 이 능력을 독자적으로 갖추기
위해 상당한 준비를 했고, 많은 진전이 있었다. 하지만 한국은 아직 이러
한 장비와 능력을 충분히 구비하지 못했으며, 또 설사 구비했다고 해도
앞서 설명한 정보수집능력의 제약 때문에 그런 장비를 혼자서 운용하기

에는 한계가 있다.

결국 문제는 이러한 군사정보능력과 초기대응능력을 갖추기 위해서는 천문학적인 비용이 소요되고, 한국이 짧은 기간 내에 이런 능력을 구비하기는 어려우며, 설사 구비해도 독자적 운용이 쉽지 않다는 점이다. 바로 이 점에서 주한미군 유지론의 두 번째 논거는 어느 정도 설득력을 가진다. 아울러 실증적으로 논증하기는 쉽지 않지만 주한미군이 있음으로써 다른 국가나 해외자본에게 한국이 보다 안정감 있는 나라로 비쳐지는 측면이 있는 것은 사실이다. 따라서 이 점에서도 주한미군 유지론의 두 번째 논거는 설득력이 있다.

다만 이 주장은 북한 위협 불변론을 근거로 하고 있는 만큼 "정치·경제 모든 점에서 곤경에 빠진 북한이 아직도 우리에게 그렇게 위협적인가"라는 질문에 대해 답할 필요가 있다. 다음의 〈표 2〉에서 보듯이 남북한의 재래식 군사력은 양적인 면에서는 북한이 앞서지만 질적인 면에서는 한국이 북한에게 크게 뒤지지 않는다. 북한은 한국보다 많은 군대와 무기를 보유하고 있다. 하지만 장비의 대부분이 구형이며, 식량과 에너지 면에서 심각한 곤란을 겪고 있어 유사시 그것들을 효율적으로 운용할 수 있을지 의문스러운 점이 많다. 아울러 국민총소득(GNI)으로 따져본 경제력 면에서도 한국은 북한의 36배가 넘는다. 이 점에서 북한 위협 불변론을 지나치게 과장할 필요는 없을 것 같다.

그러나 북한이 재래식 군사력이나 경제력에서는 한국에 뒤지지만, 핵이나 미사일 능력 면에서는 한국에 비해 절대적으로 우위에 있다는 점도 고려되어야 한다. 북한이 핵이나 미사일로 공격해올 경우 한국 혼자서 감당하기에는 벅찬 것이 현실이다. 핵전력 면에서 한국이 북한에 뒤지는 것은 이미 알려진 사실이다. 북한은 그동안의 핵개발을 통해 적어도 3~4개 이상의 핵탄두를 보유한 것으로 알려졌으나 한국은 한반도비핵화선언 이후 핵무기 개발과 관련될 수 있는 어떤 활동도 하지 않고 있기 때문이

〈표 2〉 남북한 및 주한미군의 군사력 비교

		북한군	한국군	주한미군(*)
총병력		119만 명	65만 5천 명	2만 8천5백 명
육군	지상병력	86개 사단 102만 명	46개 사단 52만 2천 명	1개 사단 약 1만 9천 명
	전차	T-62, T-54/-55 등 약 3,900대	88형, M-47, M-48 등 약 2,300대	M-1 (수량불명)
	장갑차	2,100여 대	2,400여 대	수량불명
	야포	8,500여 문	2,400여 문	수량불명
	다연장/ 방사포	5,100여 문	200여 문	수량불명
	지대지 유도무기	100여 기 (발사대)	30여 기 (발사대)	수량불명
해군	전투함정	420여 척	120여 척	지원부대뿐
	상륙함정	260여 척	10여 척	
	기뢰전함정	30여 척	10여 척	
	지원함정	30여 척	20여 척	
	잠수함정	70여 척	10여 척	
공군	전투임무기	840여 대	490여 대	90여 대
	감시통제기	30여 대	50여 대 (해군 항공기 포함)	
	공중기동기 (AN-2 포함)	330여 대	40여 대	
	훈련기	180여 대	170여 대	
	헬기	310여 대	680여 대 (육해공군 통합)	
예비 병력		770만여 명 (교도대, 노농적위대, 붉은청년근위대 포함)	304만여 명	

출처: 『2008 국방백서』(국방부), p.260
(*) 주한미군 전력은 각종 자료를 근거로 추산한 것임

〈그림 1〉 남북한 미사일 능력 비교

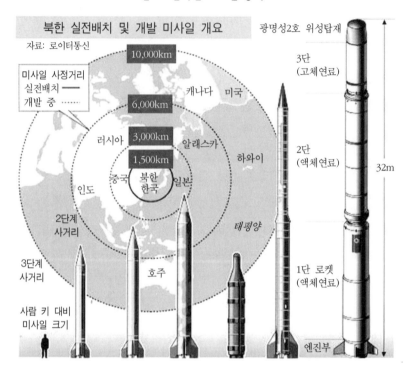

	화성5호	화성6호	노동A호	대포동X호	대포동1호	대포동2호
	실전배치			개발 중		
탄두	987~1,000	750~989	760~1,158	950~1,000	290~1,000	700~1,000kg
사거리	285~330	300~700	1,350~1,500	3,000~4,000	2,200~2,896	3,200~7,000km
높이	11.184	11.37~12.29	15.85~16	9	25	32m
원형	러시아	러시아	자체개발	러시아	자체개발	자체개발
로켓단수	1단	1단	1단	1단	2단	3단

남한 미사일 전력				
	현무 1·2	현무 3 (순항 미사일·개발 중)	천룡 (순항 미사일)	에이태킴스 (ATACMS)
사거리	180~300km	1,500km	500~1,000km	300km
정확도	90m 이내	수m	10여m	150m
보유량	수백발	-	-	220발

다. 미사일 전력에서도 남북 간의 불균형은 심각하다. 북한은 남한을 타격할 수 있는 사거리 300~700km의 스커드-B(화성5호)와 스커드-C(화성6호)를 600여 발, 사거리 1,300km에 달하는 노동미사일 200여 발을 각각 보유한 것으로 알려졌다. 북한은 일본 오키나와와 태평양 괌의 미군 기지를 사정권에 둔 사거리 3,000~4,000km 이상의 신형 중거리미사일(IRBM) 10여 기를 실전 배치해, 한반도에 전쟁이 발발했을 경우 오기로 되어 있는 미군 증원전력에 타격을 가할 수 있는 미사일 전력까지도 갖추게 되었다. 이에 반해 한국군이 현재 보유한 탄도미사일의 최대 사거리는 300km에 불과하다. 사거리를 300km 이내로, 탄두 중량을 500kg 이하로 제한하는 한·미 간 미사일협정 및 미사일기술통제체제(MTCR) 탓이다.

한편 북한은 개전(開戰) 초기에 우리에게 심대한 타격을 입힐 수 있을 정도의 군사적 능력(장사정포)을 충분히 보유하고 있다는 점도 고려되어야 한다. 그동안 주한미군이 담당하던 대화력전(장사정포 대응능력)을 한국군이 넘겨 맡은 것은 사실이지만, 그것이 과연 독자적으로 대응할 수 있는 능력을 정말로 갖춘 것이라고 볼 수 있는가에 대해서는 아직 의문의 여지가 있다.

이렇게 핵능력과 미사일 능력 면에서의 비대칭성과 초기대응능력 면에서의 한계를 생각할 때 한국은 아직 주한미군의 존재를 필요로 한다고 볼 수 있다. 더구나 안보는 상호신뢰구축을 통한 군축을 통해서도 지켜지지만 신뢰구축이 안된 경우는 상대편 보다 월등한 군사력을 갖출 때에만 보장될 수 있다는 점을 생각한다면 주한미군은 여전히 한국 방어에 기여하는 바가 적지 않다고 할 수 있다.

이렇게 볼 때 경제적 비용과 효과 측면에서 주한미군의 유지를 주장하는 논리는 다음과 같이 받아들일 경우 보다 설득력이 높아진다. 즉, 주한미군은 급격하게 변화시키기보다 북한 핵 문제가 해결되어 가는 것과 한국군이 정보수집과 초기대응능력을 갖추어 가는 것에 연동해서 점진적으로 재조정될 필요가 있다. 다만 한국이 이러한 능력을 구비해 가는 과정에서 미국의 지나친 자국무기구입 공세에 대해서는 보다 주의를 기울일 필요가 있을 것 같다.

주한미군 유지론의 세 번째 논거는 주한미군이 동북아 세력균형자 내지는 군비경쟁을 억지하는 역할을 하고 있기 때문에 통일에 이르는 과정은 물론이고 통일 이후에도 주한미군이 필요하다는 것이다. 만약 주한미군의 위상에 급격한 변화가 생기면 주한미군과 분업관계에 있는 주일미군 역시 큰 변화를 겪을 수밖에 없다. 그럴 경우 일본은 주일미군의 변화로 인한 공백을 메우기 위해 재무장에 착수할 것이고, 이러한 일본의 군사화는 중국, 대만, 한국 및 북한의 군사화를 재촉할 것이다. 결국 주한미군의 변화는 동북아 전체에 군비경쟁의 도미노 현상을 일으켜 이 지역의 불안정을 증진시킬 것이며, 이것을 막기 위해 주한미군은 계속 주둔할 필요가 있다는 것이다.

적어도 현재까지는 한국과 미국 두 정부는 공식적으로 이 입장을 취하고 있다. 냉전이 끝난 후 미국은 주한미군의 역할을 한반도에서 '동아시아' 차원으로 확대시켜 재(再)정의하는 작업을 진행시켜 왔으며, 그동안 한미 간에 이 문제를 둘러싸고 여러 차례 협의가 오갔다. 이러한 협의를 통해 한미 양국이 도달한 결론은 현재와 같은 남북 대치단계에서는 한미 연합방위체제를 유지하지만, 북한 위협이 소멸되는 남북화해와 통일단계에 가서는 주한미군이 한국군과 함께 동북아 안정과 평화에 공동 기여하는 '지역안보를 위한 동맹'의 형태로 점차 변해가야 한다는 것이다.

동북아 세력균형의 차원이나 한미 양국의 국익 차원에서 볼 때, 이 주장은 상당히 설득력이 있다. '지역안보 동맹'을 통해 미군을 계속 주둔시킴으로써 한국은 중국·일본·러시아 등 주변 강국이 통일 이후 한반도에 군사적으로 개입하는 것을 견제할 수 있다. 대신 미국은 일본과 한국에 주둔하고 있는 미군을 근거로 아시아·태평양 지역에서의 안보 및 경제적 이익을 안정적으로 확보할 수 있다. 이 점에서 주한미군(과 주일미군)을 축으로 하는 한미동맹(과 미일동맹)의 지속은 양국 모두의 필요를 충족하면서 안정을 가져다 줄 수 있는 선택일 수 있다.

이와 관련하여 흥미로운 것은 북한의 태도이다. 주지하듯이 북한의 공식적인 입장은 주한미군의 철수이다. 북한은 "미국이 주한미군을 통해 한반도 평화를 위협하면서 남한에 대한 영구지배를 획책하고 있다"고 비판하면서 철수를 주장해 왔다. 하지만 북한은 비공식석상에서는 주한미군이 한국의 북침 내지는 흡수통일 기도를 막아주는 효과가 있음을 인정하면서 만약 그것의 지위가 중립적인 것(평화유지군)으로 바뀔 경우 계속적인 주둔을 용인할 수 있음을 내비치고 있다. 요컨대 북한은 주한미군의 대북억제 임무에 대해서는 거부적이지만 동북아 현상유지 차원의 임무에 대해서는 '조건부적'으로 수용적인 태도를 보이기도 한다는 것이다.

이렇게 볼 때, 동북아 세력균형 차원에서의 주한미군 유지론은 한국, 미국, 일본뿐 아니라 북한으로부터도 조건부적으로 승인을 받을 여지가 없지 않다. 다만 두 가지가 여전히 문제인데, 하나는 중국이 거부감을 갖는 점이고, 다른 하나는 유지론도 구체적인 차원에 들어가면 국가 간에 의견과 이해에서 상당한 편차를 보인다는 점이다. 중국은 기본적으로 주한(및 주일)미군을 미국이 중국을 견제하는 수단으로 보고 있다. 중국 시각에서 미국이 말하는 동북아 세력균형이란 미국이 한국과 일본의 주둔군을 통해 중국을 견제하는 것에 다름 아니다. 따라서 이러한 유지론은 중국의 거부감을 어떻게 극복하느냐가 숙제라고 할 수 있다.

다음으로 주한미군의 계속 주둔이 용인되었다 하더라도 그것의 지위와 역할, 규모 등을 어떻게 할 것인가와 같은 구체적인 문제에 들어가면 각국 사이에 의견이 상치된다. 한국 입장에서도 정전체제가 해소되는 여러 시나리오(예컨대 정전체제가 평화협정을 거쳐 통일에 이르는 과정뿐 아니라 붕괴를 통해 해소되는 과정까지도 포함)를 상정하고, 각각의 경우에서 주한미군이 우리에게 어떤 긍정적 역할과 부정적 역할을 할 수 있는지를 보다 구체적으로 생각해 볼 필요가 있다. 아울러 각 시나리오에서 현재 한국 안보의 두 가지 축인 정전체제(군사정전위원회+유엔군사령부)와 동맹체제(주한미군)가 한반도에 불안정을 초래하지 않으면서 어떻게 바뀔 수 있는지를 면밀히 검토하는 작업이 병행되어야 할 것이다.

2. 주한미군 철수론

가장 소박한 형태의 주한미군 철수론은 그동안 주한미군이 저지른 갖가지 불법 행위나 한미 간에 맺어진 각종 불평등조약의 문제점을 지적하며, 그렇기 때문에 주한미군이 이 땅에 있어서는 안 된다는 것이다. 그동안 주한미군과 관련된 많은 사고나 범죄 그리고 피해가 발생한 것은 사실이다. 최근 문제시된 것만 나열해 보아도 매향리 미군 폭격연습장으로 인한 주민 피해, 유독물질인 포름알데히드를 한강에 무단 방류한 사건, 의정부 여중생 2명이 미군 장갑차에 치여 사망한 사건 등, 적지 않다. 이렇게 미군의 범법행위로 인한 피해가 잇따랐지만 「주둔군지위협정」의 불평등성 때문에 한국정부는 해당 미군에 대한 형사처벌권 조차 제대로 행사하지 못하고 있는 것이 현실이다. 이 점에서 이런 주장을 하는 사람들의 심정이 이해가 가지 않는 것은 아니다.

그러나 이 주장은 부분으로 전체를 재단하는 논리적 오류를 범하고 있다. 예를 들어, 「주둔군지위협정」의 문제는 굳이 미군 철수를 주장하지 않고도 협정 자체를 개정하거나 운용의 묘를 살리려고 노력하는 데서 해결방안을 모색해 볼 수 있기 때문이다.

최근 한국군도 평화유지군의 형태로 해외로 파병되는 경우가 늘어났다. 그런데 우리는 주한미군이 한국에 와서 특권적 지위를 누리는 것에 대해서만 분개하고 있지 한국군이 해외에 파병될 때 어느 정도의 특권적 지위를 누리는지에 대해서는 거의 생각하지 않고 있다. 따라서 이 주장이 보다 균형 잡힌 시각이 되려면 당하는 쪽과 누리는 쪽에 대한 비교·검토가 수반되어야 할 것이다.

주한미군 철수론의 두 번째 논거는 북한은 한국에 대해 더 이상 위협이 되지 못한다는 것이다. 경제력은 물론이고 군사력 면에서의 균형도 이미 한국으로 기울었다. 이런 상황에서 과연 주한미군이 계속 주둔할 필요가 있겠는가? 더 나아가 주한미군의 계속 주둔은 한반도를 감싸고 있는 냉전구조를 허무는데 오히려 방해가 되는 것은 아닌가? 이것이 주한미군 철수론이 유지론에 대해 던지는 질문들이다.

이에 대한 대답은 이미 앞에서 이루어졌다. 경제력이나 재래식 군사력 면에서 한국이 북한에게 뒤지지 않는 것이 사실이다. 그러나 한국은 초기 공격대응력과 핵능력 면에서 여전히 북한의 위협을 받고 있으며, 현대전에 필수적인 군사정보능력 면에서 상당히 취약하다. 이러한 열세와 결핍을 주한미군을 통해 메우고 있는 것이 작금의 한국의 현실이다.

주한미군 철수론의 세 번째 논거는 주한미군이 동북아 군비경쟁을 막고 세력균형을 유지하는 것이 아니라 오히려 군비경쟁을 촉진시키고 세력균형을 깨뜨리고 있다는 것이다. 주한미군이 철수하면 북한도 군비증강을 중단할 것이고, 그러면 한국도 군축에 나설 수 있게 된다. 이렇게 한반도에서 평화의 선(善)순환이 일어나면 주변 국가들도 자연 무력을 증대시키려는 유인(誘因)에서 벗어나게 되고, 궁극적으로 평화의 선순환은 동북아 차원으로 확대될 것이라는 게 이들의 주장이다.

이 주장처럼 사태가 이상적으로 진행되면 더 바랄 나위가 없을 것이다. 그러나 이것은 두 가지 점에서 의문에 봉착할 수 있다. 남북한 간에 신뢰구축이 아직 안된 상황에서 북한이 합리적으로 행동하리라는 것을 어떻게 보장하는가가 첫 번째 의문이다. 따라서 이 주장이 보다 설득력이 있으려면 북한은 이제부터라도 한국을 포함한 주변국들에게 그동안의 불신과 의혹을 불식시킬 수 있는 행동을 보여줄 필요가 있으며, 이를 통해 상호신뢰가 쌓이는 기간이 필요할 것이다. 보다 심각한 의문은 이 주장이 일본 또는 주일미군을 고려하지 않고 있다는 점이다. 주한미군의 철수가 가져올 주일미군의 변화가 일본으로 하여금 재무장에 나서도록 만들 수도 있으며, 그것은 중국을 비롯한 주변국에도 유사한 행동을 취하도록 만들 것이다. 결국 이 주장의 예상과 달리 사태가 이상적으로 진행되지 않을 경우 동북아는 평화의 선순환이 아니라 군비증강의 악순환에 빠질 수도 있음을 알아야 한다.

마지막으로 주한미군 철수론은 한국뿐 아니라 미국에도 있다는 점을 기억해야 한다. 미국의 일부 보수주의자들도 주한미군 철수를 주장하고 있다. 여기에는 두 부류가 있다. 하나는 미국의 국방비 절감을 위해 주한미군을 포함한 해외주둔미군을 줄여야 한다는 주장이다. 대표적인 인물이 케이토(Cato)연구소의 밴도우(D. Bandow)인데, 그는 이미 1980년대 중반부터 한국이 북한에 비해 군사 및 경제면에서 모두 우위에 있기 때문에 더 이상 미군주둔이 필요치 않다는 주장을 펴왔다. 다른 하나는 한국에서 반미감정이 고조되는 것에 발맞추어 비교적 최근에 미국에서 등장한 보수적인 논객들의 주한미군 철수론이다. 이들의 논거는 미군주둔에 대해 호의적이지 않은 한국에서 군대를 뒤로 물리고 북한에 대한 미국의 정책적 선택에서 보다 행동의 자유를 얻자는 것이다.

이러한 미국 내의 주한미군 철수론은 최근 미국의 군사변환 움직임과 그에 따른 해외주둔군 정책의 변화와 맞물리면서 힘을 얻어 가고 있다. 근자에 미국은 비용이 많이 드는 기존의 전진배치(forward presence) 전략보다는 기동성과 첨단성을 높여 적은 규모로 보다 넓은 지역을 담당하게 만드는 방향으로 해외주둔군 정책을 바꾸고 있다. 이런 미국의 정책방향에서 볼 때 대규모 미군 병력을 전진배치 시키고 있는 한국은 하루

빨리 수술이 필요한 지역이며, 이 점에서 미국 내의 주한미군 철수론은
이러한 정책 방향에 부합되는 주장이라고 할 수 있다.

3. 주한미군에 관해 가져야 할 최소한의 공통분모

이상에서 우리는 주한미군 유지론과 철수론에 대해 살펴보았다. 이제
마지막으로 유지냐 철수냐를 떠나 한국인으로서 이 문제를 바라볼 때 기
본적으로 공유할 수 있다고 여겨지는 다섯 가지 사항에 대해 언급하면서
이 주제에 관한 설명을 마무리짓겠다.

첫째, 감상적 민족주의(자주)나 관성(습관)적 의존의 논리를 넘어설 필
요가 있다. 월드컵 4강을 국력 4강으로 착각하면서 '자주'의 환상에 빠
지지는 말아야 한다. 그렇다고 미국(미군)이 없으면 당장 큰일이라도 날
것같이 호들갑을 떨 필요도 없다. 이런 문제일수록 무엇이 우리의 국가
이익(national interest)에 부합되는지를 냉철하게 계산할 줄 아는 합리적
자세가 필요하다.

둘째, 주한미군 문제가 단순히 한미 간의 문제가 아니라 고려해야 할
상대가 여럿(북한, 중국, 일본, 러시아 등) 있는 문제라는 점을 인식할 필요
가 있다. 미국의 동아시아 전략에서 주한미군과 주일미군은 분업관계로
얽혀 있다. 주한미군이 육군 위주로 편성되어 전방방어 역할을 맡고 있
다면, 주일미군은 해병대(및 약간의 해군)와 공군 위주로 편성되어 후방지
원 역할을 담당하고 있다. 따라서 주한미군의 변화는 단순히 한미관계의
변화가 아니라 한미일관계의 변화라는 맥락에서 살펴보아야 한다. 한편
주한미군은 단순히 대북억제 역할만 하는 게 아니라 중국의 패권을 견제
하면서 동아시아 지역의 안정과 균형을 유지하는 역할도 담당하고 있다.
이 점에서 주한미군은 북한뿐 아니라 중국과도 이해관계가 걸리는 문제

라고 할 수 있다. 그러므로 우리는 주한미군 문제가 한미 간의 이차(二次) 방정식이 아니라 남북한과 주변 4강이 모두 관련되는 고차(高次)방정식임을 알아야 한다.

셋째, 이상적인 특정 가치나 개념—예컨대 평화나 민족 등—에 집착해 주한미군을 포함한 모든 문제를 그것으로 환원시키는 오류를 피해야 한다. 평화나 민족은 우리가 지향해야 할 중요한 가치임에는 틀림없다. 하지만 그것에 이르는 방법은 매우 다양하다는 점을 알아야 한다. 궁극적 목표로서 평화를 성취하기 위해 자신이 먼저 무력을 줄여가는 방법도 있지만, 상호간에 신뢰가 구축될 때까지 일정 수준의 무력을 유지하는 방안도 있다. 이를 두고 전자는 평화적이고 후자는 호전적이라고 평가하는 것은 너무 단순한 논리이다. 그보다는 특정 국면에서 어느 것이 목표를 성취하는 데 더 효과적인가를 따져보는 것이 나을 것이다.

넷째, 부분으로 전체를 재단하는 논리적 오류를 극복해야 한다. 주한미군과 관련하여 특정 부분—예컨대 「주둔군지위협정(SOFA)」—에 문제가 있으면 그것을 시정하려고 노력해야지 그것 때문에 주한미군 전체를 거부한다는 논리로 비약해서는 곤란하다.

마지막으로 주한미군과 관련하여 논란이 되고 있는 여러 쟁점을 생각함에 있어 비교의 시각을 도입할 필요가 있다. 예를 들어, 작전통제권 문제의 경우 주일미군이나 「북대서양조약기구(NATO)」의 작전통제권 문제와 비교해서 생각할 필요가 있다. 「주둔군지위협정」 문제는 한국군이 해외에 파병될 때 어떤 지위를 누리는지에 대해서도 함께 생각해야만 보다 균형 잡힌 시각을 지닐 수 있을 것이다.

V. 북한 핵, 어떻게 볼 것인가?

우리에게 북한은 헌법상 영토이면서 국제법상으로는 별개의 국가이다. 헌법 제3조에 "대한민국의 영토는 한반도와 그 부속도서로 한다"로 되어 있으니 휴전선 이북의 북한 지역은 분명 우리의 영토이며, 북한 정권은 우리 영토를 불법적으로 점거하고 있는 반란집단에 불과하다. 그런데 1991년 9월 남한과 북한이 동시에 유엔(UN)에 가입함으로써 국제법상으로 북한은 한국과 별개의 국가가 되고 말았다. 남북한은 1991년 〈남북기본합의서〉에서 이런 모순적 관계를 '통일을 지향하는 과정에서 발생하는 특수한 관계'로 규정한 채 교류와 거래를 진행하고 있다.

이런 북한이 1990년대부터 핵무기를 개발하여 우리뿐 아니라 미국을 비롯한 주변국들을 어렵게 만들고 있다. 이 문제 때문에 1993~94년 미국이 북한의 핵시설에 대한 국지적 폭격(surgical strike)까지 고려하는 위기사태가 벌어졌다. 다행히 이 위기는 1994년 미국과 북한이 제네바 합의에 따라 핵시설을 동결함으로써 해결되는 듯했다. 하지만 2002년 북한이 그동안 문제가 된 플루토늄 재처리 방식이 아니라 고농축 우라늄(HEU)을 이용한 방식으로 핵무기를 개발하고 있었다는 사실이 탄로나면서 제2차 핵 위기가 발생하여 현재까지 이어지고 있다.

북한의 핵무기 개발은 한국은 물론이고 동북아시아 전체, 더 나아가 세계 평화를 위협할 수 있는 지극히 위험한 장난이자 도발이다. 그런데도 한국 국민들 중 일부는 북한 핵 문제에 대해 상당히 낭만적인 생각을 지니고 있으며, 이런 잘못된 생각이 자라나는 세대에게도 상당히 유포되어 있다. 여기서는 먼저 일부 국민들이 지닌 북한 핵 문제에 대한 잘못된 생각이 무엇인지를 살펴보고, 다음으로 이 문제를 바라보는 올바른 시각에 대해 설명하겠다.

1. 북한 핵 문제: 오해(misunderstanding)를 넘어 이해(understanding)로

1) 북한 핵무기는 과연 무엇을 방어하기 위한 것인가?

북한 핵 문제에 관해 일부 국민들이 가진 첫 번째 오해는 그것을 북한의 자위(自衛)용 무기로 생각한다는 점이다. 미국이 먼저 북한에 대해 전쟁 위협을 가해 북한이 체제위기에 봉착했고 그에 대한 방어용으로 북한이 핵을 개발했다고 생각하는 국민들이 일부 있다는 것이다. 과연 그럴까?

북한이 체제위기에 봉착한 것은 미국 탓은 아니다. 1980년대 말 사회주의권이 붕괴되고 북한의 후원자 역할을 하던 소련(러시아) 및 중국과의 관계가 예전만 못해지면서 북한은 심각한 체제위기에 직면했다. 물론 그 이전인 1980년대부터 북한은 경제적으로 침체를 면하지 못하고 있었지만 소련과 중국이 적극적으로 도와줄 때에는 그럭저럭 버틸 수 있었다. 하지만 이들 국가들마저 무너지거나 개혁·개방을 통해 자본주의의 길로 돌아섬으로써 '주체'의 북한은 고립무원의 상태에 빠지고 말았다. 따라서 북한은 미국의 침략위협 때문에 위기에 봉착한 것이 아니라 사회주의 체제 자체의, 더구나 그들이 내세우는 지구상에서 가장 폐쇄적인 '우리식 사회주의'가 지닌 자체 모순 때문에 스스로 위기에 봉착한 것이다. 그것의 가장 좋은 증거가 1990년대 초반 북한 주민 수백만 명이 아사(餓死)한 사태이다. '인민'을 위한 '지상낙원' 국가에서 수백만 명의 '인민'이 굶어서 죽는 초유의 아이러니한 사태가 발생한 것인데, 이 사태는 미국과는 아무 관련이 없는 일이다.

이렇게 수백만 명의 인민이 굶어죽고 있을 때 김일성 및 그를 이어받은 김정일 정권은 엄청난 비용이 드는 핵 개발에 몰두했다. 이때 이들이 내세운 명분이 '미국과 그 앞잡이인 남조선'의 침략으로부터 '공화국 북한'을 지키기 위해서는 핵무기를 가져야 한다는 것이었다. 북한을 위협하는 주된 요소는 사회주의 자체, 보다 정확히는 김일성(김정일) 왕조(유일)체제에 기반을 둔 '우리식 사회주의'에 있었다. 그럼에도 불구하고 그들은 문제의 본질을 감춘 채 원인을 외부(미국과 한국)로 돌렸고, 그때 만들어진 논리가 북한 체제를 지키기 위해서는 핵무기가 있어야 한다는 것이었다.

이런 북한의 논리는 한국 내에서 주체사상을 신봉하는 소위 '주사파'를 통해 한국 사회에 침투하기 시작했다. 처음에는 일부 학생들과 젊은 층에서만 이런 논리가 퍼졌다. 하지만 김대중 정권이 들어서고 북한에 대해 유화적인 '햇볕정책'을 시행하면서 이런 논리는 국민들 사이로 급속히 확산되었다. 햇볕정책은 국민들에게 북한을 민족과 동포의 입장에서 바라봐야 한다는 분위기를 확산시켰고, 그런 분위기 속에서 북한의 어려운 입장을 이해해주자는 풍조도 번졌으며, 그것이 곧 북한의 주장이 수용되기 쉬운 사회적 조건을 만들었던 것이다. 같은 기간 동안 북한, 특히 북핵에 대한 호의적인 시각의 증대에 반비례하여 미국에 대한 호감과 한미동맹에 대한 호의적인 시각은 줄어갔다.

한번 따져보자. 북한이 위기에 빠진 원인이 과연 미국 탓인가, 북한이 핵무기를 보유하려는 진짜 목적은 무엇일까, 핵무기를 보유하면 북한 체제는 과연 안전하게 유지될까, 북한이 핵무기를 통해 지키려고 하는 것이 북한 체제인가 아니면 김정일 정권인가?

오늘날 북한이 위기에 빠진 진정한 이유는 미국의 봉쇄와 위협이 아니라 사회주의 체제, 특히 북한 특유의 '우리식 사회주의' 체제 자체에 있음에 대해서는 이미 앞에서 밝혔으므로 반복하지 않겠다. 그럼에도 북한은 미국으로부터 스스로를 방어하기 위해 핵무기를 가져야 한다고 강변하고 있는데, 이때 북한이 진정으로 지키려고 하는 것은 북한이라는 국가가 아니라 대를 이어 북한을 지배하고 있는 김정일 왕조체제다. 다시 말해 북한은 '국가안보(state security)'를 위해서가 아니라 '정권안보

(regime security)'를 위해 핵개발을 하고 있는 것이다. 이 점에서 북한은 앞으로도 상당 기간 동안 핵무기를 포기하기 어려울 것이다. 핵을 포기할 경우 김정일 정권의 운명도 같이 끝나기 때문이다.

2) 북한은 과연 핵무기를 포기할 수 있을까?

여기서 잠시 주제를 벗어나 북한의 장래에 대해 생각해보자. 향후 북한의 장래와 관련해서는 대개 다음 세 가지 정도의 시나리오를 생각해 볼 수 있을 것 같다.

(1) 북한이 핵을 포기하고 중국식 개혁과 개방정책을 채택함으로써 체제진화와 통합을 통한 통일이 이루어지는 경우: 핵을 포기하고 중국식 개혁과 개방정책을 시행할 경우 북한은 미국, 일본 등과 관계를 정상화하고, 국제사회로부터 경제지원을 받을 것이며, 미국과 중국의 보증 아래 정전체제를 평화체제로 대체할 수 있을 것이다. 이럴 경우 남북 간에 연방제나 국가연합을 통한 통일이 이루어질 수 있는데, 이런 식으로 통일될 가능성은 별로 커 보이지 않는다.

(2) 북한이 스스로 변하기를 거부하여 내부로부터 무너져 내리면서 한국에 흡수되는 경우: 핵도 포기하지 않으면서 개혁과 개방정책도 본격적으로 시행하지 않을 경우 북한은 외부로부터의 제재에 직면할 것이고, 경제적 어려움이 심화되면서 군대마저도 유지하기 어려워지는 상황에 봉착할 수 있다. 결국 북한은 국가기능이 마비되는 무정부상태에 빠져 한국에 흡수될 수밖에 없는데, 그 와중에 북한 내부에 군벌이 출현해 내부 분쟁이 일어날 가능성이 크다.

(3) 남북한이 여러 가지 이유로 무력충돌을 일으켜 통일되는 경우로 현재로서는 가장 가능성이 희박해 보이는 시나리오다. 만약 이런 일이 일어난다면 미국, 중국 등은 동북아 및 한반도의 안정과 질서

재구축을 위해 반드시 개입할 것으로 생각된다.

한편 북한 같은 독특한 사회에서 최고지도자가 지닌 위상은 다른 나라와 비교할 수 없을 만큼 크다. 따라서 김정일의 연령이나 건강상태도 북한의 장래와 관련해 매우 중요한 변수다. 최근 건강이상설이 나돌기도 했던 김정일의 건강상태에 따른 향후 북한의 통치체제와 관련해서도 세 가지 정도의 시나리오를 생각해 볼 수 있을 것 같다.

(가) 김정일이 건강을 회복해 복귀할 경우: 병세가 그다지 심하지 않을 경우 일정 시간이 지난 후 김정일이 복귀하여 몸소 통치할 수 있다. 하지만 그의 나이를 생각할 때 이 경우는 멀지 않은 장래에 세 번째 시나리오로 합류할 수밖에 없다. 다만 복귀 이후 김정일이 후계구도와 관련한 준비 작업을 서두를 수는 있다.

(나) 대리인을 내세워 수렴청정(垂簾聽政) 하는 경우: 의식은 있고 두뇌 활동은 할 수 있으나 활동이 부자연스러운 경우 김정일은 신뢰할 만한 측근을 내세워 대신 통치하도록 하고 후견인 노릇을 하면서 수렴청정 할 수도 있을 것이다. 이 경우도 김정일은 후계구도와 관련한 준비 작업에 박차를 가할 것이다.

(다) 김정일이 사망하고 새로운 지도자(집단)가 들어서는 경우: 이 경우 세 가지 정도의 하위시나리오가 생각 가능하다. ①3대 세습하는 경우(물론 이 경우도 세 아들 중 누구에게 세습되느냐는 여전히 미지수다), ②군부 중심의 집단지도체제가 등장하는 경우, ③권력투쟁이 일어나는 경우(이 경우 무력충돌이 발생할지의 여부는 미지수다).

두 가지 경우의 시나리오를 조합하면 모두 9개의 활동 공간을 지닌 표가 만들어진다(다음의 〈표 3〉 참조). 흥미로운 사실은 이렇게 만들어진

9개의 활동 공간 중 김정일이 지금까지 위치했거나 앞으로 위치할 곳이 없다는 점이다. 그는 지금까지 (1)을 지향한다고 하면서도 핵을 포기하고 개혁과 개방을 할 경우 자신의 지위, 즉 유일체제가 무너질까봐 두려워서 선뜻 결단을 내리지 못하고 있었으며, 이 점은 앞으로도 달라지지 않을 것 같다. 결국 그는 핵을 개발·보유하고 부분적으로만 개혁·개방을 단행함으로써 흡수통일((2)의 경우)을 피하고 유일체제를 보존하는 중간지대를 벗어나지 못했으며, 앞으로도(건강을 회복((가)의 경우)하든 대리인을 내세워 수렴청정((나)의 경우) 하든) 그럴 것으로 예상된다.

한편 김정일이 후계구도를 준비하지 못한 채 사망할 경우, 심각한 권력투쟁 없이 북한 내부가 안정되고 3대 세습이나 군부 중심의 집단지도체제가 들어선다면 북한 체제는 유일체제의 유지라는 부담에서 벗어나 (1)의 방향으로 갈지도 모른다. 그러나 무력을 동반한 권력투쟁이 일어나 북한이 무정부상태에 빠질 경우 북한 체제는 (2)의 방향으로 갈 수도 있다.

〈표 3〉 '북한의 장래+김정일의 건강상태' 시나리오

북한의 장래 / 김정일의 건강상태	(1) 핵 포기, 개혁·개방에 나서서 연방제 통일을 하는 경우	핵 포기 안하고, 부분적 개혁·개방으로 유일체제 유지	(2) 변화를 거부하다가 스스로 붕괴되어 한국에 흡수되는 경우	(3) 무력 충돌을 통한 통일
(가) 김정일 복귀		실제 활동 공간		
(나) 대리인 통한 수렴청정		활동 예상 공간		
(다) 새로운 지도자 (집단)의 등장	활동 예상 공간	활동 예상 공간	활동 예상 공간	

그런데 이런 예상 시나리오를 보다 복잡하게 만들 수 있는 변수가 하나 남아 있는데, 그것이 중국이다. 중국이 북한, 더 나아가 한반도에 대해 어떤 자세를 가지고 어떤 정책을 사용하는가에 따라 김정일 사후에도 북한의 새로운 지도자(집단)는 상당 기간 동안 기존의 '그럭저럭 버티기(muddling through)' 정책을 고수할 수 있을지도 모르기 때문이다. 다시 말해 김일성이 죽은 후에도 후계자인 김정일을 통해 '김일성 없는 김일성 체제'가 유지되었듯이 김정일이 죽은 후에도 중국의 도움으로 북한의 새 지도부는 '김정일 없는 김정일 체제'를 유지할 수 있을지도 모른다.

3) 북한 핵무기는 과연 한국이 아닌 미국을 겨냥한 것인가?

북한 핵무기에 대해 일부 국민들이 가진 또 하나의 오해가 있다. 북한이 핵무기를 개발한 것은 미국을 향한 협상용이다. 따라서 설사 북한이 그것을 사용한다고 해도 동족인 한국보다는 미국을 겨냥해 쏠 것이기 때문에 우리는 걱정할 필요가 없다는 것이다. 과연 그럴까?

그 목적이 무엇이든 북한이 핵무기를 보유하게 되는 순간 우리에게 남은 선택지는 다음 세 가지 중 하나가 될 것이다. 첫째, 북한에게 핵 종속이 되는 길이다. 이미 언급했듯이 한국은 경제력뿐 아니라 재래식 전력의 질적인 면에서도 북한에게 그렇게 뒤지지 않는다. 하지만 북한은 유사시 개전(開戰) 초기에 우리에게 심대한 타격을 입힐 수 있을 정도의 군사적 능력을 충분히 보유하고 있다는 점에서 여전히 우리에게는 위협적인 존재이다. 이런 판국에 북한이 핵무기까지 보유한다면 그 순간부터 우리가 경제력 및 재래식 전력 면에서 북한에 대해 우위를 유지하고 있는 것은 모두 무위로 돌아가고 만다. 그 결과 우리는 핵무기 때문에 북한의 말에 따를 수밖에 없는 종속된 위치에 처하게 된다. 이와 관련하여 근자에 북한은 '자신들이 핵무장을 한 덕분에 한반도에서 핵전쟁이 예방되고 남한이 그 덕을 보고 있다'는 발언을 하여 우리를 아연케 한 바

있다. 한국 국민 치고 우리가 핵무기 때문에 북한에게 볼모로 잡히는 상
태가 되는 걸 원하는 사람은 거의 없을 것이다.

한국에게 남은 두 번째 선택지는 북한 핵무기에 대항하기 위해 다시
미국의 핵무기를 불러들여 미국의 핵우산 아래 재편입되는 길이다. 주지
하듯이 1991년 남북 비핵화공동선언을 발표하며 한국과 미국은 한국 땅
에서 미국의 핵무기를 모두 철수하고 북한도 더 이상 핵무기를 개발하지
않기로 약속했다. 그런데 북한이 이 약속을 깨고 핵무기 개발을 계속함
으로써 오늘날과 같은 핵 위기가 터진 것이다. 이런 상태에서 북한이 핵
무기를 보유하게 되는 순간 우리는 그와 균형을 맞추기 위해 미국의 핵
무기를 다시 불러들여야 할지도 모른다. 그럴 경우 그렇게 대미자주성을
주장하던 북한과 그것을 추종하던 남한 내의 주사파 세력 때문에 한국이
다시 미국에게 핵 의존을 하게 되는 아이러니한 결과가 나타나게 될 것
인데, 이것이 과연 북한과 주사파가 원하는 상태인지 되묻고 싶다.

한국에게 남은 마지막 선택지는 우리도 북한처럼 핵무기 개발에 나서
는 길이다. 이와 관련하여 국민들 중에는 차제도 우리도 핵무기를 가져
야 한다고 주장하는 사람들도 있다. 이런 식의 주장은 박정희 정부 당시
한국이 핵개발을 하다가 미국의 압력으로 좌절했던 사실을 소재로 삼아
김진명이 쓴 소설인 『무궁화 꽃이 피었습니다』에 잘 나와 있으며, 1990
년대 초 베스트셀러였던 이 소설이 사람들이 이런 생각을 갖게 만드는
데 적지 않은 영향을 미쳤을 것으로 생각된다. 하지만 이것은 현실을 모
르는 매우 낭만적인 사고이다. 만약 북한의 핵개발에 자극받아 한국이
핵무기 개발에 나선다면 일본, 대만 등도 그에 상응하는 조치를 취할 것
이다. 그럴 경우 동북아시아에는 핵개발 도미노 현상이 일어날 것이고,
이 지역은 세계에서 가장 위험한 지역으로 변할 것이다. 과연 이것이 우
리가 바라는 현실이 될 수 있을까?

한편 한국이 핵무장까지는 아니지만 핵무장 선택권이나 핵무장 잠재

력을 보유해야 한다는 식의 핵주권론을 주장하는 사람들도 있다. 이들은 1991년 남북한 비핵화선언에 대해 매우 비판적이다. 특히 이 선언에서 주권국가라면 의당히 지닐 수 있는 권리인 핵 재처리시설과 우라늄 농축시설을 보유할 수 있는 권리마저 포기한 데 대해 비판하면서 이런 내용을 담고 있는 공동선언 제3항을 수정해야 한다고 주장한다.

이들의 주장은 타당한 점이 많다. 특히 한국이 이미 전력의 절반을 원자력 발전으로 생산하고 있는 현실에서 핵 재처리시설을 갖추는 것은 경제적으로나 환경면에서 모두 시급하기 때문이다. 하지만 지금은 이 공동선언의 수정이나 폐기를 주장할 적절한 때가 아니다. 아직 북한 핵 문제를 해결하지 못한 상태에서 한국이 핵 주권을 언급하는 것은 국제사회의 의혹과 불신만 불러일으킬 뿐이기 때문이다. 더 나아가 우리가 핵 주권을 주장하는 것은 북한의 핵무기 개발과 보유를 합리화하는 빌미를 제공해줄 수도 있다. 따라서 현재 우리가 취할 수 있는 가장 합리적인 방안은 핵 주권을 주장하기보다는 비핵화선언을 충실히 지키면서 북한에게도 그것을 이행하라고 촉구하는 것이다. 이를 통해 핵에 관해 한국에 대한 국제적 신뢰를 높인 후에야, 그리고 북한이 핵 개발을 포기한 연후에야 우리의 핵 주권을 주장해도 늦지 않을 것이다.

4) 북한 핵무기는 통일이 되면 과연 우리 것이 되는가?

북한 핵무기에 대해 일부 국민들이 가진 마지막 오해는 그것이 언젠가 통일이 되면 우리 것이 될 수 있다는 것이다. 이런 생각을 지닌 사람들은 북한 핵을 '민족의 핵'이란 관점에서 보아야 한다고 주장한다. 과연 그럴까?

북한이 핵무기를 보유할 경우 바로 그것 때문에 우리가 북한에게 종속될 수밖에 없다는 사실에 대해서는 이미 앞에서 언급했으므로 여기서 반복하지 않겠다. 남은 문제는 북한이 핵무기를 보유한 상태에서 과연 한반도가 통일을 성취할 수 있겠느냐는 것이다. 십중팔구 이것은 불가능할 것이다. 주변 강대국 중 어느 나라도 남북한이 핵을 보유한 채 통일되는 것을 바라지 않을 것이다. 사실 남북한은 핵무기가 없을 경우도 통일을 하기 위해서는 주변국들 사이에서 통일이 된 후 어느 한쪽으로 지나치게 치우치지 않을 것이라는 인상을 주기 위해 적지 않은 노력을 해야한다. 이런 판국에 핵을 보유한 통일 한국이 등장한다고 하면 중국, 일본, 러시아 등 어느 나라가 과연 그것을 반기겠는가? 따라서 이런 '민족핵'의 논리는 애초 전제부터 틀린 주장임을 알아야 한다.

2. 북한 핵 문제, 어떻게 풀어야 하는가?

앞서 언급한 네 가지 오해에 기초해 북한 핵 문제를 바라보는 사람들은 이 문제를 해결하는 가장 좋은 방법으로 미국이 북한에 대한 침공계획을 포기하고 북한의 체제안전을 보장해주는 것이라고 주장한다. 그럴경우 북한은 핵 개발을 즉각 포기할 것이기 때문이다. 따라서 북한 핵문제를 풀기 위해서는 한미공조보다는 민족공조가 더 중요하다. 다시 말해 남한과 북한이 힘을 합쳐서 한반도에서 전쟁을 다시 도발하려는 미국의 기도를 막아야 한다는 것이다. 과연 그럴까?

이런 주장은 북핵 문제에 관한 오해에 기초한 것이기 때문에 바른 해법이 될 수 없다. 북한 핵 문제를 해결하기 위해서는 우리는 먼저 이문제가 민족 내부만의 문제가 아니라 미국과 중국 등 주변국들이 모두관여된 국제적인 문제임을 인식해야 한다. 따라서 이 문제를 해결하기위해서는 국제적인 공조, 특히 한국 입장에서는 미국과의 긴밀한 공조가무엇보다도 중요함을 알아야 한다. 이렇게 미국과 긴밀하게 공조하는 속에서 한미 양국은 북한에 대해 핵을 포기하도록 당근과 채찍을 적절히 병행하는 정책을 수행해야 한다. 동족이라고 무조건 돕는 것도 문제지만 그렇다고 외면만 하는 것도 좋은 방안은 아니다. 무조건 도울 경우 북한으로 하여금 핵개발을 하면 언제든지 도움을 갈취해낼 수 있다는 도덕적 해이(moral hazard)에 빠져들게 만들 수 있다. 그렇다고 외면만 하면 궁지에 빠진 북한으로 하여금 극단적인 모험에 나서게 만들 수도 있다. 따라서 한미 양국은 북한을 도와주되 반드시 성과가 나는 방향으로 도와줘야 하며, 적절치 못한 행동에 대해서는 절대로 보상을 하지 말아야 한다.

아울러 북한이 핵무기를 포기하지 않으려 할 경우 한국과 미국은 제재 방안에 대해서도 공조를 해야 한다. 이 경우 한국은 미국이 구상하고 있는 대북 압박전략, 예컨대 대량살상무기 확산방지구상(PSI)이나 미사일 방어전략(MD) 등에 어느 정도나 동참할 것이지를 결정해야 할 것이다.

VI. 안보 포퓰리즘을 경계하며

냉전이 끝났지만 한국의 안보적 상황은 근본적으로 나아지지 않았다. 아니 냉전 시대에 비해 오히려 복잡해지고 가중된 측면도 적지 않다. 냉전 시대에는 우리는 북한만 신경쓰면 되었다. 하지만 냉전이 무너지면서 주변 강대국인 중국이 급속도로 부상하고 있고, 한국은 어느덧 독수리(미국)와 용(중국) 사이에 낀 존재처럼 되어 버렸다. 미국과 동맹을 유지하면서 중국과 어떻게 적절한 관계를 유지할 것인가라는 매우 어려운 숙제가 한국에게 제시되고 있는 것이다.

냉전이 끝나면서 한국은 북한에 대해 대부분의 면에서 큰 우위를 점하게 되었다. 하지만 북한이 핵개발을 시작하고 미사일 능력을 키우면서 이런 한국의 우위는 무위로 돌아갈 처지에 놓이게 되었다.

이렇게 한반도를 둘러싼 안보적 조건이 보다 복잡해지고 부담은 가중되어 가는 상황에서 우리 사회에서는 안보문제를 둘러싸고 보수와 진보 간의 갈등이 점점 심해지고 있다. 민주화가 되고 냉전이 무너졌으니 한국에서도 국민적 정체성이 재구성되는 것은 당연한 일이다. 권위주의와 냉전 시대에 만들어진 국민정체성이 새로운 조건에 부합되는 정체성으로 변해가고 있는 것이다. 근자의 남남갈등은 이렇게 국민적 정체성이 재구성되는 와중에 생긴 산고(産苦)로 볼 수 있는 측면도 있다.

하지만 그것이 도가 지나쳐 국가의 운명과 존망을 좌우하는 안보문제까지 보혁갈등에 휩싸이는 것은 피해야 할 것 같다. 안보문제에서 지나친 열등감과 패배주의에 빠지는 것도 문제지만 자기 능력을 과신하는 과대망상에 빠져 국민들의 민족주의적 감정에 호소하는 것도 문제다. 특히 후자는 국내정치적 목적을 위해 안보를 이용하고 동원하는 안보 포퓰리즘(populism)에 빠지기 쉽다.

민주화가 된 지 이미 20년이 넘었다. 이제 한국은 민주화를 넘어 포스트(post) 민주화 단계, 즉 선진화로 나아가야 한다. 이를 위해서는 하루빨리 북한 핵 문제를 극복하고 미국과의 동맹을 바탕으로 중국과의 관계를 슬기롭게 풀어나가야 한다. 안보가 불안해서는 선진화를 기대하기 어렵다. 안보는 군사력에서만 나오지 않는다. 그것의 저력은 모든 국민이 올바르고 균형잡힌 안보의식을 갖추는 데에서 출발한다. 민주화는 다양성의 공존을 지향하는 것이지 다양성의 충돌로 인한 혼란을 의미하지 않는다. 공존은 균형에서 출발한다. 이 점에서 전체 국민들이 안보에 관해 균형 잡힌 생각을 지님으로써 민주주의가 안보와 길항관계에 있지 않음을 보여주었으면 좋겠다.

■
■
■
더 읽을 거리

• 김일영. 『건국과 부국』. 서울: 생각의 나무, 2005.

균형잡힌 시각에서 대한민국 역사를 기술한 책이다. 대한민국 역사를 부정적으로만 바라보는 수정주의(revisionist) 사관이 횡행하고 있는 현실에서 포스트 수정주의적(post-revisionist) 시각에서 대한민국의 건국과 산업화 과정을 발전국가의 형성과 발전이란 관점에서 기술하고 있는 책이다.

• 김일영 · 조성렬. 『주한미군: 역사, 쟁점, 전망』. 서울: 한울, 2003.

주한미군의 모든 것을 설명해주는 입문서이다. 미군이 한국 땅에 언제 어떻게 들어와 주둔하게 되었고, 그 사이 어떤 변화를 겪었으며, 앞으로의 전망은 어떤지, 그리고 한미 간에 주한미군에 둘러싼 쟁점은 어떤 것이 있는지 등을 알기 쉬우면서도 압축적으로 설명하고 있는 책이다.

• Victor D. Cha and David Kang. 김일영 옮김. 『북핵퍼즐: 빅터 차 vs 데이비드 강, 관여전략 논쟁』. 서울: 따뜻한 손, 2007.

북한 핵 문제에 대한 해법을 둘러싸고 미국 내에서 벌어지고 있는 매파와 비둘기파 사이의 논쟁을 잘 보여주고 있는 책이다. 양측 모두 미국의 대북정책의 기본은 관여정책(engagement policy)이어야 한다는 점에서 공감대를 이룬다. 비둘기파인 데이비드 강 교수는 북한이 핵을 개발한 것은 미국의 대북위협정책 때문이라면서 미국은 대북압박을 멈추고 클린턴 정부 당시의 무조건적 관여정책으로 돌아가야 한다고 주장한다. 하지만 매파에 가까운 빅터 차 교수는 미국의 정책과 무관하게 북한은 나름대로의 계산법에 따라 핵개발을 하는 모험적 충동에 빠져들었다고 보면서 이런 북한을 제재하기 위해서는 무조건적 관여보다는 조건부적 관여, 즉 봉쇄를 기본적으로 바탕에 깐 상태에서 외교적 고립화(선의의 무시), 압박, 관여의 세 가지 정책 중 하나를 선택해서 가미하는 '매파적 관여(hawk engagement)' 정책을 구사할 것을 주문하고 있다. 미국 내의 논쟁이지만 한국에 대입시켜도 전혀 문제가 없을 정도로 우리에게 시사하는 바가 큰 책이다.

• 심양섭. 『한국의 반미: 원인, 사례, 대응』. 서울: 한울, 2008.

지난 10년 동안 한국에서 반미가 크게 늘어난 원인을 살펴보고, 주요 사례를 골라 분석하며, 대응방안까지 모색한 책이다. 한국 반미의 다양한 측면을 공부하기에 안성맞춤인 책이다. 한국의 반미를 여섯 가지 원인과 세 가지 사례를 통해 조명하고 있기 때문에 좌우 어느 시각을 가진 사람도 재밌게 읽을 수 있다. 이 책은 반미라고 하는 극히 민감한 주제가 지닌 양면성(긍정과 부정)을 균형 있게 풀어내었을 뿐 아니라, 한국 반미주의의 전모를 한눈에 파악할 수 있게 한다. 저널리즘과 아카데미즘을 결합하여 한국 반미주의에 대한 통찰력을 제공하고 있는 책이다.

• 심지연·김일영 편. 『한미동맹 50년』. 서울: 백산서당, 2004.

1953년 한국과 미국이 동맹을 맺은 이후 50년 동안 양국 간에 벌어진 쟁점들 중 주로 법적인 문제를 골라서 그것을 국제적으로 비교·검토한 논문을 모은 책이다. "한미상호방위조약"을 "미일안보조약," "북대서양조약기구(NATO)," "미국·필리핀 조약" 등과 비교했으며, 한국군의 전시 작전통제권 환수문제를 미일군사동맹 및 NATO 등과 비교함으로써 한미동맹의 주요 쟁점을 국제비교의 관점에서 상대화시켜 바라볼 수 있게 한 책이다. "주둔군 지위협정," 즉 SOFA 개정문제가 한미 간의 쟁점이 되고 있는 상황에서 그것의 체결과정을 치밀하게 추적한 글도 실려 있다. 주한미군 재조정과 북핵 문제 등 현안을 다룬 논문도 있으며, 정전협정이 평화협정으로 대체되었을 때 생겨날 수 있는 여러 가지 법적인 문제들과 북한에 급변사태가 터졌을 때 어느 나라가 통치주체가 될 것인가라는 민감한 문제도 다루고 있다.

제5장

한국과 미국
그리고 반세기의 한미동맹

차상철 | 충남대학교 사학과 교수

I. 한미동맹의 현실

1948년 8월 15일 우여곡절 끝에 대한민국이라는 민주공화국이 수립되었다. 지난 2008년은 대한민국 건국 60주년이 되는 뜻 깊은 해이다. 제2차 세계대전이 종식된 후 등장한 수많은 신생독립국가들 중에서 대한민국처럼 단기간 내에 경제적 산업화와 정치적 민주화를 동시에 달성한 국가는 없다. 1인당 국민소득이 100달러에도 미치지 못하는, 세계에서 가장 가난한 국가로 출발했던 대한민국은 2008년 현재 2만 달러의 국민소득과 국내총생산 규모(GDP)로 세계 10위권의 경제대국, 세계 6위권에 달하는 군사대국, 그리고 민주주의 모범국가로 성장하였다.

미국과 소련을 정점으로 하는 자본주의 진영과 공산주의 진영 사이의 이념대결이 치열하게 전개되었던 냉전의 시기에 대한민국이 비약적인 발전을 이룩할 수 있었던 가장 중요한 원동력은 두말할 것도 없이 한국민의 열정과 희생이었다. 그리고 건국 초기 국가의 생존과 안보를 확보하는 데 성공한 이승만(李承晩) 대통령과 그것을 바탕으로 '조국의 근대화'를 위해 매진할 수 있었던 박정희(朴正熙) 대통령, 두 지도자의 보국(保國)과 부국(富國)을 위한 통찰과 헌신을 기억하고, 높이 평가해야 할 것이다.

또한, 대한민국이 국제무대에서 지금의 위상을 확립하는 데, 미국은 지대한 역할과 공헌을 담당했다는 사실도 결코 경시해서는 안 된다. 1953년에 체결된 한미상호방위조약으로 상징되는 한미동맹은 대한민국의 생존을 담보하는 '생명줄'이자, 동시에 '압축성장'을 현실적으로 가능하게 만든 원동력으로 작용했기 때문이다.

1945년 해방 이후 분단과 건국, 그리고 6·25전쟁, 4·19민주혁명, 5·16군사정변 등 파란만장했던 초기 한국현대사의 전개과정뿐만 아니라 1960년대 이후 지금까지도 미국은 그 어떤 국가보다도 한국에게 가장 중요한 의미를 지니는 국가였다. 나아가 북한 핵 문제와 한반도의 통일 문제와 관련해서도, 미국은 여전히 한국이 가장 긴밀한 협력과 공조체제를 강화해야 할 국가임을 인정해야 한다.

반세기가 넘는 한미동맹의 오랜 역사에서 한국과 미국은 크고 작은 불화와 갈등을 종종 경험했지만, 노무현(盧武鉉) 대통령이 집권한 지난 5년 동안 한미관계는 심각한 균열 현상을 보였다. 노무현 정부가 출범한 2003년은 휴전협정과 한미상호방위조약이 체결된지 50주년이 되는 해였지만, 불행하게도 한미관계는 최대의 위기감 속에서 출발했다.

2002년 6월 경기도 의정부에서 주한미군 병사에 의한 '여중생 사망사건'이 발생했다. 이 사건은 한국인의 반미감정을 자극했고 불평등한 '한미주둔군 지위협정(SOFA)'의 즉각적인 개정을 촉구하는 반미촛불시위가 전국으로 번져, 반미감정이 확산되었다. 2003년 2월에 실시한 한 여론조사에 의하면, 미국에 대한 호감도를 묻는 질문에 47%가 '싫다,' 36.7%

가 '중립,' 그리고 15.9%가 '좋다'로 응답했다. 또한, 주한미군에 관해서는, 응답자의 56.6%가 감축에 '찬성'했고, 41.4%가 '현상유지'를, 그리고 2.0%가 '증강'을 원했다. 2004년 1월에 실시된 여론조사 결과, 한국의 안보를 가장 위협하는 국가로 북한(33%)보다 미국(39%)을 지목한 한국인이 더 많았다. 같은 시기에 실시한 육군사관학교 가(假)입교생들에 대한 의식조사에서는, 250명의 가입교생 중 34%가 미국을, 33%가 북한을, 대한민국의 '주적(主敵)'으로 꼽는 충격적인 결과가 나타났다. 이는 한미동맹이 심각한 위기에 봉착했음을 의미했다.

한국인의 미국 인식에 커다란 변화가 일어나고 있었다. 그것은 한미동맹, 나아가 전반적인 한미관계에도 지대한 영향을 미칠 수밖에 없었다. 한미동맹에 심각한 균열의 조짐이 보이기 시작했다. 게다가, '대미(對美) 자주성'을 강조한 노무현 대통령 후보의 당선은 한미관계의 앞날이 순탄치 않을 것임을 예고했다. 노 대통령은 후보 시절 "반미(反美)면 어때?"라고 말한 적이 있었을 뿐만 아니라, 2004년 11월 미국 방문 당시 노 대통령은 "북한의 핵보유 시도는 일리 있다"는 발언을 하기도 했다. 노 대통령 재임 5년 동안의 한미동맹관계는 균열과 파열로 점철되었다. 2008년 국군의 날인 10월 1일 노무현 전(前) 대통령은 '10 · 4 남북정상선언' 기념강연에서, "[평화통일을 위해선] 대북(對北)억지를 위한 한미동맹을 강조하지 않는 것이 좋은 상황"이라고 말했다. 이와 같은 그의 인식은 국제정치의 냉혹함을 간과(看過)한 매우 순진하고도, 위험한 발상이라고 아니할 수 없다.

2008년 2월 25일 이명박(李明博) 대통령은 취임사에서, "미국과는 전통적 우호관계를 미래지향적 동맹관계로 발전 · 강화"시키겠다고 다짐했다. 이러한 이 대통령의 미국 인식은 상호신뢰의 회복을 통한 한미동맹의 조속한 복원과 나아가 한미 양국이 '21세기 전략동맹'으로 발전시키기 위한 강한 의지라고 평가할 수 있을 것이다.

　반세기에 걸친 냉전의 시기에 온갖 시련을 극복하고, 산업화와 민주화를 달성한 자랑스러운 대한민국의 역사에서 한미동맹이 지니는 의미와 무게를 우리나라의 청소년들이 제대로 이해하는 데 기여할 수 있다면, 이 글을 쓰는 가장 중요한 목적은 달성되는 셈이다.

II. 한국전쟁과 한미동맹의 성립

1. 한미상호방위조약의 체결 배경과 과정

　세계사적인 관점에서 볼 때, 1950년대는 미국과 소련 간의 이념적 갈등이 전 세계적으로 확산되어, 냉전이 더욱 심화되어 갔던 시기였다. 특히, 한국전쟁은 냉전의 세계화와 군사화(軍事化)를 촉진시킨 결정적인 계기로 작용했다. 또한, 미국이 냉전의 전초기지로 간주한 동아시아 지역에 적극적으로 개입한 시기였던 동시에, 동아시아 국가들도 미국과 소련의 간섭과 속박의 그늘로부터 벗어나 그들 자신의 정치적 운명을 독자적으로 개척하기 위해 노력했던 전환의 시기이기도 했다.

　이러한 시대적 상황 속에서, 탁월한 국제정치적 감각과 자질을 갖춘 이승만은 신생독립국가 대한민국이 반공(反共)·반소(反蘇)의 '보루'가 되어야 한다고 굳게 믿었기 때문에 대통령으로 취임하자마자 미국에게 상호방위조약의 조속한 체결을 강력히 요구하고 나섰다. 이승만은 분단된 한반도에 두 개의 적대적인 정권이 대치하고 있는 심각한 상황 속에서, 한국과 같은 약소국가의 생존과 안보를 담보할 수 있는 유일한 길은 철저한 반공국가인 미국과 같은 초강대국과 법적·도덕적 의무를 함께 지는 '동맹'을 결성하는 것이라고 믿었다.

이승만은 청년 시절부터 미국 유학 시절, 그리고 수십 년에 걸친 기나긴 미국 망명생활 동안 반공주의적 태도를 견지했다. 따라서 1945년 10월 중순 그리던 조국으로 귀환할 당시의 이승만은 이미 철저한 반공사상으로 무장되어 있었다. 대한민국 정부가 수립된 후, 주한미군의 철수가 완료되어갈 즈음인 1949년 5월 이승만 대통령은 트루먼(Harry S. Truman) 대통령에게 외부의 침략에 대한 상호방위를 목적으로 하는 한국과 미국 간의 협정의 체결을 제의했다. 그러나 한국이 지니는 군사전략적 가치가 거의 없다고 판단해온 미국은 당연히 이승만의 요구를 외면했다.

북한의 김일성(金日成)은 스탈린(Joseph Stalin)의 승인과 마오쩌둥(毛澤東)의 군사적 지원 약속을 받은 직후, 1950년 6월 25일 남한을 기습 침공을 감행했다. 그러나 미국의 즉각적인 대규모 군사개입으로 한반도 전체의 공산화를 실현하려고 기도했던 김일성의 꿈은 수포로 돌아갈 수밖에 없었다. 동시에 맥아더(Douglas MacArthur) 장군의 인천상륙작전 성공에 힘입어 38선을 넘어, 북진통일을 달성하겠다는 이승만의 꿈도 중공군의 참전으로 실현 가능성이 불투명해졌다. 중국의 개입으로 완전한 군사적 승리가 어렵다고 판단한 미국은 1951년 5월 한국전쟁을 군사적 방법이 아닌 '정치적 해결'로 종식하기로 결정했다.

이승만 대통령은 이러한 미국의 일방적인 정책결정에 분노했다. 그는 북진무력통일을 주창하면서, 한반도의 지속적 분단을 의미하는 '휴전(休戰)'에 맹렬히 반대했다. 이승만에게 있어서, 휴전은 '한국에 대한 사형집행영장'이나 다름없었다. 그러나 한국을 제외한 모든 전쟁 당사국들이 휴전에 동의하는 상황에서, 이승만의 '결사적인' 휴전반대는 메아리 없는 고독한 외침일 뿐 미국의 의지나 정책에 아무런 영향도 주지 못했다. 7월 10부터 휴전회담은 시작되었다. 그러나 전쟁포로의 송환방식에 관한 첨예한 의견대립으로 유엔군과 공산군 측은 1952년 10월 8일 휴전회담을 중단하기로 합의했다.

1951년 8월과 9월에 트루먼 행정부는 군사전략적 가치가 높다고 인정한 일본, 필리핀, 오스트레일리아, 그리고 뉴질랜드와는 안보조약을 체결했지만, 한국과는 군사동맹 체결의 필요성을 느끼지 않고 있었다. 그러나 이승만은 휴전 이후의 한국의 국가적 생존과 안보에 관한 한 '친일적인' 미국으로부터 확실한 보장을 받아야만 한다고 믿고 있었다. 휴전협정이 체결된 직후 이승만은 한미상호방위조약의 체결을 위해 서울에 온 덜레스(John F. Dulles) 국무장관에게, "우리 민족 전체의 생명과 희망이 한미상호방위조약에 달려 있다"고 말하고, 소련과 중공이 함께 북한을 적극적으로 지원하고 있는 엄연한 현실 속에서, "미국은 한국이 도움을 요청할 수 있는 유일한 국가"라고 솔직하게 토로하기도 했다.

1953년 1월 제2차 세계대전 당시 연합군 최고사령관을 역임했던 아이젠하워(Dwight D. Eisenhower) 장군이 미국의 새로운 대통령으로 취임하고, 이어 3월 초 스탈린이 사망함에 따라 휴전회담은 속개되었고, 이어 휴전협정의 체결도 임박했다. 동시에 이승만과 한국민의 휴전반대운동도 거세게 전개되었다. 이승만은 '군사적 승리'와 '압록강까지 진격'을 외치며, 한국군의 작전지휘권 회수와 단독 북진 강행도 불사하겠다고 미국에 경고했다. 이승만의 이러한 위협은 한미상호방위조약의 조속한 체결을 얻어 내기 위한 '계산된 전략'이기도 했다. 이승만의 목표는 미국과의 방위조약을 휴전협정이 발효되기 전에 체결하는 것이었다. 그러나 아이젠하워 행정부는 휴전이 성립한 후에 한국과 방위조약을 체결하기로 내부 방침을 정해 놓고 있었다.

6월 18일 이승만 대통령은 25,000명에 달하는 반공포로들을 자신의 직권으로 석방시키는 특단의 조처를 단행했다. 휴전협정의 체결을 무산시킬 수도 있는 반공포로의 일방적인 석방은 한미상호방위조약 체결에 대한 미국의 결단을 촉구하기 위한 이승만의 유일한 승부수였던 것이다.

이승만의 과감한 행동에 대한 미국의 대응방안도 신속하게 마련되었다. 휴전협정의 체결을 통한 한국전쟁의 정치적 해결이라는 정책목표의 달성을 위해 이승만의 협조가 절실히 필요했던 미국으로서는 이승만을 제재(制裁)할 수 있는 현실적인 방안도 없었다. 이는 이승만의 '벼랑 끝 전략'의 궁극적 승리를 의미하는 것이었다.

이승만과 아이젠하워는 서로 심히 갈등했지만, 동시에 서로를 몹시 필요로 하고 있었다. 그리고 이때야말로 서로 간의 '불가피한' 양보가 시급히 요청되는 긴박한 시점이었다. 한미상호방위조약의 조속한 체결을 위한 한미 간의 협상이 본격적으로 진행되었다. 마침내 미국은 휴전을 방해하지 않겠다는 이승만의 약속을 받아냈고, 반면에 이승만은 미국으로부터 방위조약의 신속한 의회 비준 약속을 얻어냈다.

1953년 8월 8일 변영태(卞榮泰) 외무장관과 덜레스 국무장관은 서울에서, '대한민국과 미합중국 간의 상호방위조약'에 가조인했다. 그리고 10월 1일 두 사람은 워싱턴에서 이 조약에 공식적으로 조인했다.

2. 한미상호방위조약의 효과와 의의

한미상호방위조약은 국제적 분쟁을 평화적인 수단으로 해결하기로 약속하며, 각 당사국이 합법적으로 통치하고 있는 영토에 대한 외부로부터의 무력공격은 자국의 평화와 안전을 위태롭게 하는 것으로 간주하고, 각국의 헌법절차에 따라 공동으로 대처한다고 규정했다. 또한 이 조약은 한미 양국 모두가 원하는 한 '무기한으로' 유효하다고 선언했다.

한미상호방위조약의 체결문제를 둘러싸고, 이승만과 아이젠하워는 서로 심히 갈등했지만, 동시에 상대방을 몹시 필요로 했다. '한미상호방위조약'은 한국과 미국 간의 대치국면을 타개할 수 있는 유일한 타협점이

자, 처방책이었다. 방위조약을 매개로 미국은 남한에 대한 공산주의 세력의 침략위협을 봉쇄하는 동시에 이승만의 북진무력 통일의지도 단념시키는 '이중봉쇄(二重封鎖)'의 효과를 기대했다. 반면에, 이승만은 공산주의의 위협과 공격을 사전에 봉쇄하는 동시에 그가 심각하게 우려해 왔던 일본의 팽창주의적 야욕도 저지시키는 '이중봉쇄'의 효과를 기대할 수 있는 제도적 장치를 마련함으로써 대한민국의 안보를 확실하게 보장받기를 원했던 것이다.

한미상호방위조약의 체결과정에서 보여준 이승만의 굳은 의지와 과감한 행동은 마치 '칼 물고 뜀뛰기' 같은 상당한 위험부담을 내포하고 있었기는 했지만, 결과적으로 아이젠하워 행정부의 정책적 유연성을 제한하여 미국으로부터 보다 많은 양보를 얻어낼 수 있었던 중요한 요인으로 작용했다. 이승만의 역할은 체스(chess) 판의 단순한 '졸(卒)'이 아니라 '성장(城將)'과 같은 '졸'이었다.

이승만은 맹목적인 '숭미(崇美)'·'친미(親美)' 주의자가 아니라, 철저한 '지미(知美)'·'용미(用美)' 주의자였다. 동시에 그는 반공주의의 '상징'이었다. 그러한 인물을 강압적으로 굴복시키거나, 제거시킨다는 정책적 선택은 공산주의 세력과의 열전(熱戰)과 냉전이 공존하는 1950년대 초반의 세계정세 속에서 미국이 쉽게 결정할 수 있는 성질의 것은 결코 아니었다. 따라서 한국전쟁의 정치적 해결을 결정함으로써 한국정부의 협조가 절실했던 미국으로서는 이승만의 방위조약의 체결요구를 현실적으로 수용할 수밖에 없는 상황에 직면했다. '한미상호방위조약'은 이승만에게 있어서, 신생독립국가 대한민국의 생존이 걸린 정녕 포기할 수 없는 '생명줄'과도 같은 것이었다. 그것은 실제로 지금까지 한국의 안보와 생존을 확보하는 데 지대한 역할을 담당해 왔다.

한미군사동맹체제는 한반도에 전쟁의 재발을 억제하는 가장 중요한 제도적 장치였다는 사실에 주목해야 한다. 따라서 6·25전쟁의 종식 이

후 오늘날까지 반세기가 넘도록 한반도에 '긴장 속의 평화' 가 그나마
유지될 수 있었던 것은 이승만 대통령의 투철한 신념과 예리한 판단, 그
리고 과감한 결정에 크게 기인한다고 평가할 수 있다. 이승만은 대한민
국의 생존을 보장할 수 있는 군사적 안보가 정치적 민주주의나 경제적
발전보다도 우선되어야만 한다고 굳게 믿은 정치지도자였다.

  미국은 이승만 이외의 다른 현실적인 대안이 없다고 판단했기 때문에
이승만의 존재를 인정할 수밖에 없었고, 반면에 이승만은 한국민의 '생
존과 운명' 은 한국이 원하든, 원하지 않든 간에, 치열한 냉전구도에서
오로지 미국의 의지와 정책에 달려 있다는 냉혹한 현실을 인정했다. 따
라서 이승만과 아이젠하워는 서로 심하게 대립했지만, 영원히 '이별' 할
수는 없었다. 냉전의 심화가 두 지도자에게 '상호의존적 동반자' 관계
의 유지를 강요했던 것이다.

III. 베트남전쟁과 한미동맹의 강화

1. 한국군 파견의 배경과 과정

  1960년 11월 미국의 대통령 선거에서, 40대 초반의 젊은 민주당 후보
인 케네디(John F. Kennedy) 상원의원이 당선되었다. 철저한 반공주의자
인 케네디 대통령은 인류의 적은 "무자비하게, 끊임없이 이 세계를 지배
하려는 공산주의 체제 그 자체" 라고 규정했다. 따라서 케네디의 냉전정
책은 공산주의의 위협을 원천적으로 '봉쇄' 하며, 공산주의의 확산을 사
전에 저지한다는 '도미노 이론(domino theory)' 의 틀 속에서 논의·결정

되었다. 케네디가 암살당한 후 대통령직을 계승한 존슨(Lyndon B. Johnson)
부통령은 전임자보다도 더욱 강경한 정책을 추구했다. 1964년 중국이 핵
실험에 성공한 후, 미국은 베트남전쟁에 군사적 개입을 더욱 확대시켜
나갔다.

1960년 3·15부정선거로 인한 4·19민주혁명의 발발은 이승만의 자유
당 정권의 몰락을 초래하고, 장면(張勉)의 민주당 정권이 새롭게 등장하
는 직접적인 계기가 되었다. 그러나 1961년 5월 16일 박정희(朴正熙) 육
군 소장의 주도하에 군사쿠데타가 발생했다. 미국은 반공주의와 경제재
건을 앞세운 군사쿠데타를 결국 추인했고, 박정희의 군사혁명정부는 정
권 유지의 안전판을 확보했다. 케네디 행정부는 한국, 미국, 일본의 3각
동맹체제의 결성을 통해 소련, 중국, 북한의 공산주의 세력의 위험을 차
단하는 동시에, 한국에 대한 미국의 재정부담의 일부를 일본에게 부담시
킨다는 장기정책을 갖고 있었다. 따라서 미국은 심화되고 있는 냉전구도
속에서, 한일국교 정상화는 군사전략적 측면에서도 매우 시급하고도, 긴
요하다는 판단을 해오고 있었다. 한편, 정통성이 약한 박정희의 군사정
권도 '조국의 근대화'를 조속히 달성하기 위한 막대한 재원을 확보하기
위해서라도 일본과의 관계정상화의 필요성을 인식하고 있었다.

1960년대 미국의 고위 외교·군사담당 관료들은 소련과 더불어 중국
을 미국의 최대 적대국으로 간주했다. 따라서 미국의 아시아정책에서 핵
심적인 내용은 동아시아, 특히 베트남에서 중국의 팽창주의를 근원적으
로 봉쇄하는 것이었다. 그들은 만약 베트남이 공산화될 경우, 라오스·
캄보디아 등 인접 국가들은 말할 것도 없이 인도네시아·말레이시아·필
리핀 나아가 오스트레일리아와 뉴질랜드까지도 모두 공산화될 것이라고
믿었다. 이렇듯, 아시아에서 공산주의 세력의 확산을 차단해야 한다는
미국의 확고한 의지는 냉전의 전초기지로서의 한국의 군사전략적 가치
를 상승시켰다.

과거 프랑스의 식민지였던 베트남은 제2차 세계대전이 종식된 후 남북으로 분단되었다. 그리고 베트남은 첨예한 동·서 이념대결의 '시험장'이 되었다. 존슨 대통령은 대규모의 군사적 개입만이 베트남의 공산화를 확실하게 저지할 수 있는 유일한 방책이라고 결정했다. 1964년 5월 미국은 한국을 포함한 우방 25개국에게 베트남전 지원을 요청했다. 많은 나라들이 난색을 표명했지만, 오래 전부터 한국군의 베트남 파병을 제의해 온 박정희(朴正熙) 대통령은 미국의 요청을 적극 수용하고 나섰다.

박정희는 대한민국의 안보와 경제개발에 미국이 차지하는 의미와 무게를 누구보다도 잘 알고 있었다. 박정희는 "우리의 경우는 미국을 떠나서는 논의될 수 없는 처지에 있다"는 현실을 직시하고 있었다. 박정희는 미국의 지속적인 경제·군사원조를 확보하여 국가안보를 공고하게 하는 동시에, '조국 근대화'의 달성에 긴요한 막대한 재원을 조달한다는 차원에서 베트남에 대한 전투병 파병을 이미 결심하고 있었다.

박 대통령은 냉철한 현실주의자였다. 그는 한국군 전투부대의 파병에 동의해 주는 대가로 한국에 대한 미국의 지원을 보장받아 최대한의 실익을 확보하는 동시에, 주한미군을 한반도에 묶어두어 한국의 안보에 공백이 발생하지 않도록 하겠다는 치밀한 계산을 했던 것이다. 또한, 한국전쟁을 통하여 일본이 경제적 도약의 발판을 마련했다는 사실을 누구보다도 잘 알고 있었던 박정희는 시장(市場)으로서의 베트남이 지니는 특별한 가치를 깊이 인식하고 있었다.

1965년 1월 박정희 대통령은 아시아의 자유와 평화를 수호하고, 베트남에 대한 공산주의 세력의 침략행위는 한국의 안보에도 중대한 위협이 된다고 주장함으로써, 한국군의 베트남 파병을 정당화했다. 베트남전의 상황이 갈수록 악화되어 갔던 1965년 7월 존슨은 베트남전의 확전(擴戰)을 선언했다. 이는 베트남전쟁의 '미국화'를 의미하는 것이었다. 그후 미국은 대규모의 전투병을 투입하여, 1969년 초에는 50만 명이 훨씬 넘었다.

한국정부도 전투병력 파병을 전제로 미국과 협상을 시작했다. 1965년 5월 17일 미국을 공식 방문한 박정희에게 존슨은 현재 수준의 주한미군을 유지하고, 한미상호방위조약에 따라 한국의 안보가 위험에 빠지는 일이 없도록 하겠다고 약속하면서, 한국군 1개 전투사단의 파병을 정식으로 요청했다. 박정희는 주한미군의 계속 주둔을 강력하게 주장하면서, 미국의 지속적인 군사원조와 경제지원을 요청했다. 뒤이어 발표된 한미두 정상의 공동성명서는 박 대통령의 요구를 대부분 반영했다. 1965년 7월 한국 국회는 정부의 1개 전투 사단 파병동의안을 승인했다. 그후미국의 요청에 따라 한국군의 전투병 파병 규모도 증가되어, 최고 약 5만명 수준으로 유지되다가, 1973년 베트남전쟁의 종식을 위한 파리평화협정이 체결됨에 따라 한국군은 완전히 철수했다.

2. 한국군 파병의 효과와 의의

1960년대 한미 양국의 최대 현안은 베트남전쟁이었다. 한국군 전투부대의 베트남 파병 실현은 한미군사동맹의 강화를 가져왔다. 나아가 한미관계가 전반적으로 우호적인 방향으로 발전되는 동시에 박정희 정권의 국내에서의 정치적 입지를 강화시키는 중요한 계기로 작용했다. 박정희와 존슨은 공산주의 세력의 팽창이라는 현실적 위협에 대한 인식을 철저하게 공유했기 때문에 적어도 한미군사동맹관계는 '밀월'의 시대를 맞이하게 되었다.

한국의 베트남전쟁 참전 결정은 1960년대 초·중반까지 지속된 미국의 한국군과 주한미군의 병력 감축에 관한 논의를 중단시켰을 뿐만 아니라 한미군사동맹의 강화로 한국의 안보 불안 심리를 해소시키는 데에도 크게 기여했다. 한국에 대한 미국의 군사원조 규모도 대폭 증가되었다. 1961년부터 1965년까지 5개년 동안 한국에 대한 미국의 군사원조 총액은 8억 달러가 조금 넘었으나, 1965년부터 5개년 동안에는 그 두 배가 넘는 약 17억 달러로 대폭 증가되었는데, 이는 한국군의 전투병력 증강과 장비현대화로 직결되었다. 나아가 미국의 군사원조 이관 계획을 상당 기간 동안 지연시켰을 뿐만 아니라 연 인원 30만 명의 장병의 베트남 실전(實戰) 경험은 한국군의 전투력 향상에 크게 기여했다.

또한 한국은 베트남전쟁에 참여함으로써, 경제적으로도 엄청난 이익과 혜택을 얻었다. 1965년부터 1969년까지 미국은 한국군의 베트남 파병에 따른 비용으로 총 9억 달러 이상을 지출했고, 1966년부터 1973년까지 한국이 베트남 시장으로부터 획득한 총 외화는 약 9억 달러에 달했다. 한국의 대미수출도 연 평균 45.5%의 높은 신장률을 보였다.

역사적인 관점에서 볼 때, 한국군의 베트남 파병은 박정희 정부에 대한 미국의 강력한 지지를 도출하여, 한국의 국가안보를 강화하고, 급속한 고도 경제성장을 가능하게 만든 발판이 되었다는 사실에 주목해야 한다. 동시에 냉전적 사고와 논리에 입각한 반공우선주의를 견지해 온 미국의 박정권 지지는 박 대통령의 독선적인 통치행위를 조장하여, 한국정치의 발전, 나아가 한국 민주주의의 발전을 저해하고, 지연시키는 데에도 일조를 했다고 평가할 수 있다.

박정희 대통령에 의한 '국익수호 차원'의 결단이었던, 한국군의 베트남 파병은 장비(裝備) 현대화를 통한 한국의 군사력 강화와 고도성장을 통한 경제적 발전, 그리고 한국사회의 활성화를 가능하게 만든 결정적인 계기로 작용했다. '베트남 특수'에 대한 박정희의 기대는 현실로 나타났고, 베트남전쟁은 궁극적으로 한국의 경제 개발 속도를 촉진시킨 '경제적 노다지(an economic bonanza)'로서의 역할을 담당했다. 또한, 한국군 전투병 파병을 계기로 한미동맹이 더욱 강화되었을 뿐만 아니라 미국에 대한 한국의 발언권도 크게 신장되었다.

IV. 닉슨 독트린과 한미동맹의 갈등

1. 주한미군의 감축

1968년은 세계사적인 측면에서뿐만 아니라 미국과 한국, 그리고 한미동맹관계에도 중요한 역사적 의미를 지니는 특별한 한 해였다. 존슨 대통령에게 있어서, 1968년은 과거 그 어떤 대통령도 경험하지 않았던 위기와 비극으로 점철된 고통의 한 해였다. 북한에 의한 미 해군 푸에블로(Pueblo)호 나포 사건은 그것의 시작이었다. 뒤이어, 베트콩(Vietcong)의 '구정(舊正)공세', 존슨의 대통령 출마포기 선언, 소련의 체코 침공, 킹(Martin Luther King) 목사와 로버트 케네디(Robert F. Kennedy) 상원의원의 암살 등이 연달아 발생했다.

한편, 박정희 대통령에게 있어서도, 북한의 청와대 기습사건이 발생했던 1968년은 한국방위의 '한국화'를 위한 자주국방체제의 조속한 확립이 절실함을 인식하게 만든 해였다. 이로 인해, 한미동맹관계에도 긴장과 갈등이 조성되기 시작했다. 박정희는 대한민국의 생존과 안보를 영원히, 그리고 전적으로 미국에게 의존할 수만은 없다고 판단했다. 한미관계의 긴장과 갈등은 '닉슨 독트린(Nixon Doctrine)' 선언 이후 1970년대 말까지 지속되었다.

1968년 11월 대선에서 닉슨(Richard M. Nixon)이 미국의 37대 대통령으로 당선되었다. 닉슨은 베트남전쟁이 조속하게 종식되어야 한다는 점을 인정했다. 1969년 7월 하순 닉슨은 아시아 국가들은 핵공격을 당한 경우를 제외하고는 내부와 외부의 위협으로부터 스스로를 방어해야 하는 일차적인 책임이 있다고 선언했다. '닉슨 독트린'이 선포된 것이다. '아시아 방위의 아시아화'가 핵심 내용인 닉슨 독트린의 실천으로써, 미국은 1971년 6월 말까지 주한미군 제7보병사단을 중심으로 2만 명의 병력을 철수시켰다. 그 대신 한미 양국은 연합방위체제로서 '한미 제1군단'을 창설했다.

주한미군 제7사단의 철수, 미국과 중국의 화해를 위한 닉슨의 중국방문(1972), 베트남의 공산화(1975), 그리고 미군 장교 두 명의 죽음을 초래한 북한의 '판문점 도끼살해' 사건(1976) 등 일련의 사태전개는 한미동맹에 이미 상당한 긴장을 초래하고 있었는데, 박 대통령의 '핵개발' 문제로 한미동맹의 갈등은 더욱 심화되어 갔다. 더욱이, 1976년 11월 대선에서, 주한미군의 철수를 주장해온 카터(Jimmy Carter)가 대통령에 당선됨으로써 한미동맹이 위기를 맞이하게 되었다.

1977년 1월 하순 카터 행정부는 주한미군의 감축을 포함한 미국의 한반도정책 전반에 대한 재검토에 착수했다. 3월 하순 카터는 주한미공군을 제외한 지상군을 1978년부터 4~5년에 걸쳐 단계적으로 철수할 것이라고 발표했다. 그러나 카터의 철군정책은 내부로부터 강력한 비판을 받게 되었다. 주한미군사령부 참모장인 싱글러브(John Singlaub) 장군을 비롯한 군부와 국방장관, 그리고 국무장관의 반발뿐만 아니라 미국 언론의 반대, 나아가 소련 극동함대의 급속한 증강과 북한 군사력에 대한 중앙정보국(CIA)의 평가 보고서는 결국 카터로 하여금 1978년 4월 하순 주한미군의 철군문제를 재검토하게 만들었다. 카터의 철군정책은 1978년 3천여 명의 육군 병력만 철수하고, 종료되었다.

2. 자주국방체제의 수립

'닉슨 독트린'이 아시아 방위의 '아시아화'를 규정했다면, 박정희의 자주국방을 위한 확고한 의지와 실천의 궁극적 목표는 한국방위의 '한국화'를 조속히 달성하는 것이었다. 닉슨 독트린에 따라, 아시아에 주둔하고 있는 미군은 철수하기 시작했다. 물론, 한국도 예외가 될 수 없었다. 박정희의 우려가 현실로 나타났고, 자주국방체제의 확립은 '조국 근대화'와 더불어 국가정책의 최우선 과제로 등장했다.

1970년 4월 박정희는 방위산업의 육성을 위한 구상을 발표했으며, 곧이어 한국군의 현대화를 위한 연구기관인 '국방과학연구소'의 설립이 가시화되었다. 그에게 있어, 자주국방의 궁극적 목표는 미사일과 핵무기와 같은 전략무기의 개발이었다. 한국전쟁 이후 20년 동안 계속되었던 적대관계를 청산하고, 미국과 중국의 국교정상화를 추진하기 위해 1972년 2월 미국 대통령으로서는 최초로 닉슨은 중국을 공식 방문했다. 닉슨의 중국 방문은 박정희 정부에게 커다란 안보 불안을 안겨 주었다.

자주국방을 위한 박 대통령의 군비증강정책은 단순히 재래식 무기의 자체 생산에 한정되었던 것이 아니라, 미사일과 핵무기의 개발도 포함되어 있었다. 전략무기의 개발에 대한 박정희의 강력한 의지는 한국의 안보를 한미동맹에 기초한 대북(對北)억지 전략에만 맡길 수 없게 되었다는 냉철한 상황 판단의 소산이었다. 주한미군의 철수가 현실로 나타나자, 박정희는 북한에 대한 억지력과 국가생존을 위한 자구책을 스스로 마련해야 한다고 믿었다. 이와 같은 박 대통령의 신념은 중국과의 관계개선을 통한 긴장완화를 추구하는 미국의 정책과 충돌할 수밖에 없었다. 즉, 한미관계의 긴장과 갈등이 예고되고 있었다. 박정희는 국제정세의 변화에 따라 한국이 홀로 북한과 대결할지도 모르는 심각한 상황에 미리 대비하기 위하여 핵무기 보유를 포함한 군사적 자립이 필수적이라고 판단했다. 박정희가 독자적으로 핵무기 개발을 위한 대통령 직속기관으로 국방과학연구소를 서둘러 설립한 연유도 바로 거기에 있었다.

박 대통령의 핵무기개발 프로젝트는 1974년 중반까지는 비교적 순탄하게 진행되었다. 그러나 1974년 5월 예상치 못했던 인도의 핵실험 성공은 미국으로 하여금 핵무기의 확산을 적극적으로 저지하게 만든 계기가 되었다. 미국의 정보기관들은 개발도상국가들의 핵무기 제조에 필요한 부품들의 거래내역을 세밀하게 조사하기 시작했다. 그 과정에서 비밀리에 진행되어 온 한국의 핵무기 개발사업이 포착되었다.

1974년 12월 키신저(Henry A. Kissinger) 국무장관은 주한 미국대사에게 보낸 전문에서, 한국의 핵무기 개발이 갖는 국제정치적 심각성과 파장을 다음과 같이 지적했다.

> 한국의 핵무기 보유는 일본뿐만 아니라 소련, 중국, 그리고 미국이 직접 관련되어 있는 지역에 심각한 영향을 초래할 수 있다. 또한 전쟁이 발생할 경우, 북한에 대한 소련과 중국의 핵무기 지원 보장으로 이어질 것이다. … 이러한 영향은 한국의 핵무기 개발노력이 미국의 안보공약에 대한 한국의 신뢰가 약화되어서, 미국에 대한 군사적 의존도를 줄이겠다는 박정희의 의지가 부분적으로 반영된 사실로 인하여 더욱 복잡해질 것이다.

미국은 박정희의 핵무기 개발을 단념시키기 위하여 노골적인 압력을 행사하는 동시에 한국의 핵무기 기술보유를 저지하기 위해 핵보유 국가들과의 협력방안을 모색했다. 그러나 박정희는 미국의 끈질긴 압력과 협박에도 쉽게 굴복하지 않았다. '조국근대화'와 '자주국방'은 그에게 있어 결코 포기할 수 없는 종교와도 같은 것이었다. 특히, 베트남의 공산화는 박 대통령의 안보위기 의식을 더욱 고조시켰다.

그러나 1976년 6월 미국은 박정희에게, 만약 한국이 핵무기 개발을 계속 진행할 경우, 미국은 안보와 경제협력 관계들을 포함한 한미관계 전반에 대해 재검토할 수밖에 없다고 최후통첩을 전달했다. 결국, 1977년 1월 28일 박 대통령은 핵무기 개발을 포기할 것임을 공개적으로 선언했다. 한국의 핵무기 개발이 미국의 강압에 의해 좌절되는 순간이었다. 또한, 핵무기 개발을 통한 자주국방의 조속한 달성으로 대한민국을 진정한 의미의 주권국가로 당당하게 일어서게 만들겠다는 박정희의 웅대한 꿈과 그것의 실현을 위한 끈질긴 집념, 그리고 구체적인 실천방안이 현실적으로 포기될 수밖에 없음을 의미하는 것이기도 했다.

카터 행정부 시기의 한미동맹관계는 갈등과 불화의 연속이었다. 1979년 10월 박정희 대통령의 예기치 못한 죽음과 1980년 11월 미국 대선에서 카터의 재선 실패와 레이건(Ronald W. Reagan) 공화당 후보의 당선은 한미동맹의 새로운 관계정립을 위한 중요한 계기로 작용했다.

V. 레이건 독트린과 한미동맹의 복구

1. 주한미군의 강화

'미국 우월주의'의 신봉자인 동시에 철저한 보수·반공주의자인 레이건 대통령은 소련의 팽창주의가 모든 세계불안의 원천이라고 간주하고, 소련을 '악의 제국(evil empire)'이라고 규정했다. 레이건은 '힘을 통한 평화'라는 기치 아래, 대소(對蘇) 군사력 우위 확보를 국가정책의 우선순위로 삼고, 국방예산의 엄청난 증액을 통한 군비증강을 적극적으로 추진했다. 또한, 레이건은 기존의 동맹 체제를 더욱 강화해야 한다는 강한 의지를 갖고 있었다. '레이건 독트린'도 이러한 그의 인식의 구체적 표현이자, 반영이었다. 그리하여, 레이건 행정부는 동맹국인 한국에 대한 군사원조를 확대했을 뿐만 아니라 주한미군의 전투력과 기동력을 한층 강화했다. 따라서 주한미군의 존재 의미에 대한 한미 양국의 인식 공유는 1970년대 후반기의 소원했던 한미관계가 질적으로 개선되고, 특히 한미군사동맹이 굳게 결속되는 중요한 전기(轉機)로 작용했다.

1981년 2월 초 워싱턴에서 개최된 한미정상회담을 통해, 레이건은 전임자인 카터의 주한미군 철수정책을 백지화했을 뿐만 아니라 전두환(全斗煥) 대통령에게 한국의 방위능력 증강과 한반도에서의 미 군사력 강화를 약속했다. 레이건 행정부는 주한미군의 병력수를 4만 3천 명으로 증강시켰다. 이는 1972년 이래 최대의 병력 규모였다. 이로써, 한미동맹은 '복원'되었고, 한미동맹체제도 원활하게 작동됨으로써, 한미관계도 '밀월'의 시대를 맞이했다.

'개혁'과 '개방' 정책의 기치 아래, 소련의 새로운 신세대 지도자로 고르바초프(Mikhail Gorbachev)가 등장한 1980년대 중반부터 한미군사동맹관계도 전환기를 맞기 시작했다. 고르바초프의 등장 이래 국제질서와 환경이 빠르게 변화되고 있었다. 1989년 11월 제2차 세계대전이 종식된 이후, 독일민족의 분단, 유럽 대륙의 분열, 그리고 미국과 소련을 정점으로 하는 적대적인 동서 양대 진영의 이념적 대결의 생생한 현장으로서, 치열한 냉전시대의 상징이었던 베를린 장벽이 붕괴되었다. 이는 20세기 현대사에서 실로 엄청난 역사적 의미를 지니는 사건이었다.

이즈음 미국에서는, 의회를 중심으로 '평화의 시대'에 걸맞게 국방관련 예산을 대폭 삭감해야 한다는 목소리가 높아 갔다. 그리하여 의회는 주한미군을 포함한 동아시아에 주둔하고 있는 미군의 감축문제를 본격적으로 논의하기 시작했다. 의회의 강력한 요청에 따라, 부시(George W. Bush) 행정부는 노태우(盧泰愚) 정부와 주한미군의 감축에 관한 협상을 시작했다. 1990년 2월 한국정부는 주한미군의 현상유지를 주장했지만, 5천~6천 명 수준의 비전투요원의 철수에 동의했다. 두 달 뒤인 4월 미국은 '동아시아 전략구상'을 발표했다. 그 내용은, 미국은 앞으로 10년간 3단계에 걸쳐 한국, 일본, 그리고 필리핀에 주둔하고 있는 미 지상군과 공군병력 일부를 감축한다는 것이었다.

그러나 '동아시아 전략구상'에 의한 주한미군의 단계별 감축계획은 북한의 핵개발 문제가 부각되었던 1993년 클린턴(William J. Clinton) 행정부가 출범하면서 결국 중단되고 말았다.

2. 한미안보 협력체제의 확립

새로운 냉전시대인 1980년대의 미·소 대결구도 아래서, 전두환과 레이건이 공유한 철저한 반공의식은 당연히 한미군사동맹체제의 강화를 수반했다. 1981년 2월 전두환의 방미(訪美) 이후, 한미 간의 동반자적 안보협력 체제는 더욱 공고화되어 갔다. 2월부터 두 달이 넘게 지속된 대규모의 한미연합 군사훈련인 '팀스피리트(Team Spirit)'가 실시되었다. 한미 양국이 각각 15만 명이 동원된 사상 최대 규모였다. 나아가 미국은 1982년부터 5년 동안 계속된 한국의 군사력 증강계획(율곡사업)을 적극적으로 지원했으며, 나아가 1986년에는 랜스(Lance) 미사일을 한국에 배치했다.

1983년 9월과 10월에 각각 발생한 소련의 'KAL기 격추'와 북한의 '아웅산 테러사건' 직후인 11월 레이건 대통령은 한국을 국빈 방문했다. 레이건은 한미동맹이 굳건한 결속력과 한미 간의 동반자적 안보협력 의지를 내외에 과시하기 위해 냉전의 현장인 비무장지대를 직접 시찰하기도 했다. 한미정상회담을 통해, 레이건은 한국의 안전이 미국의 안전에 직결

됨을 강조했다. 그리고 1985년 5월 서울에서 개최된 한미 국방장관 회담에서도, 북한의 위협에 대처하기 위한 한미 양국의 전력증강계획을 적극 추진함과 동시에 미국의 핵우산으로 한국의 안보를 더욱 보강한다는 기존의 공약도 재확인되었다. 한미동맹전선은 '이상무(異常無)'였다.

1986년 4월 서울에서 개최된 한미 안보관련 장관회담에서는, 한미연합사령부가 갖고 있는 작전통제권의 이양문제가 논의되기 시작했다. 1988년 6월 한미 국방장관은 군사협력체제의 협력기반을 구축하기 위한 구체적인 방안들을 논의했다. 미국은 한국정부에게 주한미군의 주둔 비용문제를 본격적으로 제기했고, 한국은 분담금의 점진적 증액을 약속함으로써, 미국의 요구를 수용했다. 한국정부도 한미연합 작전지휘체제 아래서 한국의 위상과 역할의 증대를 요구했고, 결국 한국의 발언권을 강화하는데 성공했다. 한미동맹체제도 기존의 '불평등한' 동맹관계에서 '평등한' 동맹관계로 전환되는 방향으로 나아갔다. 한미 두 나라의 동반자적 안보협력관계는 서울올림픽을 거치면서 최고조에 달했다.

VI. 클린턴 독트린과 한미동맹의 구축

1. 북한의 핵개발과 주한미군의 유지

'동아시아 전략구상'의 제1단계 계획에 따라 1990년부터 1992년 사이에 주한미군은 7천명이 철수하여, 총 3만 6천 명 수준으로 감축되었다. 그러나 주한미군의 추가 감축은 북한의 핵개발 문제가 대두되면서 이행될 수 없었다. 1995년 2월 미국은 '신 아시아·태평양 안보전략'을 수립하여, 적어도 20세기 말까지 주한미군을 포함한 아시아·태평양 지역 주둔 미군의 병력 수를 10만 명 수준으로 유지할 것을 결정했다. 이로써 주한미군 철수 논의는 사실상 중단되었다. 한반도와 관련된 클린턴 행정부의 새로운 안보전략은 기존의 주한미군을 계속 유지하고, 한국의 군사력 증강계획을 적극 지원하며, 긴밀한 한미공조를 통하여 한미동맹체제를 강화하는 것이었다.

북한이 핵무기 개발에 집착한 가장 중요한 이유는 체제 위기에 대한 불안 때문이었다. 1990년대에 들어서면서 북한의 핵개발에 대한 국제사회의 압력이 고조되는 상황 속에서, 북한정권은 핵무기 개발의 강행과 포기를 둘러싼 자신의 정책이 체제 유지를 위한 가장 효과적인 '지렛대'라고 인식하기 시작했다.

1991년 12월 18일 노태우 대통령은 "지금 이 순간, 대한민국 그 어디에도 핵무기는 단 하나도 존재하지 않는다"고 선언했다. 1992년 1월 남한과 북한은 '한반도 비핵화' 선언에 서명했고, 이어서 북한은 국제원자력기구(IAEA)의 핵안전협정에 서명했다. 그러나 1993년 3월 중순 북한이 국제원자력기구의 특별핵사찰을 거부하고, 핵확산금지조약(NPT)을 탈퇴함으로써, 북핵 문제로 인한 한반도의 핵 위기가 또다시 조성되었다.

북한의 김일성 주석이 사망한지 3개월이 되던, 1994년 10월 21일 북한이 경수로 2기와 중유(重油), 그리고 미국과의 관계개선이라는 정치·경제적 보상을 받는 대가로, 북한은 핵 활동을 중지하고, 핵안전협정을 성실히 준수한다는 내용이 담긴 '제네바 기본합의문'이 발표되었다. 19개월에 걸친 핵 위기가 극복되었다. 그러나 2002년 북한이 핵무기 개발을 비밀리에 계속 추진해 왔다는 사실이 알려지면서 또다시 한반도는 핵 위기를 맞게 되었다.

2006년 10월 9일 오전 마침내 북한은 핵실험을 강행함으로써 한반도는 초긴장 상태에 돌입했다. 2007년 2월 13일 북한의 핵 폐기를 위한

6자회담 참가국들(남·북한과 미국·중국·일본·러시아)은 60일 안에 북한은 영변 핵시설 가동을 중단하고, 봉인(封印)하는 폐쇄 조치를 취하고, 한국은 북한에 중유 5만 톤을 제공하기로 합의했다. 나아가 이 '베이징 합의문'에 의하면, 북한이 폐쇄에 이어 핵시설을 사용할 수 없게 하는 '불능화(不能化)' 조치까지 단계별로 핵 폐기 조치를 이행하면, 6자회담 당사국들은 북한에게 추가로 중유 95만 톤을 제공하기로 합의했다. 그러나 북핵(北核) 문제의 단계적 해결방안인 핵시설의 '폐쇄'와 '불능화' 그리고 '폐기'라는 3단계 로드맵(향후 일정)은 순조롭게 진행되고 있지 않고 있다.

2. 한미안보 공조체제의 강화

1992년 10월 한미 양국의 국방장관은, 한미관계는 안보동맹에서 21세기를 지향하여 보다 포괄적인 정치·경제·안보의 동반자 관계로 발전될 것임을 확인하고, 한미 간의 '전략적 동반자' 관계를 계속 유지하기로 다짐하면서, "한국군에 대한 평시(平時) 작전통제권을 늦어도 1994년 12월 31일까지 한국에 전환하기로 합의했다." 1994년 12월 1일 한국군은 전시(戰時)를 제외한 정전(停戰)시 작전통제권을 환수받음으로써, 1950년 한국전쟁 당시 유엔군사령관에게 이양되었던 작전지휘권을 44년 만에 회수하여, 독자적인 작전지휘체계를 확립하게 되었다.

이에 따라, 종전까지는 전시나 정전시 모두, 미군 4성 장군으로 보임되는 한미연합사령관이 한국군에 대한 작전통제권을 행사했지만, 환수이후부터는 전시에는 연합사령관이, 정전시에는 한국의 합참의장이 작전통제권을 행사하게 되었다. 이는 정전시 한국군이 군사작전활동 전반에 대하여 모든 권한과 책임을 진다는 것을 의미하는 것이었다.

1992년 11월 민주당의 클린턴 후보가 미국의 대통령으로 당선되었다. 1994년 7월 클린턴 대통령은 탈냉전 시대의 새로운 국가안보전략으로서, '개입과 확장'의 전략을 천명했다. '클린턴 독트린'이라고도 불리는 이 전략의 핵심은, '민주주의의 심화를 위한 개입'과 '시장경제의 확장'에 있었다. 클린턴 행정부는 비록 냉전의 종식으로 공산주의 세력의 위협은 사라졌지만, 불량국가들의 존재, 핵무기의 확산, 지구환경의 심각한 악화, 세계도처의 처참한 인종분쟁, 그리고 미국의 경제적 번영에 대한 위협 등은 여전히 심각한 문제로 남아 있다고 규정했다.

따라서 미국의 안보전략은, (1)강력한 군사력에 의해 뒷받침되는 확실한 국가안보의 확보, (2)미국경제의 활성화, (3)해외의 민주주의의 증진 등 세 가지 중요한 목표를 지니고 있었다. 클린턴 행정부의 동아시아 안보전략의 기본적인 내용은 기존의 동맹 체제를 강화하고, 전방 배치의 병력을 그대로 존속하며, 미국이 주도하는 동맹 체제를 보완하는 '지역 안보 대화체제'의 발전이었다.

클린턴 행정부의 안보정책에는 한국의 방위비 부담의 증가도 포함되었다. 방위비 분담은 군사동맹관계를 맺고 있는 국가들이 공동의 위협에 대처하기 위하여 책임, 역할, 위험, 그리고 그에 따르는 비용을 각자의 경제적 능력에 따라 공평하게 분담하는 협력관계를 의미한다. 미국은 냉전이 종식된 이후 변하된 국제안보환경과 만성적인 재정적자 문제를 해결하기 위하여 국방비의 지출규모를 대폭 축소하기로 결정했다. 국방예산의 감축은 해외미군 주둔정책의 조정으로 연결되었고, 미국은 한국을 포함한 주둔국들에게 방위비 분담금의 증액을 강력하게 요구했다.

1991년 한국과 미국은 주한미군의 총 주둔 비용 중, 미국인 인건비를 제외한 비용의 3분의 1을 한국이 분담한다는 내용이 담긴 방위비협정을 체결했다. 이에 따라 한국은 매년 방위비 분담금을 증액하여 지불했다. 한국의 방위비 분담금의 증가는 북한의 위협에 효율적으로 대처하고, 한반도에서의 전쟁발생을 억제하는 데 필요한 한미연합 방위태세의 확립을 위해서는 현실적으로 불가피한 측면이 강했다. 주한미군의 존재는 한미동맹의 핵심이기 때문에 동맹의 유효성이 지속되는 한 한국경제와 재정능력의 범위 안에서 적정수준의 방위비 분담은 회피할 수 없을 것이다.

VII. 한미동맹의 이완과 균열

1. 대(對) 북한 포용정책과 반미감정의 확산

1998년 2월 '국민의 정부'를 표방한 김대중(金大中) 정부가 정식 출범했다. 김대중 정부의 공식적인 북한포용 정책은 '북한의 도전적인 태도는 기본적으로 안보 불안에 기인하기 때문에, 북한의 불안을 해소시켜주면 결국 북한도 대화와 협력을 통하여 문제를 해결하려는 태도를 갖게될 것이라는 가정'에 기초하고 있었다. 김대중 대통령은 자신의 대북포용정책인 '햇볕정책'의 핵심을 남북한의 평화공존을 위한 냉전의 종식과 신뢰의 회복을 위한 정치·경제·사회·문화·체육·인도적 문제 등 모든 분야에서의 남북 교류협력의 확대라고 규정했다.

김대중 정부가 추진한 '햇볕정책'이 가져다준 최대의 가시적인 성과는 2000년 6월 15일 평양에서 개최된 남북정상회담이었다. '6·15 남북정상회담'은 김대중 정부의 대북포용정책의 결실인 동시에 북한의 대외정책, 특히 대남정책의 실질적 변화의 산물이었다. 김대중 정권은 김정일(金正日) 정권의 정책변화에 대한 '선물'로서, 북한에게 대규모의 경제협력과 북한에 대한 국제사회의 기존의 부정적인 인식을 바꾸는 데 필요한 우호적인 환경을 조성하기 위해 노력했다.

미국은 남북정상회담에 대해 긍정적인 반응을 보였다. 6월 19일 국무부는 북한에 대한 경제적 제재 조처들을 상당부분 완화할 것이라고 공식 발표했다. 또한 클린턴 행정부는 앞으로 북한을 더 이상 '불량(不良)국가'로 간주하지 않고, '주의(注意)국가'로 간주할 것이라고 발표했다. 나아가 미국은 북미관계의 개선을 위한 일환으로 북한 군부의 실력자인 조명록(趙明祿) 국방위원회 부위원장을 워싱턴으로 초청하기도 했다. 10월 초 조명록은 김정일의 특사 자격으로 미국을 방문했고, 클린턴 대통령의 북한 방문문제를 협의했다. 김대중 정부도 11월 중순으로 계획된 클린턴의 평양방문을 적극 지지했다. 그러나 부시(George W. Bush, Jr.) 공화당 대통령 후보 진영은 클린턴의 방북을 반대했고, 또한 국내여론도 부정적이어서, 현직 미국 대통령의 역사적인 북미정상회담은 실현되지 못했다.

11월의 대선에서 부시가 대통령으로 당선되었다. 클린턴 행정부의 대북유화정책을 신랄하게 비판한 부시 행정부는 북한에 대한 엄격한 상호주의와 철저한 검증에 기초한 대북정책을 추진했다. 미국의 심장부인 뉴욕과 워싱턴에 대한 2001년의 '9·11 테러' 사건이 발생한 후 부시 대통령은 이라크와 이란 그리고 북한을 '악의 축(the Axis of Evil)'이라고 규정했다. 그리고 '9·11 테러' 발생 1주년인 2002년 9월 17일 부시는 외부의 위협이 미국 본토까지 도달하기 전에 그것을 감지하고, 파괴해야 한다는 논리로, '선제(先制)공격'의 정당성을 강조한 '부시 독트린'을 발표했다.

부시 행정부가 핵무기를 포함한 대량살상무기의 확산 방지를 대외정책의 최우선 과제로 설정했기 때문에 북미관계는 긴장과 갈등의 관계에 돌입했다. 2002년 10월 북한이 비밀리에 핵무기 개발을 계속 진행해온 사실을 시인함에 따라 북핵 위기가 또 다시 초래되었다. 12월 하순 북한은 핵동결의 해제를 선언했고, 나아가 2003년 1월 핵확산금지조약을 탈퇴하기에 이르렀다. 북한은 핵무기개발 프로그램을 포기하는 조건으로 미국에게 체제보장과 보상을 요구했고, 반면에 미국은 어떠한 사전 보장과 보상도 곤란하다는 입장을 견지했다. 현재 '북핵 문제'의 해결을 위한 남북한과 미국·중국·러시아·일본의 6자회담이 계속되고 있다. 그러나 북핵 문제를 "완전하고, 검증 가능하며, 되돌릴 수 없는, 폐기"를 통해 해결해야 한다는 미국의 확고한 의지와 정책을 감안할 때, 6자회담이 성공적으로 마무리되는 데에는 앞으로도 상당한 시일이 필요할 것으로 보인다.

2003년 2월 '참여정부'의 기치를 내걸고 출범한 노무현 정부는 김대중 정부의 '햇볕정책'을 계승한다고 자처했다. 따라서 북한의 위협에 대한 노무현 정부와 부시 행정부의 인식에도 커다란 차이가 있었다. 노무현 정부는 북한이 자신의 생존보장을 위하여 핵무기의 개발을 선택한 측면이 강하다는 점을 인정한 반면에, 부시 행정부는 북한과의 대화를 위해 엄청난 보상을 일방적으로 지불하지 않겠다는 것이 기본 입장이었다.

노무현 정부가 집권했던 지난 5년 동안 북핵 문제에 대한 한미 공조(共助)의 이상(異常) 징후는 결국 한미동맹체제 전반에도 상당한 영향을 미쳤다. 한미 간의 공조체제에 균열이 발생하게 된 중요한 이유는 미국의 대북강경정책과 노무현 정부의 대북유화정책의 충돌과 주한미군의 주둔에 따른 한국 내의 반미감정의 확산이었다.

1990년대까지만 해도, 대부분의 한국인들은 대체적으로 미국에 대한 우호적인 감정을 갖고 있었다. 한국인들의 미국관(美國觀)에는, '전통적인 친미의식'과 '현실주의적인 선린우호의식' 그리고 '반미의식'이 섞여 있었다. 그러나 2000년대에 들어와서, 한국인들의 미국 인식에 상당한 변화가 생겼다. 2002년 6월에 발생한 주한미군에 의한 여중생 사망사건을 계기로 반미시위와 '촛불시위'가 연일 계속되면서, 불평등한 '한미주둔군 지위협정(SOFA)' 의 조속한 개정과 주한미군의 철수를 주장하는 목소리가 높아져 갔다. 한미관계가 수평적인 동반자 관계로 발전해야한다는 것은 정당한 주장이지만, 주한미군의 철수와 한미동맹의 폐기를부르짖는 것은 냉혹한 국제정치의 속성을 무시하는 비현실적인 주장이다.

2. 한미안보 공조체제의 균열

한미동맹 50주년을 맞이하는 2003년은 불행하게도 한미관계에 있어서 최대의 위기감 속에서 출발했다. 부시 대통령이 북한을 '악의 축' 으로 규정한 후 노무현 대통령 후보는 한미관계가 동등한 관계로 재편되어야 한다고 주장했으며, 그후 대통령 당선자로서 노무현은 "미국에 대해할 말은 하면서 북미갈등이 있을 경우 중재자 역할을 하겠다" 는 의지를 표명했다.

2000년의 남북정상회담이 개최된 이후 국내외에서는 주한미군의 완전철수를 주장하는 목소리가 나오기 시작했다. 반세기가 넘는 한미동맹의역사에서 이처럼 한미관계가 악화된 적은 없었다. 한국사회 내부에서는미국의 일방주의에 대한 우려와 불신을 제기했고, 반면에 미국에서는 한국의 '배은망덕' 한 반미행동을 비판함으로써, 한미동맹의 심각한 균열징후가 나타났다. '혈맹' 으로서의 한미동맹은 이미 사라졌고, 어느 사이에 한미 양국 간에는 '동맹피로(同盟疲勞) 증상 내지는 동맹표류(同盟漂流) 현상' 이라는 불행한 상황이 전개되었던 것이다. 더욱이 북핵 문제가해결될 조짐이 보이지 않는 데도 불구하고, 한미 양국의 긴밀한 사전 협의도 없이 미국은 한미군사동맹의 핵인 주한미군에 대한 재조정을 강행했다.

2004년 5월 부시 행정부는 주한미군 제2사단의 1개 여단(3,600명)을 이라크로 파병하기로 결정했다는 사실을 한국정부에 일방적으로 통고했다. 이는 한미동맹관계에 이미 '적신호'가 켜졌다는 것을 의미했다. 또한, 이러한 미국의 주한미군 감축결정은 한국전쟁이 종식된 후 반세기가 넘는 지금까지 북한이 남침할 경우 이를 저지하면서, 미군의 자동개입을 보장하는 '장치'로서의 2사단의 역할도 변할 수밖에 없음을 예고하는 것이기도 했다. 그리고 한 달이 채 지나기도 전인 6월 초 미국은 2005년 12월 말까지 주한미군 37,000명 중 3분의 1에 해당하는 12,500명을 감축할 계획이라고 한국정부에 '일방적으로' 통고했다.

8월 2일 미 육군에서 최강의 전력으로 무장된 주한미군 제2사단 제2보병여단이 마침내 한국 땅을 영원히 떠남으로써, 한국에 주둔하고 있는 미 지상군의 핵심전력이 빠지게 되었다. 그들을 위한 환송식장에는 한국정부를 대표하는 고위관리는 참석하지 않았다. 환송식은 '그야말로 조촐하고, 서글프게' 끝났다. 이는 마치 사양길에 접어든 한미동맹관계의 현주소를 보는 듯했다.

2005년 말 현재 주한미군의 총 병력은 지상군 2만여 명, 공군 8천 명을 포함하여 2만 9천여 명이었다. 그동안 주한미군은 1971년 제7사단이 철수한 이래 3만~4만 명 수준으로 유지되어 왔었다. 한미 양국은 추가 감축 문제를 논의한 후 주한미군의 병력을 2008년 2만 5천여 명 수준으로 유지하기로 합의했다. 2008년 이후에도 2만 5천 명 수준으로 유지될 것으로 예상되었으나, 한국군의 전시(戰時) 작전통제권 단독 행사라는 중대한 사안이 등장함에 따라 주한미군의 추가 감축도 불가피해졌다. 그러나 2008년 2월 이명박(李明博) 대통령이 취임한 직후에 개최된 한미정상회담에서, 주한미군 병력을 추가로 감축하지 않고, 현재대로 2만 8,500명을 유지하기로 합의했다.

2006년 9월에 개최된 한미정상회담에서, 노무현 대통령과 부시 대통령은 전시 작전통제권을 한국군에 이양하기로 합의했다. 이는 반세기 동안 전쟁의 재발을 막는 데 지대한 역할을 담당해 온 한미연합사령부의 해체를 의미하는 것이었다. 어쨌든, 한미연합사 체제의 해체와 그에 따른 한국군에로의 전시 작전통제권의 이양은 한미군사동맹의 성격과 내용을 근본적으로 바꾸는 것이기 때문에 한미동맹의 균열을 심각하게 우려하는 목소리가 대두되었다.

마침내 2007년 2월 24일 워싱턴에서 개최된 한미 국방장관 회담에서, 한미 양국은 2012년 4월 17일 한미연합사령부를 공식적으로 해체하고, 전시 작전통제권을 한국군에게 이양[전환]하기로 합의하기에 이르렀다. 작전통제권(operational control)은 작전계획과 임무를 수행하기 위해 지휘관에게 위임된 권한을 의미한다. 작전 지휘권보다 좁은 개념이다. 전시 작전통제권은 군사적 긴장이 극도로 높아져 군의 전투준비 태세를 의미하는 방어준비태세(DEFCON) 단계가 격상되어, 전시 상황이 발생했을 경우의 작전통제권을 의미한다. 현재는 전시 상황이 발생하면, 한국군에 대한 작전통제권이 한국군 합동참모본부의장으로부터 한미연합사령관(미군 대장)에게 이양되게 되어 있다. 그러나 4년 후인 2012년 4월 17일부터는 지금까지 미국과 한국이 공동으로 행사하던 전시 작전통제권을 한국군이 단독으로 행사하게 되는 것이다.

어쨌든, 한미연합사령부의 해체와 한국군의 전시 작전권 행사 합의로 말미암아 종래의 한미군사동맹의 성격을 그대로 유지하는 것은 불가능하게 되었다. 그로 인해, 노무현 정권 말기에는 한미동맹이 와해(瓦解)의 길로 들어섰다고 신랄하게 비판하면서, 한미동맹의 조속한 복원을 위한 노력이 절실하다는 주장이 거세게 제기되었다.

VIII. 한미동맹의 복원 절실

2008년 2월 25일 대한민국의 '선진화'라는 기치를 내걸고, 이명박 정부가 공식적으로 출범했다. 이 대통령은 취임사에서, "미국과는 전통적 우호관계를 미래지향적 동맹관계로 발전·강화"시키고, 한미 양국 사이에 형성된 "역사적 신뢰를 바탕으로 전략적 동맹관계"로 더욱 발전시키기 위해 노력하겠다고 말했다.

4월 중순 워싱턴에서 개최된 한미정상회담에서, 이명박 대통령과 부시 대통령은 한미관계를 기존의 '전통적 우호관계'에서 '21세기 전략동맹'으로 격상하기로 합의했다. '21세기 전략동맹'이란, 단순히 군사동맹에만 그치는 것이 아니라 정치·경제·문화를 포함하는 '포괄동맹'의 성격을 갖는 것인데, 이는 한미 양국이 한반도의 평화수호 차원을 넘어 테러·기후변화·인권·국지분쟁·에너지 안보 등 다양한 국제적 현안(懸案)에 함께 대처하겠다는 것을 의미한다. 또한, 이 대통령의 '21세기 한미전략동맹' 구상은 노무현 정부의 이른바 '자주외교노선'이 한미동맹의 기본적 신뢰기반을 훼손시켰다는 반성에서 출발된 것이기도 했다.

한미정상회담에서, 두 정상은 주한미군 병력을 더 이상 감축하지 않고, 현재대로(2만 8,500명) 유지하기로 합의했다. 이러한 합의는 노무현 정부 당시 심각하게 제기되었던 한미동맹의 약화와 균열에 대한 우려와 불안을 해소하고, 새로운 차원의 군사적 동반자 관계로 발전할 수 있는 가능성을 보여주었다. 실제로 금년 10월 중순, 한미 양국의 국방장관은 워싱턴에서 회담을 개최하고, 양국은 전면전(全面戰) 등 한반도에 비상사태가 발생할 경우, "적정한(appropriate) 수준의 미군 증원전력(增援戰力)을 신속히 제공한다"는 데 합의했다. 이 합의는 한국정부의 요구를 미국이 상당 부분 수용한 것인데, 이는 미국도 한미동맹의 복원을 원한다는 강한 의지의 실천이라고도 평가할 수 있다. 동시에, 상호신뢰에 기초한 '한미

공조체제'가 강화되고, 지난 5년 동안의 버성긴 한미동맹이 조속히 복원되어, 건강한 한미관계로 발전될 수 있는 기반이 마련되었다고도 말할 수 있다.

한반도의 주변 강대국들인 중국·일본·러시아와 미국의 이해관계가 서로 뒤엉켜 있는 동북아시아의 급변하는 정세 속에서, 북핵 위기를 비롯한 전반적인 한반도문제의 해결을 위한 미국의 의지와 역할이 매우 중요하다는 사실은 아무리 강조해도 지나치지 않는다. 탈냉전 시대 남북한의 화해와 협력이라는 시대적 요구에 부응하기 위해서라도 한미동맹의 성격과 역할에 어느 정도의 조정과 변화가 불가피해진 측면이 있는 것도 사실이다.

하지만, 한미동맹을 무조건 '맹신(盲信)' 하는 것도 문제지만, 더군다나 한미동맹 '무용론(無用論)'은 국제정치의 냉혹함을 모르거나, 무시하는 무지(無知)의 소치이다. 따라서 한미동맹은 동북아시아의 세력균형이 붕괴되는 것을 사전에 막기 위해서라도 계속 필요할 뿐만 아니라 더욱 강화되어야 할 것이다.

2004년에 실시한 한 여론조사에 의하면, 남북한의 통일에 걸림돌이 되는 국가로 북한(25.1%)보다도 미국(46.3%)을 지목한 응답자가 더 많았다. 이러한 현상은 대미관계를 둘러싼 한국사회 내부의 갈등이 앞으로도 계속될 가능성이 많음을 시사(示唆)한다. 금년(2008)에 실시한 한 여론조사의 결과는, 초등학생의 35.1%가 대한민국이 한국전쟁을 일으킨 것으로 잘못 알고 있었으며, 북한이 전쟁을 도발했다는 사실을 정확하게 알고 있는 초등학생은 절반도 채 안 되는 44.5%에 불과했다. 중학생과 고등학생도 약 70%만이 북한의 남침 사실을 알고 있었다. 이러한 사실은 한국민, 특히 청소년들의 미국 인식과 역사인식에 심각한 문제가 있음을 말해주는 것이다.

시대를 막론하고, 살벌하기 짝이 없는 냉혹한 국제정치에서, 주어진 상황과 여건에 따른 '동맹'의 결성과 강화는 국가적 생존과 번영을 확보하기 위한 구속력이 있는 법적 장치인 동시에, 가장 효율적인 도구이다. 반세기가 넘게 지속되어온 한미동맹은 제2차 세계대전이 종식된 후, 가장 가난한 국가로 출발했던 대한민국을 세계역사상 유례가 없을 정도로 가장 빠른 기간 내에 산업화와 민주화를 동시에 이룩한 자랑스러운 국가로 성장시키는 데 지대한 역할을 담당해 왔다는 사실을 인정해야 할 것이다.

한미동맹의 균열이 심화되면, 한국의 안보·외교·국방·정치·경제 등 모든 기반도 흔들릴 수밖에 없는 것이 부인할 수 없는 엄연한 현실이다. 그러므로 한미동맹의 '위기'는 곧 대한민국의 '위기' 초래를 의미한다는 냉철한 현실인식이 절실히 요청된다. 한미동맹이 해체를 통한 청산의 길로 나가지 않고, 신뢰회복을 통한 복원과 상호발전을 위한 발걸음을 재촉해야 하는 이유는 너무나 자명하다. 한미동맹의 복원과 강화를 통한 지속적이고, 굳건한 '한미공조체제'의 확립은 급변하는 오늘의 시대가 한국민에게 요구하는, 그리고 회피할 수도 없는 주문인 것이다.

■
■
■
더 읽을 거리

• 김일영·조성렬. 『주한미군: 역사 쟁점 전망』. 서울: 한울, 2003.

　　21세기를 향한 새로운 한미동맹의 목표와 비전은 한반도의 안정과 평화적
통일, 그리고 동아시아의 평화와 번영을 위해 공동 노력하는 수평적 동반자
관계의 형성이다. 또한 한미동맹은 북한을 공동의 위협요인으로 상정한 대
북억지 중심에서 지역적 공동이익을 증진하기 위한 관계로 발전되어야 한
다. 그렇게 되면, 한미상호방위조약의 개정도 필요하다. 한미동맹을 포괄적
이고 수평적인 동반자관계로 재편하고, 지역안보의 역할도 담당케 하기 위
해서는 한미연합전력의 수직연합형 운영체제를 보다 유연한 수평적 협력체
제로 전환하는 작업이 필요하다.

• 남정옥. 『한미군사관계사, 1871-2002』. 서울: 국방부 군사편찬연구소, 2002.

　　1950년대의 한미군사관계는 협력과 갈등이 병존했던 시기였으며, 1960년
대는 한국군의 베트남전쟁 파병을 계기로 상호보완적 동맹관계로 발전했
다. 1970년대는 베트남전쟁 파병을 계기로 그 어느 때보다도 돈독한 관계
를 유지했지만, 한편으로는 미국의 세계전략의 변화에 따라 새로운 국면을
맞이했다. 1980년대는 획기적인 전기를 마련한 시기로서, 미국은 한국을
더 이상 미국의 일방적인 안보지원 대상국으로 인정하지 않았다. 1990년대
의 특징은 '한국방위의 한국화'에 상응하는 변화가 있었다.

• 심양섭. 『미국은 남북화해를 방해했나?: 남북정상회담, 남북한관계, 그리고 미국』.
서울: 오름, 2006.

　　이 책은 미국이 남북 간의 남북화해를 방해하고 있다는 '반미담론'에서부

터 문제제기를 제기하며, 미국이 남북한관계에 미친 영향을 세부적으로 분석한다. 미국의 한반도정책, 특히 대북한정책을 살펴보며 미국의 대 한반도정책이 갖는 문제점과 함께, 그것이 남북한관계에 미친 영향을 분석한다. 북한 핵문제, 미국의 대북지원과 북한 인권, 햇볕정책의 성과와 문제점, 남북한 정상회담의 의의와 한계 등의 주제를 입체적이며 역동적인 시각으로 다루고 있다.

• 조성훈. 『한미군사관계의 형성과 발전』. 서울: 국방부 군사편찬연구소, 2008.

대한민국은 한국전쟁이 발발했을 때 미국의 신속한 참전으로 공산주의 세력의 침략을 저지할 수 있었다. 이러한 전시(戰時) '혈맹' 관계를 토대로 전쟁의 재발을 억제할 수 있었을 뿐만 아니라 경제발전과 민주주의 발전도 달성할 수 있었다. 한미관계는 변화해 왔지만, 4강의 이해관계가 얽힌 동북아시아에서 한국의 안전과 국익을 위해 한미동맹은 필요하다. 양극체제가 붕괴된 탈냉전시대에도 한국은 전략상 입지조건으로 말미암아 북한과 주변국 위협에 대응하기 위해서는 동맹이 필수적이다.

• 차상철. 『한미동맹 50년』. 서울: 생각의 나무, 2002.

탈냉전시대 남북한의 화해와 협력이라는 시대적 요구에 부응하기 위해서라도 한미동맹의 성격과 역할에 어느 정도의 조정과 변화가 불가피해진 측면이 있다. 그러나 한미동맹 '맹신론(盲信論)'도 문제지만, 더군다나 한미동맹 '무용론(無用論)'은 국제정치의 냉혹함을 모르거나 무시하는 무지(無知)의 소치이다. 한미동맹은 동북아시아의 세력균형이 무너지는 것을 사전에 막기 위해서라도 계속 필요할 뿐만 아니라 더욱 강화되어야 한다. 대한민국은 동북아의 '안정자(stabilizer)'로서의 역할을 감당할 능력과 의지가 있는 미국을 동맹국으로 계속 선택하는 것이 현실적인 최선의 방책이다.

제6장

현대 한국군의 역할과 기여

노영구 | 국방대학교 군사전략학부 교수

I. 서론: 근대적 군대의 의의와 역할

인류의 역사를 흔히 전쟁의 역사라고 한다. 전쟁은 평화보다 더 일반적인 현상이었고 문명 탄생 이전부터 인류가 부단히 겪어 온 경험으로서 국가 또는 사회집단에 의하여 수행되는 조직화된 무력 투쟁이며 인간 사회의 종합적인 사회 현상의 하나로 정의할 수 있다. 아울러 전투를 수행하는 주체로서 군대는 인간 사회에서 가장 오래된 조직의 하나라고 할 수 있다. 역사가 발전함에 따라 전쟁 수행의 주체로서 국가는 그 역할과 규모가 확대되고 이는 과학기술의 발달과 짝하여 전쟁의 규모도 점차 더 대규모화되었다.

특히 중세에서 근대로 이행하는 16세기 무렵부터는 다수의 중앙집권적 근대국가가 등장하게 된다. 근대국가는 영토 내에 독점적이고 배타적인 유일 권력인 주권을 바탕으로 그 주권이 미치는 영토, 그리고 영토 내의 배타적 지배관계를 맺는 국민을 구성 요소로 성립하였다. 이들 국가로 이루어진 국제사회는 무정부적인 체제였다. 즉 국가가 가진 주권은 독립적이며, 그 주권은 일정한 영토적 범위 안에 배타적으로 적용되었지만, 국가 간 주권이 충돌을 일으킬 때 이를 조정해 줄 수 있는 더 높은 기관이 국제정치에는 존재하지 않았다. 따라서 각국은 자신의 존재와 이해를 보호하기 위해 궁극적으로는 군사력에 호소하지 않으면 안 되었다. 어떠한 국가든 국가의 요구사항을 무력으로 뒷받침할 힘과 의지를 갖지 못한다면 궁극적으로는 그 국가의 독립과 주권의 유지마저 위협받게 된다. 이러한 이유에서 근대국가는 군사국가로 발전하지 않을 수 없었다.

군사국가적 성격을 가진 근대국가에 있어서 군대는 국가 성립의 필수 요소이며 대외적 독립유지의 최후의 보루로서의 역할을 지니게 되었다. 근대국가의 초기 형태인 이른바 중앙집권적 절대국가가 출현하면서 모든 국민들을 대상으로 충원되는 개병제에 의한 상비군(常備軍)이 편성되었다. 18세기 말 프랑스 대혁명을 계기로 근대적 국민국가가 형성되면서 국민이 국가를 방위할 책임이 있다는 인식하에 전 국민에게 병역 의무를 부과하는 국민개병제(皆兵制)를 도입하여 군대를 조직하였다. 즉 국민군대가 성립된 것이다.

근대적 군대는 몇 가지 측면에서 이전의 고대국가나 봉건시대의 군대와는 성격을 달리하고 있다. 먼저 공인된 합리적 폭력 행사 및 관리의 기관의 성격을 가지게 되었다. 이는 성공적인 전투를 수행하기 위한 것으로 군대의 조직, 장비, 훈련, 군사작전의 지휘 등 근대적 군대의 전문적 기술에 포함된다. 다음으로 근대적 군대는 그 기술의 독점력을 사회적 봉사에 써야 한다. 근대적 군대는 개인적인 보상이나 재정적 이해에 따라 사적인 집단에 대해 책임을 지는 것이 아니라 국가안보라는 사회적 책임을 전적으로 국가에 대해 진다. 마지막으로 근대에 들어서면서 전투라는 전문 기능을 수행할 법적 권리가 군대집단의 구성원들에게 엄격히 제한되어 있으므로 근대적 군대는 여타의 집단과 비전문적인 접촉을 갖는 일은 매우 드물게 되었다. 즉 배타적 성격을 띠게 되었다.

근대 민족국가가 성립되면서 민족주의 발현과 국민개병제의 확대에 따라 군대는 국민군으로 성격이 변화되었다. 국민국가의 기본 정신은 왕이나 또는 어떤 특정계급이 국가의 주인이 아니라 국민이 바로 국가의 주인으로 인식되었다. 따라서 군대도 왕이 개인적 사병(私兵)이나 특정 계급의 독점물이 아니라 국민 전체가 참여하여야 한다는 사상이 전개되었던 것이다. 이에 따라 국민군대는 같은 민족이 동일한 권리와 의무를 갖고 참여하는 군대였던 것이다. 프랑스 혁명을 계기로 등장한 국민군대는 혁명적 민족주의와 조국애를 바탕으로 정신 무장할 수 있었으므로 이전의 용병군에 비할 수 없는 강력한 군대로서 등장하였다.

국민군대는 국민개병제도의 시초라고 할 수 있는 징병제도를 채택하는 등 국가 전체를 대상으로 하여 인적·물적 자원을 동원하고 국가의 주권과 전 국민의 안전을 책임지게 되었다. 따라서 이후 군대는 보다 다양하고 광범위한 역할을 수행하게 되었다. 현대 사회에서 군은 국가 정책을 지원하기 위해 대외적 안보뿐만 아니라 대내적 안보 등 다양한 기능과 역할을 수행하는 조직체로 변모하게 되었다. 이에 그치는 것이 아니라 근대국가의 건설과 사회 개발을 촉진하는 중추적인 역할을 담당하는 기관으로서의 역할도 아울러 수행하게 된다.

특히 근대국가로의 전환이 늦었던 국가의 군대는 국가사회의 방위와 물리적 안정의 보장을 담당하는 폭력관리 전문집단의 성격 이외에 좀더 다양한 의미를 지니게 된다. 서구에 비해 근대 국민국가의 형성이 늦었던 신흥국가에 있어서는 단일 민족으로서의 자신의 존재를 확인하게 해주는 주관적·객관적 요건이 갖추어질 수 없었고 이러한 이유로 신흥국가는 국민국가를 형성하려는 인위적 노력을 기울이지 않을 수 없었다. 이러한 상황에서 군대의 역할은 매우 중요한 것이었다. 모든 사회계층과 지역에서 충원된 사람들을 군대 내에서 기율적인 생활을 함께 하도록 한 것은 국민적 일체감 형성에 상당한 기여를 하게 된다. 특히 국민개병제를 채택하고 있는 국가의 경우 군대는 모든 젊은이들을 교육시키는 교육기관으로, 그리고 그 사회가 바라는 인간을 만들어내기 위한 재사회화의 도장으로 중요한 위치를 점하게 된다.

흔히 신흥국가에 있어서 강조되는 새로운 가치와 신념들은 대부분 서구로부터 받아들여진 것이었다. 합리성, 계획성, 조직적 사고, 관료적 운영 등은 급속한 경제적 근대화 달성에 필수적으로 요청되는 가치로서 교육될 필요성이 높은 것이었다. 뿐만 아니라 근대적 정치의식의 습득이나 시민정신의 훈련 역시 요청되었다. 이러한 상황에서 군대는 근대적 가치를 국민들에게 교육시키는 기능을 담당하게 된다.

이와 함께 신흥국가에 있어서 군대조직은 가장 근대화된 조직으로서 이는 현대적 과학기술의 영향을 상당히 받게 됨을 의미한다. 따라서 신흥국가의 근대화에 있어서 군대는 그 조직과 기능의 특성을 살려 중요한 역할을 담당하게 된다. 근대화에 필요한 인적 자원의 공급이나 근대적 행동양식 및 합리적이고 조직적인 사고체계를 교육 확산시키는 데 군대조직은 효율적으로 사용될 수 있었다. 신흥국가의 근대화는 경제발전을 가장 시급한 과제로 안고 있는데 경제발전을 위해서는 적절한 자질을 갖춘 인력의 공급이 절대적으로 필요하다. 그러나 신흥국가는 전문기술직은 극히 부족하기 때문에 기술 인력의 개발이 매우 중요하다. 군대는 최신 장비 및 필요한 조직을 가지고 있어서 산업에 필요한 기술 인력의 훈련에 중요한 역할을 할 수 있다. 즉 신흥국의 군대는 선진국의 발달된 지식과 기술을 받아들여 교육하고 현대 사회에 필수적인 합리성, 계획성 및 조직 관리의 능력을 제공하여 근대화를 달성하는 데 매우 중요한 역할을 할 수 있다.

물론 신흥국가의 근대화와 근대적 사회변화에 있어 군대의 역할은 군대 문화의 특성상 한계를 가질 수밖에 없다. 특히 사회 발전이 가속화됨에 따라 군대의 사회적 역할이 민간정부가 할 수 있는 역할 정도이거나, 그것보다 못하며 보수적인 군대의 성격상 사회의 근본적인 변화 추진에 적합하지 않은 경우도 나타난다. 아울러 기술수준이나 전문지식의 정도도 사회의 발전이 가속화되면서 민간 영역의 그것보다 반드시 우수하지 않게 된다.

특히 20세기 후반 이후 산업화, 정보화, 세계화의 가속화에 따라 전통적인 차원의 국가안보에 관한 군대의 기본 역할 및 사회적 역할은 점차 감소하게 되었다. 국가안보의 대상이 과거에는 군사적인 차원에서 치중되었다면 현대에 와서는 비군사적인 측면까지 확대되고 있으며, 평시에는 오히려 비군사적인 내용의 중요성이 더 강조되고 있다. 국제적 상호의존이 심화되고 국내적으로 사회세력이 다원화되면서 비군사적인 차원의 위협이 군사적 차원의 위협보다 더 크게 인식되고 있는데 이러한 상황은 과거 군대가 전통적인 국가안보의 영역에서 수행했던 기능이 상대적으로 과소평가될 수 있다.

따라서 군대도 이러한 사회발전의 추세에 발맞추어 혁신적 발전을 도모해야 할 뿐만 아니라 그러한 상황에 맞는 사회적 역할을 추구하게 되었다. 과거와 같이 군대가 국가동원 체제식의 광범위한 사회적 역할을 수행하기는 어렵게 되었지만 현대의 급격한 변화에 따른 환경, 테러, 재난 등 다양한 형태의 대규모 안보 위협에 대해 적극적이고 전문적인 역할을 현대의 군대가 수행하고 있다는 점에서 현대 군대의 존재 의의는 적지 않다고 할 것이다.

II. 1950~1980년대 한국군의 역할과 국가발전

1. 1950년대 한국군의 성장과 발전

독립된 국가의 군대는 민족 독립에 상징적 중요성을 갖고 있을 뿐만 아니라 국가 건설에서도 중요한 의미를 지니고 있었다. 일제에 의해 1907년 대한제국 군대가 강제로 해산된 이후 독립군의 양성과 독립전쟁의 수행은 독립운동의 과정에서 매우 중요한 과업이었다. 실제 항일독립전쟁에서 일관된 정신은 어떤 조건부 독립에도 타협하지 않는 자주독립주의였으며, 이 목적을 달성하기 위해 무력으로 일제를 추방한다는 독립전쟁주의를 지향하였다. 이를 위해 독립운동의 과정에서 군대의 존재는 민족 독립의 상징적 성격을 분명히 가지게 되었다. 1948년 8월 국방부 훈령 제1호에 한국군이 광복군의 정통성을 잇고 있으며 국방경비대는 단지 미 군정의 군사 기구로서 한국군에 편입되었음을 강조한 것은 이러한 인식을 반영하는 것이다.

국가 독립의 상징으로서의 군대의 이러한 성격으로 인해 해방 이후 다수의 군사단체가 결성되고 많은 인재들이 이에 참여하였다. 해방 직후 학병(學兵) 출신들이 주축이 된 군사단체들의 창군(創軍) 운동과 단체원들의 조선국방경비대 입대 움직임은 당시 군대를 바라보던 일반적인 인식을 잘 보여준다. 아울러 1940년대 후반의 낙후된 경제 상황에서 군대는 능력있고 야심찬 젊은이들에게 명분과 안정된 일자리를 제공해주는 가장 확실한 직업이었다. 또한 정부 수립 이후 군사력 증강을 위해 수많은 인재가 필요하였으므로 한국전쟁 직전 한국의 장교집단은 사회에서 유능한 젊은 층을 충원한 정예 직업집단으로 구성되었다. 이러한 양상은 한국전쟁 이후 한국의 산업화가 본격화되기 시작한 1960년대까지 계속되었다.

한국전쟁을 치르면서 한국군의 규모는 대폭 확장되었을 뿐만 아니라 무기와 장비 등의 대폭적인 개선이 이루어졌다. 전쟁 발발시 10만 명도 못되던 한국군은 휴전 직후에 65만 명 규모로 6배가 성장하였으며, 전쟁 중에 밴프리트(James A. Van Fleet) 장군과 클라크(Mark W. Clark) 장군이 한국군의 재편성과 전투력 증강을 추진함으로써 한국군은 미군 수준에 근접할 정도로 현대화된 군대로 변모하였다. 전쟁 이후 군사력의 획기적인 증강을 위해 군대 조직의 능률과 효율을 극대화시킬 수 있는 지휘 및 관리 능력의 향상과 교육 훈련의 체계화가 필요하였다.

그래서 군사교육 강화 계획에 따라 4년제 사관학교가 개설되었을 뿐 아니라 미국의 군사학교에 다수의 장교들을 위탁교육시켰다. 또한 최신 무기 및 장비의 운용기술 및 군대조직의 관리 능력 향상을 위해 군사학 교관 및 선진기술을 수용하는 데 필요한 외국어에 능통한 인력을 육성하기 위해 다양한 교육 과정을 개설하여 매년 수백 명씩 교육시켰다. 아울러 과학기술과 장비의 운용을 위한 기술 인력 양성에 진력하여 창군 이후 1965년까지 무려 60만 명의 기술 인력을 양성하였다. 국내 교육과 더불어 1951년부터 본격적으로 해외교육도 실시하여 1960년대 초반까지 미국의 군사기술 및 병과학교, 그리고 민간 교육기관 등에 교육시켰다. 매년 수백 명 이상씩 해외 교육을 시킴으로써 1950년대에 1만 명 이상이 해외유학을 경험하였다. 그 결과 한국군은 인재 확보에서 상대적 우위뿐만 아니라 최신 장비 및 조직 운용, 관리 능력을 갖춘 독보적인 집단으로 발전하였다. 이러한 능력을 바탕으로 군대조직의 행정은 사회 행정과 별개로 독자적인 발전을 거듭하였다.

군 자체적인 인력 양성과 함께 한국전쟁으로 인한 사회 혼란의 상황에서 일자리를 잃은 다수의 민간 전문가들을 군 내의 다양한 연구소, 교육 기관 등에 채용하여 이들에게 안정된 연구를 할 수 있도록 하였다. 이를 통해 민간 전문가들이 군 내의 기관에 소속되어 한국군에 필요한 연구 및 교육을 수행하게 되었다.[1] 1950년대 군에서 필요한 여러 장비의 개발과 운용에 대한 연구 개발의 성과는 1960년대 이후 근대 산업화 시기에 민간 부문에서 꼭 필요한 기술의 밑거름이 되었다. 예를 들어 항공기, 자동차, 선박 등과 관련된 기술개발이 이 시기에 이루어진 것이다.[2]

즉 휴전과 더불어 한국군은 한국 사회에서 가장 규모가 큰 집단으로 가장 잘 정비되고 근대화된 조직으로 성장하였다. 1950년대 한국군은 사회보다 제반 인적·물적 관리 및 운영에 필요한 유능한 인력을 확보하였고 고도의 기술 및 지식을 도입, 정착시키기 위한 교육체계를 발전시켰다. 뿐만 아니라 군대는 현대적 조직체계를 갖추고 최신 관리 기법을 적용하여 효율과 능률을 발휘하였다. 그 결과 1950년대 후반 한국군은 한국 사회에서 가장 근대화되고 잘 교육된 국가적 규모의 제도로 발전하여 사회에 기술과 조직 운영관리 기법을 전수시킬 수 있는 역량을 갖추게 되었다.

실제 1950년대의 한국군은 국가 예산의 40% 이상을 사용하고 매년 미국에서 4억 달러 상당의 무기와 상품화될 수 있는 물자를 공급받고 있었다. 또한 정밀한 무기와 최첨단의 통신 및 수송 수단을 장악하였으며 고도의 행정관리 체계와 기술을 갖춘 사회 집단으로 성장하였다. 아울러 전쟁 극복의 과정에서 민족의 간성으로 자임하고 있었다. 따라서 군의 정치적 내지 사회적 잠재력은 대단히 컸다. 특히 한국전쟁을 계기로 한국 군대의 사회적 지위가 급속히 향상되고 있었는데 이러한 현상은

1) 예를 들어 한국전쟁 중 서울대학교 교수 중 70명이 군에 근무하였는데 특히 의과대학의 경우에는 50명의 교수가 군의관으로 종군하였다.
2) 1951년 한국 해군에서 제작한 항공기인 해취(海鷲)호와 1953년 공군의 독자기술로 제작된 항공기 부활(復活)호의 개발 성공은 이후 실전 배치 및 상용화에 미치지는 못하였지만 이를 통해 관련된 엔진 등 다양한 기술 습득이 가능해진 것은 대표적인 사례라고 할 수 있다.

문치주의 전통을 가지고 있는 한국 역사에서 실로 예외적인 현상이었다. 삼국시대 이래로 이렇게 큰 규모의 상비군을 보유한 일이 없었다고 할 수 있다.

이렇게 대규모로 성장한 한국군의 대두는 정치 사회적으로 커다란 변화의 요인이 되었다. 군대의 팽창은 대부분 농촌 출신인 수백만의 청년층을 급속도로 유동화시켜 정치·사회 세력으로 편성하는 효과가 있었고, 이에 맞춰 형성된 거대한 장교단은 하나의 사회 집단으로 부상하였다. 아울러 훈련된 다수 군대 간부들의 사회 진출로 이들은 사회의 엘리트로서 사회 전반에 커다란 비중을 갖게 되었다. 이에 따라 전체적으로 한국 전통사회에서 견지된 무인에 대한 문인 우위 체제가 크게 흔들리는 현상도 나타났다.

다른 한편 한국 사회에서 군대의 비중이 커짐에 따라 한국인의 전통적인 상문천무(尙文賤武)의 편견이 서서히 깨져나갔으며 가난한 농촌 청년이나 북한 피란민 등 남한의 전통 사회에서 출세가 불가능한 계층이 군문(軍門)을 통해 신분 상승을 도모할 수 있게 되었다. 1950년대는 군 간부의 지위를 지향하는 사병들의 대부분이 농촌 출신이었는데 이들은 일단 군문에 들어서면 농촌의 인습과 전통을 벗어버리고 근대적인 생활 양식에 신속하게 적응하여 군대 실무 경험을 통해 행정가 등 다양한 능력을 발휘하였다. 또한 그들은 엄격한 계층제의 군대 생활을 통하여 조직력, 기동력, 결단성 및 진취성을 체득하고 아울러 의무감, 명예심 그리고 애국심 등의 속성을 체질화하게 되었다. 이러한 경험은 한국 역사상 유례없는 것으로서 1950년대의 경제 재건과 이후 1960년대의 경제발전 등에 기여하는 원동력이 된 것으로 평가할 수 있다.

2. 1960~1970년대 한국의 근대산업화와 군대의 역할

1) 5·16군사쿠데타와 근대산업화의 착수

1960년 자유당 정권의 3·15부정 선거가 도화선이 되어 발생한 4·19 혁명은 국민주권주의를 회복하려 한 민주주의 운동이었다. 동시에 1950 년대 후반부터 나타난 제1공화국 독재체제에 대한 반감과 경제적 낙후에 대한 총체적인 변화의 요구라고 할 수 있다. 4·19혁명의 주도 세력이었던 청년, 학생을 중심으로 한 지식인들은 이 혁명을 '근대시민혁명' 차원에서 인식하였다. 이때 '근대(近代)' 란 민주주의, 민족국가, 산업화를 포괄하는 개념이라고 할 수 있다. 4·19혁명을 계기로 민주주의는 회복되었고 민족국가 건설을 위한 다양한 논의가 전개되었지만 근대적 국민국가 형성을 위한 경제적인 토대는 미처 마련되지 못한 상태였다.

1960년 전후의 한국은 미국의 원조 감축으로 정부 재정의 압박을 가져오고 국내 산업 생산력이 급속히 줄어들었다. 1950년대 초부터 한국은 미국의 원조를 바탕으로 소비재 공업을 중심으로 경제발전을 이룩할 수 있었다. 그러나 1957년 미국의 대한 원조가 급속히 감소하였으며 이로 인해 기업의 가동률이 급속히 저하되었다. 이 시기부터 원조에 의존한 경제구조를 극복할 수 있는 대안으로 외국 자본 도입을 통한 경제성장이 강조되기 시작하였다. 이러한 분위기 속에서 4·19 이후 수립된 민주당 정부는 경제 지상주의를 천명하고 경제개발 계획의 수립, 중소기업 육성 종합대책 수립 등을 통해 경제적 문제의 타개를 시도하였다. 그러나 당시 가장 시급한 문제인 실업자 구제, 물가안정, 절량(絶糧)농가 해소 등의 문제를 제대로 해결하지 못하였다. 이는 5·16군사쿠데타의 주요한 계기가 되었다.

5·16군사쿠데타는 합법적 절차에 의해 수립된 정부를 불법적으로 전복한 정변이었다는 점과 민주주의를 후퇴시켰다는 점에서 그 정당성의

문제는 적지 않았지만 이후 4·19혁명에서 표출되었던 근대국가 형성을 위한 여러 논의 중에서 산업화와 민족주의 이슈에 대해 적극적으로 대처하였다는 점에서 쿠데타의 성공과 이후 장기간의 집권 계기를 마련하였다. 특히 5·16쿠데타를 일으킨 군부의 주도 세력은 1950년대 유학 등을 통해 다른 어느 사회집단보다 선진 문물을 익혀 근대화되고 조직화된 유능한 집단이었다.

이들 주도 세력은 기존의 기득권 집단의 이해관계로부터 자유로웠던 30~40대의 인물들로서 개혁적 성격도 아울러 가지고 있었다. 5·16군사쿠데타의 주도 세력은 사회 계층적으로 소외된 농촌 출신이 80%를 차지하였고 기존 지배 계층과는 직접적으로 연계를 갖지 못한 집단이었다. 이중 육사 8기생들은 건국 이후 최초로 육사에 입학하여 임관되었으므로 대한민국 국군의 진정한 장교로 자부하던 집단이었다. 아울러 대담성과 진취성을 가지고 있었으며 군사교육을 통해 이러한 경향이 더욱 강화되었다. 특히 이들은 대개 민족주의적 열망에 불타고 있었고 조국의 경제적 후진성을 안타까워하고 어떻게 하여야 부국강병을 이룩할 수 있을지, 그리고 그것을 위해 가장 근대화된 조직인 군대가 할 역할이 무엇인지를 고민하던 사람들이었다.

집권 과정의 정당성에 대한 논란은 적지 않았지만 군사 정권은 곧 장면 정권의 경제개발정책을 이어받아 본격적인 경제개발에 착수하였다. 곧바로 경제기획원을 설치하고 1962년부터 제1차 경제개발계획을 시작하였다. 이러한 노력은 4·19혁명 이후 산업화 추진을 통해 근대국가 수립을 도모하던 당시의 주류 지식인의 입장과도 궤를 같이 하는 것이었다. 초기에는 수입대체산업을 육성하여 자립적이고 내포적인 공업화를 추진하려고 하였으나 곧 외자 도입을 통한 성장 위주의 수출주도 성장정책을 채택하였다. 경제적 근대화를 위한 국가 주도의 체계적인 노력의 결과 한국의 산업화가 급속히 추진되었으며 이로 인하여 많은 사회경제적 변화가 초

래하였다. 이러한 고도성장이라는 성과는 한국군의 정치개입에 따른 정
통성의 결여 문제를 어느 정도 보완하여 주는 가운데 체제의 안정적 유지
에 도움이 되었다. 즉 5·16은 4·19혁명에서 표출되었던 '민주화' 이념
을 '근대산업화'라는 이념으로 대체시켰으며 그러한 가운데 근대산업화
를 위한 체계적인 노력을 전개하였던 것으로 평가할 수 있다. 이러한 노력
으로 인하여 한국의 산업화가 급속히 추진되었으며 많은 사회 경제적 변
화(급속한 경제성장, 도시화, 계층구조의 변화, 분배구조의 변화)가 초래되었다.

　1960년대 이후 이루어진 한국의 급속한 산업화의 성공 원인은 여러
가지 측면에서 찾을 수 있다. 일반적으로 4·19혁명으로 표출된 산업화
된 근대민족국가 성립의 열망과 지식인의 자각, 그리고 이들의 적극적인
참여를 드는 경우가 대부분이다. 그러나 실제 5·16 이후 산업화 과정에
서 이들 집단과 함께 군인들의 존재가 중요한 역할을 차지하고 있었다.
근대적 조직과 기술을 운영할 수 있는 능력을 가진 집단으로서 군인들은
전통적 기반이 없었기 때문에 개혁에 능동적이었다. 특히 군대는 가장
능률적이고 일사분란한 집단행동을 위한 조직 원리를 도입하고 있었으
며, 또 엄격한 위계질서와 규율이 지배하는 관리 원칙을 지니고 있었다.
이러한 특성은 전 사회의 권위주의적 조직화와 통제로 이어지기도 하였
지만 경제개발계획에 의한 1960년대 경제성장의 주요한 동력이 된 것도
부정하기 어렵다. 경제개발 과정에서 지식인과 군인의 결합은 산업화 성
공의 주요한 원인이었다.

　다음으로 근대 산업화 초기에 필요한 여러 요소를 군대가 제공하였다
는 점도 주목할 만하다. 본격적인 근대화 추진과정에서 한국군은 경제발
전의 세 축인 기술, 인력, 자본 가운데 자본을 제외한 기술과 인력의 공급
을 가장 적절하게 담당하였다. 이에 대해서는 다음에서 살펴보기로 한다.

2) 1960년대 한국의 근대산업화와 군대의 기여

1950년대 이후 한국군은 현대적 무기와 기술 그리고 장비를 보유하였고 비교적 잘 훈련되고 조직화된 구성원으로 이루어진 집단이었다. 또한 한국군은 가장 과학적인 기획과 능률적인 작업, 효율적인 관리를 추구하고 있었다. 징집된 젊은이들은 현대적인 무기와 장비의 운용 및 관리 능력을 부여받기 위해 당시의 다른 어느 조직보다도 수준 높은 교육을 받았다. 따라서 군대의 교육은 문맹자에 대한 문자 교육 및 국민교육과 각종 전문기술교육까지 포함하고 있었다. 즉 거대한 기술집단일 뿐만 아니라 국가적 교육기관의 역할도 담당하고 있었음을 알 수 있다.

근대산업화 추진 시기 한국군이 이러한 역할을 담당한 것은 당시 한국이 처해 있던 몇 가지 상황에 기인한 것이었다. 먼저 1950년대 교육제도의 발전에 힘입어 각급 교육을 받은 인력이 많아졌으나 과학, 엔지니어링 및 경영조직 면에 있어서 혁신을 일으킬 수 있는 능력은 없었으므로 해외 기술선진국으로부터 최신 기술을 도입하여야 하는 상황이었다. 그리고 연구소 제도와 연구 인력이 발전하지 못하였고 실업교육 내지 직업교육체계가 충분히 발전하지도 못하였다. 따라서 산업사회로 발전하는데 필요한 과학기술 인력의 양성 공급이 절대적으로 필요해졌다. 인력양성 기관으로서 군대의 중요성은 여기서 두드러진다. 실제 1950~60년대 한국군은 군복무자에게 기초적 지식과 기술 교육을 부여하였을 뿐 아니라 이들에게 전역 후 높은 성취 욕구를 갖추도록 하였다는 점에서 근대산업화의 주요한 밑거름이 되었다. 그럼 구체적인 관련 교육의 실시와 인력 양성의 양상에 대해 살펴보도록 한다.

먼저 기술 인력의 양성을 들 수 있다. 일반적으로 개발도상국의 경우 군대는 민간 사회에 비해 현대적인 무기와 장비를 보유하고 있다. 그러므로 군대는 이러한 현대적인 기계 조작에 필요한 기술과 이 기술을 보유한 인력의 양성을 절대적으로 필요로 하게 된다. 이러한 기술은 기존의 사회

보다 그 수준이 앞서기 때문에 서구의 기술을 도입할 수밖에 없는 것이다. 즉 서구에서 도입한 무기나 장비는 현대적인 기술을 필요로 하게 되고 군에서 습득된 현대적 기술은 다시 민간경제로 전파, 확산되어 산업발전의 원동력이 되는 것이다. 실제 1960~1970년대를 거치면서 급속한 산업화와 함께 많은 기술인력의 수요가 창출되고 이러한 수요의 많은 부분을 군에서 배출한 각종 기술 인력이 채워주었다. 한 연구에 따르면 군사 주특기의 약 50%가 민간부문에서 활용될 수 있는 것이며, 특히 해군과 공군의 대부분의 군사 주특기는 그것을 가르치는 민간부문의 교육기관이 거의 없었던 당시의 상황을 고려한다면 이러한 기술은 사회에 직접 활용되었다. 즉 군에서 양성한 기술 인력은 우리나라 초기 산업발전의 기초를 다지는 데 결정적 기여를 한 것으로 평가할 수 있을 것이다.

다음으로 전문인력의 양성을 들 수 있다. 1950년대 이후 거대 조직체로 발전한 군을 조직적이고 효율적으로 관리 운영하고 군내의 전문 분야에 소요되는 인력을 확보하기 위해 한국군은 다수의 전문인력을 양성하였다. 이를 위해 육군은 종합행정학교를 설립하여 일반행정, 인사행정, 인력관리 등을 시켰으며 속기, 타자, 문서관리 등을 교육하였다. 아울러 군 자체 교육으로 부족한 분야의 전문인력 양성을 위해 많은 장교들을 국내외 고등교육기관에 등록시켜 교육시키는 위탁교육을 실시하였다. 특히 1960년대 고도의 전문 지식이 요구되는 전산기획 또는 OR 등의 특수 분야나 군 이외의 다른 곳에서 익히기 힘든 선박 및 항공기술과 고도의 건설기술 등의 전문인력 양성은 근대화 과정에서 매우 중요한 기여를 한 것이 사실이다. 이외에도 통신분야, 전기분야, 수송분야, 항해 및 기상분야, 물리화학 분야 등의 군기술교육도 민간의 전문인력 양성에 적지 않은 도움을 주었다.

한국군은 전문 기술인력 양성을 통한 근대화 기여 이외에도 한국의 근대화에 직접 참여하기도 하였다. 한 국가의 근대화가 추진되기 위해서는 전문기술인력의 확보와 도로나 시설 확보와 같은 산업기반조성이 요구되는데 한국군은 이 과정에서 매우 중요한 기여를 하였다. 1960년대 초반까지 한국은 공공시설과 사회 간접자본에 대한 투자가 거의 이루어지지 않아서 포장은 물론 산업 지역을 연결하는 간선도로조차 미비한 상황이었다. 또한 농경지는 정리되지 않아 기계화를 통한 효율적인 영농이 불가능하였고 저수시설 등이 미비하여 가뭄이나 홍수로 인한 피해가 적지 않았다. 이러한 상황에서 근대화 초기 단계에 도로, 건설 등의 사회간접자본 투자와 농업 효율화를 위한 경지정리 및 국토의 종합적 개발이 추진되었다. 국토개발사업은 초기 근대화과정에서 우선적으로 요구되는 개발사업이었다.

국토개발사업은 많은 인력과 장비 그리고 축적된 기술이 필요하였으나 당시 한국의 민간부문에서 보유하고 있던 각종 건설 중장비나 이를 운영할 수 있는 기술자가 많이 부족한 실정이었다. 특히 공사 경험을 통해 얻을 수 있는 노하우가 축적되지 않아 민간부문이 전국적인 대규모 토목공사를 도맡아 하기에는 역부족이었다. 실제 1961년 당시 정부 및 민간 부문에서 보유하고 있던 각종 중장비는 불도저를 포함하여 1,100대에 불과하였고 본격적인 경제개발에 들어섰던 1967년에도 2,877대 정도였다. 이에 비해 군은 1967년에 이미 약 4,000대에 이르는 중장비를 보유하고 있었다. 이렇듯 기술과 장비가 부족한 상황에서 종합적인 국토개발을 성공적으로 추진하기 위해서는 민간부문의 인적·물적 자원뿐만 아니라 군의 건설 중장비와 기술자도 절실히 필요하였다. 군의 국토개발사업에의 참여는 임무성격상 장비와 기술면에서 지원이 가능한 공병부대를 중심으로 실시되었는데 주로 도로와 교량건설, 공공시설 건축 등 건설사업을 비롯하여 농경지 정리, 방조제 수축, 개간사업, 조림사방 그리고 하천정리 등 제반 국토정비사업에서 두드러졌다. 이를 통해 사회기간도로나 사회간접자본의 형성에 큰 도움을 주었고 이를 통해 근대 산업국가로의 기틀을 마련하는 데 주요한 역할을 하였다. 구체적으로 살펴보면 다음과 같다.

먼저 도로건설을 들 수 있다. 군에 의한 도로 건설은 군의 기동성을 확보하고 보급로를 활용하기 위한 전술도로 건설과 일반 및 고속도로 건설로 나눌 수 있다. 전술도로가 개발되는 지역은 일반인이 접근하기 어려운 전방 및 산간 지역 또는 오지 등으로 공사의 어려움이 적지 않은 곳이었다. 한국군은 1950년대 1,139km의 전술도로를 건설하였고 1960년대에도 약 2,500km의 도로를 건설하였다. 전술도로는 산업이 발달하고 도시가 팽창하면서 일반도로화되는 경우도 나타났고 이를 통해 지역 간 교류 증가에 기여하기도 하였다. 1960년대 들어서면서 한국군은 전술도로 건설 이외에 일반도로 건설에 참여하였다. 이는 1960년대 종합적인 국토개발의 추진과 함께 나타난 사회간접자본시설 정비와 짝을 같이 하는 것이었다. 군에 의한 일반도로 건설을 구체적으로 보면 1960년에는 357km의 새로운 도로를 신설한 것을 시작으로 1963년 600km의 도로 확·포장을 실시하였다.

한편 1960년대 후반 산업화의 진전에 따라 급속히 증대되어가고 다양화하는 수송 수요를 철도에만 의존할 수 없는 한계를 극복하고 현대적이고 능률적인 교통체계 확립을 위해 고속도로 건설을 추진하였다. 한국군은 경부고속도로 공사에 투입되어 400여km에 달하는 전체 구간 중 6개 지역 31.1km 약 8%를 건설하였다. 특히 한국군이 맡아 건설한 구간은 어려운 공법이 요구되는 지역으로서 이를 공기 내에 건설함으로써 고속도로의 개통에 큰 기여를 하였을 뿐만 아니라 민간 부문과의 유기적 관련성을 재확인시켜 주었다.

다음으로 한국군은 교육시설 및 의료시설 등 각종 공공시설 건설을 중점적으로 지원하였다. 이는 한국전쟁 이후 정치·사회적 혼란으로 인해 사회 공공시설 투자가 거의 이루어지지 않은 상황에 비해 1950년대 후반부터 전후 베이비붐 세대의 증가로 인해 공공시설의 부족이 심각한 상황이었다. 따라서 1950년대 후반부터 교실건축·중축과 고아원, 보건진료소 건설을 적극지원하였다.

세번째로는 국토정비사업에의 참여를 들 수 있다. 정부는 공업화의 추진과 급속한 도시화 및 지역개발 수요의 증대 등 효율적이고 체계적인 국토개발을 뒷받침하기 위해 「국토건설종합계획법」(1963)을 제정하고 도시계획법(1962), 건축법(1962), 공유수면의 매립에 관한 법률(1962) 등 관련 법제를 정비하였다. 이러한 상황에 한국군은 국토종합개발사업에 적극 참여하였다. 구체적으로 농업기반 조성사업 및 조림, 사방 등의 산림녹화사업, 그리고 기타 하천 정비 등을 들 수 있다. 농업기반 조성사업은 농업생산성 증대를 위한 농경지 정리와 경지 확장, 개간 및 간척사업, 방조제 축조 및 하천 정리 등이 있다. 예를 들어, 개간사업의 경우 1961년부터 1975년까지 13만 명의 인원을 투입하여 2,170정보를 개간하였다.

이상과 같은 각종 국토개발사업에 대한 군의 참여는 민간부문의 능력, 기술 및 장비가 부족했던 1950~60년대에 집중적으로 이루어지다가 1970년대부터 점차 감소하였다. 반면 재해복구 지원 활동이나 헌혈 등의 대민지원 활동은 더 많이 이루어지고 있다. 따라서 사회의 경제성장과는 별도로 또는 그와 비례하여 더욱 군의 역할이 요청되는 영역과 그렇지 않은 영역이 있다는 것이다.

국토개발사업의 참여와 각종 건설 사업을 통한 직접적인 참여를 통한 근대산업 국가 형성의 기여와 함께 더욱 중요한 점은 1960년대 이후의 경제개발계획의 수립과 추진에 군이 적극적으로 참여한 것을 들 수 있다. 앞서 보았듯이 5·16쿠데타에 참여하였던 젊은 장교층은 각종 교육의 기회를 충분히 가졌을 뿐만 아니라 발전된 군대조직 관리 능력을 가지고 있었다. 이들은 군대와 사회의 근본적인 개혁과 근대화에 대한 강한 열망을 가진 집단이었다. 실제 당시 군대는 사회에 비해서 상대적으로 우월한 관리 능력 및 기술 능력을 보유하고 있었다.

　해방 이후 한국정부의 행정체계는 일제하의 제도와 미군정 당시의 개편 내용을 유지하고 있는 등 상당히 낙후된 상태였다. 이에 비해 군대는 이미 미국의 최신식 행정관리의 내용과 기술 행정체계가 보편적으로 도입되어 활용되기 시작하였다. 아울러 한국 군대는 발달된 행정제도와 관리 기술을 가지고 있었다. 당시 군대의 발달된 조직체계와 관리기법을 도입하여 사회는 전반적인 능률과 효율을 증대시키고 이후 지속적인 발전의 기초를 닦게 되었다. 이를 바탕으로 군대의 엘리트 장교들은 경제개발계획의 수립에 민간 관료들과 함께 적극 참여하고 동시에 조직적인 추진력을 바탕으로 경제개발계획 목표를 달성하는 데 적지 않은 기여를 하였다. 종합제철소인 포항제철을 건설한 박태준(육사 6기)의 사례는 이의 대표적인 예라고 할 수 있다.

　근대적 산업화 초기 한국 사회가 아직 전반적인 질서가 정착되지 않은 상황에서 군대의 엄격한 질서와 신속한 명령체계는 전체 사회의 조직화와 관리에 긍정적으로 작용하였다. 특히 한국군은 근대산업화의 한 주역으로서 민주주의의 기본 조건인 중산층을 육성시켰으며, 국민에게 자신감과 진취성을 갖도록 하여 사회·경제적 개혁과 근대화의 적극적 추진 세력으로서 긍정적으로 기여하였다고 평가할 수 있다. 그러나 한편 군은 근대화과정에서 정치의 주체가 되어 전문직업 집단의 역할과는 다른 차원의 정치적 견해와 이해 관계를 표출하고 능률과 효율을 중시한 나머지 정치과정으로서의 대화와 토론과 같은 절차를 경시하는 권위주의적 관행을 심화시킴으로써 민주화 지체 및 민군 위화감 조성한 것도 부정하기 어렵다. 특히 한국 사회가 발달하면서 엄격한 질서나 명령체계는 도리어 이후 사회의 자율적 발전에 장애 요소로 작용하게 된 점도 아쉬운 점이라 할 수 있다.

3) 한국군의 베트남전 참전과 한국 경제의 도약

한국군의 베트남전 참전은 1960년대 중반 국내외적으로 매우 어려운 상황에서 결정된 것이었다. 5·16 이후 경제적으로 국내자본과 내수 산업 육성을 통해 경제발전을 도모한다는 방식의 제1차 경제개발계획이 한계에 부딪히면서 외자 도입에 의한 수출주도형 경제개발을 추진하게 된다. 한일협정의 추진은 경제개발을 위한 외국 자본을 들여올 수 있는 유일한 수단이었다. 그러나 1964년 6월 한일협정을 반대하는 6·3사태가 일어나 정세는 매우 어수선하였다. 또한 베트남전의 격화로 인해 미국은 주한미군 철수를 심각하게 고려하는 상황이었다.

남북한의 군사적 긴장이 여전히 높은 상황에서 주한미군의 철수는 한국의 안보에 심각한 문제를 야기할 수 있었다. 이에 정부는 국군의 베트남 파병을 미국정부에 거듭 제의하였다. 즉 베트남전 참전은 단순히 경제개발을 위해 필요한 재원을 마련하기 위하여 한국의 안보와 직접 관련 없는 베트남에 한국군을 파병한 것으로 치부하기는 어렵다. 참전에 대한 보상으로 미국은 한국에 대한 군사원조와 경제원조를 확대하였다. 미국의 경제원조는 소요 물자의 한국 구매와 국제개발국 차관 및 계획 차관 제공 등이었다.

구체적으로 1965년부터 1969년 사이 한국이 베트남으로부터 거두어들인 수익은 군수물자 구매, 전쟁위험부담금, 건설계약, 군인과 민간인의 송금, 상품 수출 등을 통해 5억 6백만 달러에 달하였다. 이 액수는 같은 기간 중 한국의 외화 수입의 16%, GNP의 약 2%에 달하는 것이었다. 이것은 한국의 경제발전을 위한 중요한 단계에서 매우 긴요하게 사용될 수 있었던 자금의 원천이었다.

이외에 국내 기업의 베트남 진출에 따른 효과 등을 함께 계산할 경우 베트남전쟁 기간 중 대략 50억 달러 정도로 추정된다. 그러나 보다 큰 효과는 외화의 국내 유입으로 인해 발생 가능성이 농후하였던 외환 위기를 극복할 수 있었다는 사실이다. 또한 외국의 차관 및 투자 증가, 국내 기업의 베트남 진출에 따른 국내경기 활성화와 아울러 국내기업의 해외 진출 경험 획득 등 간접적인 효과는 매우 컸다. 따라서 한국군의 베트남전 참전은 이후 한국의 비약적인 경제성장의 기반을 구축한 것으로 평가할 수 있다. 실제 베트남에 진출한 한국건설 업체는 베트남에서 익힌 노하우와 신용도가 담보가 되어 베트남 특수가 소멸하기 시작한 1971년 이후 곧바로 중동 지역으로 옮겨감으로써 중동 특수로 이어져 한국의 경제 도약의 또 다른 계기를 마련하였다.

4) 1970년대 방위산업의 육성과 산업발전

1970년을 전후하여 한국의 안보 환경은 큰 변화가 나타났다. 1969년 닉슨 독트린으로 미국의 탈아시아 정책이 표방되고 1·21사태 등 북한의 도발적 행동으로 한국의 위기감은 증폭되었다. 그리고 1971년에는 주한 미 7사단의 철군이 감행되었다. 이러한 상황을 극복하기 위해 한국은 1974년부터 8개년 전력 증강사업이 추진되었다. 이를 위해 1970년 4월 박정희 대통령은 방위산업 구상을 구체적으로 밝혔는데, 이때의 추진 전략은 민수산업의 육성, 보완을 통한 방위산업의 기반 구축으로 민간기업체의 기존 산업능력을 최대한 보완 활용하되 군 연구기관이 중심이 되어 사업을 관리하고, 한국과학기술연구소(KIST)는 기술 측면에서 이를 지원한다는 것이었다. 이에 따라 그해 8월 국방과학연구소를 창설하여 방위산업 육성을 효율적으로 지원하도록 하였다.

1970년대 자주국방 추진과 더불어 그 바탕이 되는 방위산업 기반을 확충하게 됨으로써 국가의 산업발전에 직접적으로 기여하게 되었다. 방위산업 기술이 중화학공업 분야에 이전되어 자연히 민간부문의 산업을 촉진시키게 되었다. 중화학공업 육성 및 방위산업 육성이 병행 추진되는 상황이었으므로 방위산업의 산업연관 효과는 생산단계에서뿐만 아니라 투자단계에서부터 나타난다. 방위산업 분야와 민간산업 분야는 상호 관련성이 많으며, 민간산업이 적은 수요와 낮은 기술 수준 및 경험부족 등 여러 가지 어려움을 겪고 있을 때 방위산업은 민간기업에 큰 도움을 주었다.

특히 방위산업의 기술 특성인 신뢰성, 정밀성, 내구성을 민수산업에 이전함으로써 민수산업의 생산관리 체제를 현대화하였을 뿐만 아니라 체계결합, 정밀가공, 정밀주조, 품질관리 및 과학적인 시험평가기법이 활용되어 한국상품의 국제경쟁력을 높이는 데 큰 몫을 하였다. 또한 방위산업은 외국에서 도입한 첨단 기술이나 자체 개발한 고급 기술을 민간산업에 파급시키는 역할을 수행하기도 하였다. 예를 들어, 무선통신장비 개발은 무선전화기 개발에 응용 가능하며, 전차 생산을 위한 용접 가공처리 기술은 전통차 및 철도 차량 제작에 응용 가능한 것이 대표적인 사례이다. 이외에도 통신/전자, 금속기계, 수송기계 관련된 군사기술이 민간산업에 다수 응용되었다.

3. 근대적 시민교육과 한국군의 기여

1) 근대적 시민교육과 군

군대교육 훈련의 일차적인 목적은 국가안보를 수행하기 위한 강인한 체력과 올바른 국가관과 정신력, 그리고 임무 수행에 필요한 자질과 지식을 함양하는 데 있다. 본질적으로 전투력 향상에 초점이 맞추어져 있는 군대교육은 결과적으로 사회적으로도 중요한 의의를 가지고 있다. 즉 군대에서 실시하는 교육훈련은 군의 임무수행을 위한 것이지만, 군대 성원들이 전역함에 따라 그 결과는 그대로 민간사회에 이전되어 군대교육의 사회적 역할이 중요시 된다. 특히 군대의 교육적 역할은 자주 독립국가로서 모든 영역에서 제반 여건이 제대로 갖추어지지 않은 국가의 경우

더욱 중요하다고 할 수 있다. 특히 모든 국민이 국방의 의무를 지는 국민
개병제를 채택하고 있는 한국의 상황에서 군대는 국민으로서 필요한 기
본적 자질을 부여하는 사회화 또는 국민교육 도장으로서의 역할을 아울
러 수행할 수 있다. 특히 정치·경제·사회 등 모든 영역의 제반 여건이
갖추어지지 않은 개발도상국에서 군사교육과 내무생활은 근대국가 건설
에 필요한 근대적 가치관 및 인성형성에 기여하는 것이 일반적이다. 이
는 한국도 예외가 아니다. 특히 한국과 같이 군대가 급속히 규모와 기능
이 확대되는 경우, 군대의 사회화 과정은 군대 문화뿐만 아니라 시민문
화의 형성 및 발전과 밀접한 관련을 가지고 있다. 근대시민 가치관의 차
원에서 군대의 역할은 대체로 세 가지로 정리할 수 있다.

먼저 근대사회에 필요한 가치관을 들 수 있다. 식민지의 상태에서 벗
어나 자주적인 독립국가로 발전함에 있어서는 합리적인 구조로서의 조
직 못지않게 국민의식이나 합리적 사고유형 또한 중요한 것인데 이러한
가치나 사고유형의 교육기관으로서 군대의 중요성은 적지 않다. 근대국
가에서 강조되는 새로운 가치와 신념들은 대부분 서구로부터 강요되거
나 받아들여진 것이다. 이때 요구되는 가치로는 합리성, 계획성, 조직적
사고, 관료적 운영 등으로 이는 급속한 근대화의 달성에 필수적인 것이
다. 이것은 어떤 형태로든 교육되어야 하며 근대적 정치의식의 습득이나
시민정신의 훈련 역시 요청된다. 이러한 상황에서 1960년대까지 일반 사
회부문보다 발달된 조직 및 체제를 가지고 있던 한국의 군대는 근대적
가치를 국민들에게 교육시키는 기능을 담당하게 된다.

다음으로 집단 의식을 들 수 있다. 군대는 다른 조직보다 규율을 강조
하여 새로운 가치관 형성에 기여할 수 있다. 집단 생활의 과정에서 집단
의식을 기르고 개인적 헌신과 봉사 정신을 함양한다. 특히 군대 충원이
모든 사람들을 대상으로 이루어질 경우 국가 건설에 필수적인 국민적 일
체감 형성에 크게 기여할 수 있다. 동시에 다양한 사회적 배경을 가진

많은 젊은이들이 사회와 전혀 다른 환경 속에서 상당기간 생활함에 따라 개인의 사회적 적응 능력을 길러줄 수도 있다. 한편 엄격한 질서와 규율 속에서 이루어지는 집단 생활은 준법정신, 질서의식, 예의범절, 협동정신 및 봉사정신 등 공동생활에 필요한 가치관 형성에 기여한다. 개인적 차원에서 군 생활은 정신적·육체적 성숙과 자립능력의 함양에 기여할 수 있다. 군대교육과 훈련은 대부분 전쟁이라는 극한 상황을 전제로 이루어짐으로써 반복적으로 실시되는 군사훈련은 상당한 어려움과 고통이 수반되므로 이후 개인의 삶에 근본적인 변화를 가져온다.

세 번째로는 민족 및 국가의식을 지적할 수 있다. 서구에서 받아들여진 근대적 합리적 사고와 함께 군대를 통해 애국심을 바탕으로 한 민족의식이 형성된다. 군대는 민족적 자부심과 국가의식을 고취시키는 기능을 담당한다. 신생국의 경우 군대조직은 각 지역 각 계층의 사람들로 구성되며 이것은 파벌주의나 지방주의를 극복하고 근대적 민족의식을 지니게 하는 데 도움을 준다. 아울러 군대 엘리트들은 외국과의 접촉이나 유학 등을 통해 그들 자신의 국가 지위나 선진국가와의 차이를 인식하게 되고 이는 민족의식과 함께 결합하여 국가발전을 추구하는 계기를 가지게 된다. 1950~1960년대 제3세계에서 다수의 군대 엘리트들이 자국의 근대산업화 추진에 나선 것도 이러한 것에 기인한다.

그러나 군대의 근대적 시민교육이 반드시 긍정적인 역할만을 한 것은 아니다. 시민사회가 성장하면서 군대문화에 기인한 교육적 가치가 충돌하기도 하고, 군대 운영의 측면에 기인한 것이지만 그 교육적 효과가 부정적으로 나타나기도 하였다. 예를 들어, 건전한 국가관과 애국심의 강조가 개인 가치에 대한 경시로 나타나기도 한 것 등이 그것이다.

2) 1950~1960년대 군대의 근대 시민교육과 기초교육

한국군은 재건의 과정에서 국가 독립의 상징으로서 국민군대의 중요

성을 인식하면서 성장하였다. 아울러 좌우대립의 극심한 사상적 혼란으로 인하여 이를 극복하고 동일한 가치를 가질 수 있도록 교육의 필요성이 매우 컸다. 따라서 초기부터 근대적 민족국가 수립과 관련된 교육이 충실히 이루어지기 시작하였다. 민족 분단으로 인하여 이의 극복에 대한 정신교육도 시행되었다.[3] 정부 수립과 함께 재건된 한국군은 조직 및 장비의 부족에도 불구하고 근대적 국민군대로서의 기틀이 마련되기 시작한 것이다. 한국전쟁은 그 존재 이유를 재삼 확인시켜 주었다.

한국군 재건과 전쟁 기간 동안 교육의 주된 내용은 근대적 국민군대의 필요성과 국방의무, 그리고 사상적 기반으로서 반공(反共) 등이었다. 당시의 교육 내용을 구체적으로 보면 3·1정신과 국방, 8·15와 결의, 6·25와 각오, 군인의 길, 헌법정신 강화, 국방과 4대 의무, 전쟁 목적 등 자유주의적 국민국가 형성과 관련하여 근대적 국가의식과 반공의식 등을 주로 교육하였음을 알 수 있다. 한국전쟁 이후 1960년까지는 대한민국의 건국이념과 정통성을 주로 교육하였으며 민주주의와 비교하여 공산주의의 모순 비판 등을 교육하였다.

1960년까지 근대 시민교육의 일환으로 이루어진 다양한 교육과 함께 중요한 것은 문맹퇴치 교육이었다. 가장 기초적인 군사 훈련을 실시하기 위해서라도 병사들이 한글을 읽고 쓸 수 있어야 했다. 1950년대의 경우 무학력 병사가 40~50% 이상이었으므로 이들 저학력 사병에게 군대 직무를 맡기기에 앞서 일정 수준의 교육을 시키는 일이 선행되었다. 한국군에서 일반 공민교육을 실시한 것은 1949년 보병 7연대에서 지역 중등교사를 초청하여 장병들에게 교육을 실시한 후 중학교 졸업장을 수여한 데서 시작되었다. 그후 한국전쟁 기간 중에는 병사의 문맹퇴치에 주안을

---

3) 1950년 4월 역사학자인 이선근 박사가 정훈국장에 임명된 것은 이러한 상황을 반영하는 것이다.

두고 교육을 실시하였고 휴전 직후에는 전군에 23만여 명에 이르는 문맹자에 대한 교육이 하루 2시간씩 이루어졌다. 그리하여 1970년까지 6주간의 한글반과 국민학교 1~4학년 과정의 12주간의 기본반, 국민학교 5~6학년 수준의 국민반, 그리고 중학교 1~2학년 수준의 15주의 중등반을 개설하여 문맹자나 교육수준이 낮은 병사들에게 수준에 따라 다양한 기본 소양교육을 실시하였다. 그 결과 1970년까지 100만 명의 병사들이 군복무과정에서 글을 깨우치게 되었다.

특히 1960년대까지 군복무과정에서 중요한 것은 근대국민적 일체감을 형성하게 되었다는 것을 들 수 있다. 군복무를 통해 개인의 이익보다는 집단의 이익, 특히 국가이익에 초점을 맞춘 군대사회화가 이루어졌다. 당시까지 대부분의 병사들이 전통적인 농촌 출신으로서 이들은 국가보다 가족, 지역 또는 혈연·지연을 중시하는 가치관을 가지고 있었다. 또한 병사들은 각자 다른 환경에서 자란 다양한 계층으로 구성되어 있었다. 이러한 상황에서 국가에 중심을 둔 군사교육이 실시되었고 또한 병영 생활을 통해 동료의식과 단결심을 갖추도록 하여 근대국가 건설에 필수적인 국민 일체감 형성에 기여할 수 있었다. 아울러 근대화에 필요한 가치관인 협동심, 계획성, 조직적 사고 등을 배양할 수 있었다.

즉 1950년대와 1960년대 군복무를 통해 한국인들은 국가의식을 높여주고 민족의식을 형성해주었으며 근대화에 필요한 가치관을 배양할 수 있었다고 할 것이다. 그러나 일제의 군국주의 문화를 탈피하지 못한 엄격한 내무생활과 군사훈련은 자발적 복종과 예의범절을 넘어서 상급자에게 독선적 권위주의와 하급자에게 타율성을 발생하는 결과를 낳기도 하였다. 이외에도 과정보다 결과를 중시하는 군복무를 통해 요령주의나 업적지상주의 가치관이 강화되기도 하였다.

3) 1970년대 이후의 변화

1970년대 한국사회의 전반적인 교육 수준이 향상되면서 근대화, 산업화에 필요한 기본 인성을 갖춘 국민을 양성하는 장으로서 군대의 기능은 매우 줄어들었다. 대신 1974년 이후에는 주체적인 민족사관 및 새마을운동 등이 강조되고 근대화의 성공적인 결과들을 홍보함으로써 병사들을 국가 이념에 결속시키기 위한 내용을 교육시켰다. 정신교육을 통해 민족주의를 재발견하고 새마을운동이 확산될 수 있는 기반을 형성하는데 효과가 있었다고 할 수 있다. 특히 이 시기부터 정신전력이라는 용어가 사용되면서 교육체계도 이전보다 체계화되었고 교육 목표도 민주국민 정신교육을 강화하는 한편 한국 고유의 군사사상 등에 관한 교육이 이루어지기도 하였다.

1970년대까지의 군대에서의 교육은 대인관계 및 개인성격에서의 긍정적 변화를 가져왔을 뿐만 아니라 국민적 일체감, 민주적 시민의식의 양성에 적지 않은 기여를 한 것이 사실이다. 그러나 군대문화가 지니는 특성상 타율성과 획일주의가 강화되고 개인 가치의 경시 등 부정적 군대문화가 사회에 나타나기도 하였다. 특히 1970년대 들어 사회의 여러 분야가 성장하면서 군대에서의 교육이 지니는 부정적인 요소도 함께 나타나게 되었음을 지적할 수 있을 것이다.

특히 1970년대 말 10·26사태와 12·12쿠데타에 이어 수립된 제5공화국 정권은 군부가 정치, 경제, 사회 등 모든 부문을 철저히 통제하는 군부의 패권적 체제의 대두를 의미하였다. 1970년대까지의 산업화에 따른 민간 영역의 발달로 인해 군대의 문화가 이전처럼 사회로 이식될 수 없는 상황이 전개되었다. 심지어 국가 경제발전에 힘입어 사회의 과학기술 발전이 주목할 만큼 축적되었고 오히려 군부엘리트들이 일반 대학이나 관련 전문분야에서 기술을 습득해야 하는 상황이 되었다. 그러나 통치권자의 권력장치나 통치방식이 아직도 군대식 습성에 영향을 받고 있었고 군부의 엘리트 출신들은 일사불란한 획일성을 중시하고 반대의견의 수렴과 설득에 의한 지배를 선호함에 따라 민간 엘리트 간에 갈등현상은 증폭되기 마련이다.

특히 제5공화국 출범 과정에서 일어난 광주민주화운동과 그 과정에서 나타난 민간인 피해는 창군 이후 1970년대까지 한국군이 국가와 민족의 발전에 기여하여 온 긍정적 역할에 대한 최소한의 평가마저도 부정적으로 평가되는 결과를 초래하였다. 심지어 정부나 체제에 대한 비판적 인식에 대해 군부가 이를 직접적으로 억압하는 등 군이 권위주의 정권을 유지하는 데 동원되는 상황마저도 나타나게 되었다. 따라서 군복무 전체의 의의가 과소평가된 시기라고 할 수 있다.

민군관계가 매우 악화되었지만 1980년대에도 대인관계면이나 개인성격 변화면에서 군 복무는 여전히 긍정적으로 평가된 것은 사실이다. 군복무를 통해 협동심과 원만한 인간관계, 예의범절, 인내심·책임감·생활력·독립심을 강화하고 매사에 자신감을 가지고 도전하는 의지와 노력, 진취적 기상을 기를 수 있는 것으로 인식되었다. 이는 1990년대 이후 변화하는 안보 상황에서 한국군이 사회 발전에 조응하는 새로운 역할을 맡을 수 있는 자산으로서 의미를 가진다고 할 것이다.

III. 현대 안보 상황의 변화와 한국군의 역할과 기여

1. 현대의 안보 상황

1990년대 들어서면서 국내외적인 안보 상황은 급변하기 시작하였다.

먼저 냉전체제의 해체와 미국 중심의 군사적 단극 체제의 확립을 들 수 있다. 따라서 이전까지 체제나 이념에 따라 움직이던 국제질서는 지역 국가들 간의 배타적인 이해관계에 따라 급변할 가능성이 높아졌다. 배타적인 민족감정의 고조와 이에 따른 영토 분쟁의 등장은 이러한 상황의 반영이다. 최근 들어서는 경제적 상황의 변화 등으로 인하여 유럽에서 아시아로의 힘의 이동과 일초다강체제(一超多强體制)에서 다강체제(多强體制)로의 이동이 시작되는 등 세계 정세의 불확실성도 증대하고 있는 실정이다.

다음으로 세계질서는 대규모 전면전의 발생 가능성은 희박해지고 평화와 협력의 추세가 강화되고 있으나 다양하고 복잡한 불안 요인이 잠재되어 있다. 이는 급속한 세계화에 따른 것으로 상호의존성이 증가하고 있는 현상과 궤를 같이 하는 것과 함께 하는 것이다. 즉 인구 증가와 부존자원의 고갈, 물 부족 및 식량 편중, 기상 이변, 부와 정보, 지식의 격차 증대 등으로 인한 국가·인종·지역·계층 갈등이 속출하고 있다. 이로 인해 국가에 대한 군사적 위협은 감소하지만 국가와 시민에 대한 위협은 다양화하고 있다.

셋째, 2001년의 9·11 테러를 계기로 초국가적 위협이 매우 중요한 안보문제로 자리매김하였다. 국제연대의 테러, 대량살상무기, 마약, 밀수, 해적행위, 불법이민, 환경오염 등 국경을 초월한 안보위협에 대해 지구적 차원의 협력이 요구되고 있다.

이상에서 나타난 변화로 인해 안보의 개념도 변하고 있다. 고전적 의미의 안보는 흔히 국가안보를 지칭하며, 그 내용은 대체로 군사적 수단을 중심으로 이해되어 왔다. 군사적 안보의 개념은 이제 변화된 안보 상황에 따라 상대적 위상이 약화된 반면 경제적·사회적·생태적 안보의 개념이 안보 논의에 등장하면서 안보의 핵심이 국가안보에서 인간안보로까지 확대되고 있다. 외부의 위협에 대항하여 국민을 위한 안보를 달성하는 차원에서 탈피하여 한 국가 내에서 초래되는 제반 문제들로 인해 위협받는 국민들의 생존과 복지 전반을 보장하는 것으로 안보개념이 확대된 것이다. 참여정부 시대 작성된 「국가안보전략지침」에서 국가안보목표를 '한반도의 평화와 안전', '남북한과 동북아의 공동번영'과 함께 '국민생활의 안전 확보'를 설정하여 국가의 안보관심을 국민 개개인의 안전문제로까지 확장하여 국민의 안전한 생활을 보장하는 것을 목표로 한 것은 이러한 상황의 반영이라 할 수 있다

이러한 변화는 세계화·정보화의 결과 국가의 힘이 군사력보다 경제력에 의해 좌우되는 경향이 커졌고 따라서 국가의 목표 또한 군사적 힘에 더하여 경제력·기술력의 확보에 치중하는 양상이 보편화된 결과라 할 수 있다. 탈냉전 이후의 안보 개념은 그 내용이 군사적 차원에서 비군사적 차원으로 확대되고, 안보문제를 유발하는 주체뿐만 아니라 해결하는 주체들이 민족국가 차원을 벗어나 국제사회 수준 및 비국가 행위자 수준으로 확대되는 추세이다.

안보 개념이 변함에 따라 전쟁의 개념도 바뀌고 있다. 새로운 전쟁 개념은 미래전 논의로 이어지고 있는데 정보전, 비대칭전, 우주전, 정밀타격전 등으로 특징지어진다. 아울러 세계화·정보화의 결과 안보위협의 탈국가화는 피할 수 없는 추세이며 이에 대한 문제 인식과 대비가 요구되고 있다. 즉 21세기의 세계 평화는 복합적으로 되고 있어 국가적 차원의 평화 문제의 해결은 어려워졌다. 따라서 세계평화 증진을 위해 글로벌 거버넌스 차원에서 안보의 문제를 해결할 필요가 있으며 아울러 세계평화를 위해 군사적·물리적 힘 이외에 연성권력(soft power)까지 포함되는 방향으로 확대할 필요성이 있다.

2. 21세기 한국군의 역할 변화와 기여

21세기 변화된 세계안보질서에 대응하기 위해 세계 각국은 전쟁 이전의 저강도 분쟁, 비군사적 국가재난 재해, 초국가적 위협 등 비군사적 위협에 대응하기 위해 안보대비개념을 발전시켜 왔다. 예를 들어, 미국은 위협의 성격에 따라 군사작전의 형태를 구분하여 대응하고 있는데, 비정규군 성격의 테러리스트, 준군사조직을 작전대상으로 하여 평화와 안정을 회복하는 제한된 목표를 추구하는 작전 형태인 '전쟁 이외의 작전' 등이 그것이다. 이러한 상황에서 한국군의 역할에도 기존의 국가안보 임무에 더하여 이제 적지 않은 변화가 나타나고 있다. 아울러 사회가 고도로 발전함에 따라 군대의 위상과 역할도 변화될 수밖에 없게 되었다.

우선 산업화와 정보화 및 세계화의 가속화에 따라 반문명적인 현상이 범세계적으로 확산되고 있으며 이에 대비할 수 있도록 군대의 새로운 역할이 요구될 것이다. 먼저 2001년 9·11 테러를 통해 확인할 수 있듯이 국가 단위가 아닌 국제적 테러 집단이 분쟁의 직접 당사자로 등장하게 된다. 이제 테러 조직도 자금력과 조직력을 갖추고 있다면 비군사적인 수단과 전략을 통해 국제질서에 심각한 위협을 가할 수 있게 된 상황이 된 것이다. 따라서 국가라는 울타리는 더 이상 자유와 안전을 보장하기 어렵게 되었다. 최근의 테러는 이전의 테러와는 양상을 달리하여 국제적인 차원의 조직에 의한 불특정 다수에 대한 테러가 나타나고 있으며 그 파괴 양상도 상상을 초월하고 있다. 특히 이들 테러 집단은 정보 통신의 발달로 지하 조직 간의 조정과 계획이 용이해졌고 치명적 무기에 접근할 가능성도 커졌다. 따라서 군이 아닌 경찰 등의 치안력만으로 방어하기 어렵게 되었다는 점에 문제의 심각성이 있다. 이는 군대의 새로운 역할이 생겼음을 의미한다. 이처럼 개별 국가의 능력이나 역할 범위를 벗어나는 안보문제는 불가피하게 초국가적 기구나 국가 간의 상호 협력을 통한 문제 해결이 요구된다.

다음으로 안보문제화되고 있는 마약 문제와 국제범죄 문제의 해결에 군대의 역할이 확대되고 있다. 마약 범죄집단은 그 세력이 한 국가의 군사력에 버금가는 경우가 나타나고 있는 경우가 있을 정도로 단순한 경찰 등의 치안력으로 방어하기 어려운 상황도 나타나고 있다. 예를 들어, 말라카 해협의 안전을 위협하는 해적과 이들에 의한 해상테러리즘은 한 국가의 치안력만으로는 대처하기 곤란하다. 해적의 해상테러리즘으로 인해 해상교통로가 차단될 경우 한국은 국가산업 및 경제활동이 마비될 우려가 있다. 따라서 국제적인 차원의 공조와 함께 적극적인 대처가 요망된다.

세 번째로 최근 지구온난화 현상 등 기상이변으로 태풍, 홍수, 폭설 등 대규모 자연재난이 더욱 증가하고 악화될 것으로 예측된다. 아울러 도시화의 진행과 산업화에 따라 각종 재난이 대형화·복잡화되고 이로부터 국민의 생명과 재산을 지킬 수 있는 국가적 차원의 노력이 절실히 요구되고 있다. 군대는 조직과 기능 및 교리, 장비는 유연하고 다용도성을 지니고 있기 때문에 재해구조 등의 임무에도 충분히 유효하게 적용될 수 있다. 이에 한국군은 1994년 12월 평시 작전임무 수행차원에서 재해, 재난, 구조 업무를 수행하기 위해 작전 예규에 재해재난구조임무를 부여하였다. 이에 더하여 2004년에는 「국방재난관리발전계획」을 통해 국가적 재난 관리 지원을 군의 기본 임무로 설정하여 상시적인 재난대비태세를 유지하고 있다. 특히 재난 등으로 인하여 공공서비스가 중단되더라도 국가 기능을 유지할 수 있도록 국가기반 체계 보호자원을 관리해 나가고 있다.

네 번째 환경 파괴와 오염 그리고 그로부터 초래되는 사회적 혼란의 하나로 환경안보의 중요성이 대두하고 있는 현재의 상황은 지구촌 전체의 인류생존과 직결되는 문제로서 모든 국가의 공동 노력을 통한 환경위기의 극복이 시급한 과제라고 할 수 있다. 최근 미국은 환경안보라는 개념을 국방정책 문서에서 공식적으로 사용하고 있는 등 각국 군대는 환경 안보에 적극적으로 나서고 있다. 군대의 활동 자체가 환경과 밀접한 관련을 가질 뿐만 아니라 환경 문제가 국내 차원이 아닌 지구적 차원의 문제이기 때문이다.

다섯 번째로 새로운 차원의 국민교육의 장으로서의 군의 역할 필요성을 들 수 있다. 앞서 언급하였듯이 한국의 군대는 근대화 과정에서 근대적 국민 형성과 그 일체감 조성, 산업 인력의 육성 등에 적지 않은 역할을 하였다. 한동안 군사정부 기간 동안 군의 사회적 역할을 부정적으로 평가하는 경향도 적지 않고 한국 사회의 경우 사회 분야가 군을 앞서 가고 있으므로 군의 사회교육적 기능은 기대할 수 없다는 의견도 적지 않다.

그러나 오늘날 우리 사회는 물질문명의 팽배와 급격한 민주화로 극도의 이기주의 등의 문제점이 생기고 있다. 군은 산업사회로의 전환과정에서 발생할 수 있는 여러 가지 사회적 병폐와 문제점에 효율적으로 대응할 수 있는 가치관을 형성시키는 국민교육도장으로서의 역할이 있으며, 특히 계층 간, 지역 간의 갈등이 점차 심화되는 현재의 상황하에서 일정 기간 동안의 병영 생활은 상호 이해의 폭을 넓힐 수 있는 기회를 제공한다는 점에서 그 의미가 적지 않다.

아울러 사회의 전문화 추세와 군의 첨단 기술군으로의 발전 방향과 연계하여 군과 사회가 공동으로 요구하는 지식과 기술 분야의 전문 내용을 교육 훈련시킴으로써 군의 전투력 향상과 병사들의 사회 복귀 시 국가발전에 공헌하도록 하는 방향으로 한국군의 역할이 변하고 있다. 즉 인적자원개발 기관으로서의 군의 변화가 그것이다. 최근 군 인적 자원개발 정책의 주요 내용으로는 인터넷 컴퓨터를 통한 e-learning으로 군 복무 중에 대학 학점을 취득하고 외국어 능력 향상 기회를 제공하는 것을 비롯하여 장병들의 자격취득 기회 확대 등을 들 수 있다. 아울러 민군

공통 지식체계라고 할 수 있는 리더십개발 교육 및 연구기관의 설치를 통한 장병의 리더십 개발교육을 강화하고자 하는 노력도 이의 일환이다.

마지막으로 최근 군대의 임무가 국내적 차원의 국가안보를 위한 군사력 사용에서 나아가 국제평화유지활동 등의 분야로 확대되고 있다. 이는 냉전 이후 전 인류의 공존공영을 위한 국가 상호간의 교류와 협력의 분위기가 확산되는 추세에 있어 평화유지활동을 비롯한 유엔 주도하의 각종 국제 공조체제에의 동참은 시대적 요청이기도 하다. 이에 따라 한국군도 1990년대 이후 다국적 평화유지 활동에 적극적으로 참여하고 있다. 1993년 소말리아 평화유지활동에 건설공병대대를 파견한 것을 시작으로 UN 평화유지 활동에 적극적으로 참여하고 있다. 최근 논의되고 있는 해상교통로 안전 확보를 위한 함정 파견 문제와 해외파병 상설부대 편성 등은 이의 연장선상이라고 할 수 있다. 이러한 다양한 역할은 새로운 국제전략환경의 변화에 부응하여 우리 군의 위상에 걸맞는 국제적 기여를 하는 것으로 향후 국제사회에서 국가 위상 제고와 함께 지역 안정 및 평화에의 기여를 가능하게 한다. 부차적으로 다양한 해외군사작전 경험 제고와 다수의 해외 전문인력 양성에도 기여할 수 있을 것이다.

IV. 맺음말: 현대 한국군의 역사적 공과

일본 제국주의에 의해 우리 민족이 그 식민지로 전락한 이후 근대적 군대의 존재는 국가독립의 상징으로서 또한 민족해방의 상징으로서 매우 중요한 의미를 갖게 되었다. 일제시기 지속적으로 이루어진 독립군과 광복군에 의한 무장독립전쟁의 전개를 통해 우리 민족은 해방의 단초를 열 수 있었고 곧바로 민주적 정부를 재건할 수 있었다. 아울러 근대적 군대를 재조직할 수 있었다. 곧이어 발발한 한국전쟁에서도 한국군은 국가의 독립을 지키는 큰 역할을 하였다. 이후 근대산업화의 과정에서는 이의 중추적 역할을 수행하였을 뿐만 아니라 국민적 일체감을 형성하는 데 큰 기여를 하였다.

한편 한국군은 한국전쟁 이후 한국 사회에서 가장 큰 조직으로 성장함에 따라 군의 전문적인 분야 이외에 사회의 여러 현실에 대해 적극적으로 개입하면서 군의 정치화 현상 등이 나타나 사회의 자율적 발전에 장애 요인이 되기도 하였다. 1990년대 이후 한국군은 과거의 잘못된 관행과 구태를 반성하고 국방 전반에 걸친 제도와 정책의 쇄신을 단행하였고 새로운 시대 변화 추세와 흐름에 적절히 부응하기 위한 노력을 진행하여 왔다. 이제 한국군은 국가의 안전보장이라는 기본적 역할을 충실히 수행할 뿐만 아니라 국민의 기대에 부응하는 사회적 역할에 대해서도 적극적으로 참여하고 있다. 아울러 한국군은 국제사회에서 한국의 국가 이익을 지키는 첨병의 역할을 다하고 있다.

앞으로 한국군은 지난 시절의 공과를 바탕으로 국민적 공감대를 얻을 수 있는 역할을 확대해야 할 뿐만 아니라 변화하는 국제정세 속에서 국가 독립의 마지막 보루로서의 소명감을 유지하여야 할 것이다. 이것은 국가방위를 위한 군사력의 미비로 국가의 독립을 유지하지 못하였던 20세기 초 우리의 아픈 과거를 극복하기 위해서도 반드시 필요하다. 이를 위해 강한 역사적 소명 의식을 바탕으로 한국군에게는 부단히 자기 혁신과 변혁을 추구하는 생동감있는 조직으로 자리매김하여야 하는 과제가 남아 있다.

더 읽을 거리

• 백종천·온만금·김영호. 『한국의 군대와 사회』. 나남, 1994.

이 책은 1948년 한국군 건군 이후 한국 사회 속에서 군이 차지한 위상과 역할에 대해 체계적인 분석과 평가를 시도한 작업으로 충실한 자료 제시 등이 돋보인다. 1부의 연구 시각 제시 이후, 2부에서는 한국군이 한국 사회 전반에 미친 영향을 평가하기 위해 전문인력 양성, 시민교육 등에 대해 분석하였다. 이어 3부에서는 한국 정치와 군대와의 관계 등을 민군관계의 관점에서 정리하였다. 한국군과 사회에 대한 자료가 그다지 없는 상황에서 충실한 통계 자료를 제시하여 좋은 참조가 된다.

• 이동희. 『민군관계론』. 일조각, 1990.

1981년 필자가 낸 『한국군사제도론』의 개정 증보판으로 1부 「현대군사제도론」과 2부 「한국군사제도론」으로 크게 나뉘어 있다. 군사제도와 군대사회학 이론을 밝힌 1부에서는 주로 현대 군사제도의 발전과 민군관계 이론 등을 고찰하였고, 근대 이후 한국군의 창설과 발전에 대해 언급한 2부에서는 창설 이후 근대 산업기에 한국군이 행한 다양한 사회적 역할에 대해 잘 정리하였다. 현대 산업화 시기 한국군이 수행한 역할을 긍정적인 측면만을 강조한 점에서는 아쉬움이 있으나 관련 자료를 풍부히 제시하는 등 고전적인 연구로 평가된다.

• 채명신. 『채명신 회고록: 베트남전쟁과 나』. 팔복원, 2006.

주월한국군사령관으로서 베트남전쟁에 참전하였던 저자의 회고록인 이 책은 한국군의 베트남전쟁 참전 과정과 참전 이후의 주요 전투 등이 잘 정리되어 있다. 아울러 최근 논란이 되고 있는 베트남 참전 한국군의 성격에 대한 논란과 전쟁 중의 양민 피해 등에 대해 필자의 강한 주장 등이 나타나 있다. 특히 이 책의 마지막 부분에는 베트남전 참전이 한국 경제발전과 군 발전에 미친 영향에 대해 언급하고 있어 자료적 가치가 적지 않다.

• **한용원. 『남북한의 창군』. 오름, 2008.**

남북한 군대의 창군과정과 이를 후원한 미국과 소련의 역할을 정리한 책으로 필자가 1984년 한국군의 창군에 대해 쓴 『창군』을 수정하고 북한군의 창설 과정을 추가하여 비교한 것이다. 이 책에서는 남북한 군대 창설에 참여하였던 다양한 군사단체 및 주요 인물을 정리하여 좋은 참고가 된다. 이를 통해 군대 창설의 과정에서 나타난 특징이 향후 민군관계 등에 미친 영향 등을 역사적 맥락에서 파악하기 용이하다.

색 인

| ㅇ |

309

■
■
■

지은이 소개

:: 홍태영

현 | 국방대학교 국제관계학부 교수
서울대학교 정치학과 졸업
파리 사회과학고등연구원 정치학 박사
주요저술 | 『국민국가의 정치학』, 『몽테스키외 & 토크빌』, "문화적 공간의 정치학" 등

:: 박균열

현 | 경상대학교 윤리교육과 교수
경상대학교 윤리교육과 졸업
서울대학교 윤리교육과 교육학 박사
주요저술 | 『국가윤리교육론』, 『국제정치에 윤리가 적용될 수 있는가』(공역) 등

:: 이완범

현 | 한국학중앙연구원 정치학 교수
연세대학교 정치외교학과 졸업
연세대학교 정치학과 정치학 박사
주요저술 | 『1980년대 한국사회 연구』, 『박정희와 한강의 기적: 1차 5개년계획과
무역입국』, 『한국해방3년사』 등

:: 김일영

현 | 성균관대학교 정치외교학과 교수
　　성균관대학교 정치외교학과 졸업
　　성균관대학교 정치외교학과 정치학 박사
주요저술 | 『해방전후사의 재인식』, 『건국과 부국』, 『주한미군』 등

:: 차상철

현 | 충남대학교 사학과 교수
　　연세대학교 사학과 졸업
　　마이애미대학교 사학과 역사학 박사
주요저술 | 『해방전후 미국의 한반도정책』, 『한미동맹 50년』 등

:: 노영구

현 | 국방대학교 군사전략학부 교수
　　서울대학교 국사학과 졸업
　　서울대학교 국사학과 문학 박사
주요저술 | 『조선중기 무예서 연구』, 『정조대의 예술과 과학』 등

국방대안보문제연구소 총서 2

안보적 관점에서 본 한국 현대사

인 쇄: 2009년 12월 5일
발 행: 2009년 12월 10일

엮은이: 국방대안보문제연구소
지은이: 홍태영·박균열·이완범·김일영·차상철·노영구
발행인: 부성옥
발행처: 도서출판 오름
등록번호: 제2-1548호 (1993. 5. 11)

서울특별시 서초구 서초동 1420-6
전 화: (02) 585-9122, 9123 / 팩 스: (02) 584-7952
E-mail: oruem@oruem.co.kr
URL: http://www.oruem.co.kr

ISBN 978-89-7778-326-3　　93340　　　　　　　정가 13,000원

*잘못된 책은 교환해 드립니다.